破产法文库 | 实务系列

总主编　王欣新

重整与破产清算审判研究

主　编／陈　明

副主编／张小燕　刘志健

RESEARCH ON REORGANIZATION AND BANKRUPTCY LIQUIDATION TRIAL

法律出版社

LAW PRESS·CHINA

北京

图书在版编目(CIP)数据

重整与破产清算审判研究 / 陈明主编. -- 北京 :
法律出版社, 2021(2022.6 重印)
(破产法文库 / 王欣新总主编)
ISBN 978-7-5197-5843-1

Ⅰ. ①重… Ⅱ. ①陈… Ⅲ. ①破产法-研究-中国
Ⅳ. ①D922.291.924

中国版本图书馆 CIP 数据核字(2021)第 163222 号

重整与破产清算审判研究
CHONGZHENG YU POCHAN QINGSUAN SHENPAN YANJIU

陈 明 主 编
张小燕 刘志健 副主编

策划编辑 沈小英
责任编辑 沈小英 刘雪莲
装帧设计 汪奇峰

出版发行 法律出版社
编辑统筹 法治与经济出版分社
责任校对 王晓萍 王语童
责任印制 吕亚莉
经　　销 新华书店

开本 710 毫米×1000 毫米 1/16
印张 16.25 **字数** 263 千
版本 2021 年 8 月第 1 版
印次 2022 年 6 月第 2 次印刷
印刷 北京中科印刷有限公司

地址:北京市丰台区莲花池西里 7 号(100073)
网址:www.lawpress.com.cn
投稿邮箱:info@lawpress.com.cn
举报盗版邮箱:jbwq@lawpress.com.cn

销售电话:010-83938349
客服电话:010-83938350
咨询电话:010-63939796

书号:ISBN 978-7-5197-5843-1
定价:110.00 元

凡购买本社图书,如有印装错误,我社负责退换。电话:010-83938349

主编简介

陈 明

福建漳州人，厦门大学硕士研究生。曾任福建省高级人民法院审判委员会委员、立案庭庭长，福建省三明市中级人民法院党组书记、院长。现任福建省泉州市中级人民法院党组书记、院长，一级高级法官，厦门大学硕士研究生导师、华侨大学兼职教授。主编《要素式审判管理的理论与实践》《一带一路沿线国家和地区司法判例研究方法》等书。任最高人民法院“互联网时代电子诉讼规则研究”“民商事分调裁机制研究”“稳妥处置‘僵尸企业’司法案例研究”等多个司法研究重大课题主持人。

副主编简介

张小燕

福建厦门人，厦门大学硕士研究生。现任福建省泉州市中级人民法院民四庭副庭长、破产团队负责人，一级法官。

刘志健

福建德化人，毕业于中国政法大学。曾任广州市番禺区人民法院少年庭副庭长、广东省高级人民法院助理审判员。现任福建省泉州市中级人民法院四级高级法官，获评福建省法院首批调研人才。参与最高人民法院“民商事分调裁机制研究”“稳妥处置‘僵尸企业’司法案例研究”等司法研究课题。

总　序

现代破产法融清算退出与挽救更生程序于一体，是警醒正常市场主体“向死而生”之法，是帮助困境企业“涅槃重生”之法，是促使失败企业“规范退出”之法。破产法律制度是市场经济法律体系不可或缺的重要组成部分，甚至被称为市场经济之“宪法”。市场经济社会的基本法则乃公平竞争、优胜劣汰。故，凡市场经济之法治国家，无不将破产法视为其法律体系不可或缺之重要组成部分，并将其作为评价一国市场经济地位和营商环境水准的重要标志。

中国自改革开放以来，高度重视营商环境建设。1986 年 12 月 2 日第六届全国人民代表大会常务委员会第十八次会议审议通过了《企业破产法（试行）》，于 1988 年 11 月 1 日起施行。2006 年 8 月 27 日第十届全国人民代表大会常务委员会第二十三次会议审议通过了《企业破产法》，自 2007 年 6 月 1 日起施行，《企业破产法（试行）》同时废止。2013 年 11 月《中共中央关于全面深化改革若干重大问题的决定》指出，健全优胜劣汰市场化退出机制，完善企业破产制度。2014 年 10 月《中共中央关于全面推进依法治国若干重大问题的决定》指出：“社会主义市场经济本质上是法治经济。使市场在资源配置中起决定性作用和更好发挥政府作用，必须以保护产权、维护契约、统一市场、平等交换、公平竞争、有效监管为基本导向，完善社会主义市场经济法律制度。”2018 年 8 月第十三届全国人大常委会立法规划发布，《企业破产法》的修订纳入立法规划，属于“需要抓紧工作、条件成熟时提请审议”的项目。2018 年 11 月中央全面深化改革委员会第五次会议审议通过了《加快完善市场主体退出制度改革方案》，将加快以破产法为核心的市场主体退出制度建立健全的步伐，以更好地服务供给侧结构性改革和营商环境优化建设。

我国破产法的历史虽然短暂，但也已走过了 30 余个春秋，《企业破产法》及其司法解释构成了较为完整的破产法制度体系，全国各地各级法院组建了约 100 家破产审判庭，北京、上海、深圳三地更是在最高人民法院的批准下组建了破产法庭，破产审判的法治化、专业化建设取得了长足的进步，破产案件数量逐渐上升，破产法的理念、文化与制度规则也得到了更广泛的传播和认可。

破产法律制度的建立健全和破产审判的法治化、常态化推进，是市场经济可持续发展、营商环境优化建设的重要保障，市场经济之发展亦注定离不开破产法学研究之繁荣。中国人民大学破产法研究中心和北京市破产法学会自成立以来，始终坚持学术为本、理论联系实际和以问题为导向的研究理念，不遗余力地创办“中国破产法论坛”及其专题研讨会等权威交流平台，多年来持续编辑出版《破产法论坛》等图书，凝聚了中国破产法理论与实务界之顶尖研究力量，致力于破产法治事业之发展与进步，赢得了全体“破人”之赞誉与支持。

为进一步整合中国破产法理论界与实务界之研究力量，经与浙江省高级人民法院民四庭庭长章恒筑法官、中国人民大学破产法研究中心副主任郑志斌律师、中国人民大学破产法研究中心副主任兼秘书长徐阳光教授、法律出版社法治与经济出版分社社长沈小英编审反复商议，中国人民大学破产法研究中心、北京市破产法学会决定联合法律出版社创办“破产法文库”，面向国内外同仁开放。

“破产法文库”设置 5 个子系列，其中，学术系列希冀广纳中国学界高水准之破产法专著；译著系列拟推介域外之经典破产法文献与法典；论坛文集系列继续推出“中国破产法论坛”及其专题研讨会之优秀论文；实务系列侧重出版破产法实务经验总结之佳作；茶座系列则旨在分享破产法实施中的趣闻轶事以及破产法同仁办理破产案件的心得体会。

从历史上看，中国缺乏破产法文化传统与理论实务研究积淀。“破产法为一重要之法律，然学者研究之者，远不如研究民刑之法之夥；良以向者适用较少，兴趣遂减。”民国法学家吴传颐先生数十年前之感慨，仍让今人有现实之叹。而今，破产法的社会调整作用日益得到人们的认可与重视，破产法的研究也日益深入。破产法是一个综合性的法学领域，破产法治建设是我们共同的事业追求。但愿“破产法文库”之创办能够团结更多法学同仁来关注和研究破产法理论与实践之重点难点问题，并将自己高水平的研究成果纳入文库中出版，共同推动中国破产法学术之繁荣、立法之完善与司法之进步。

是为序！

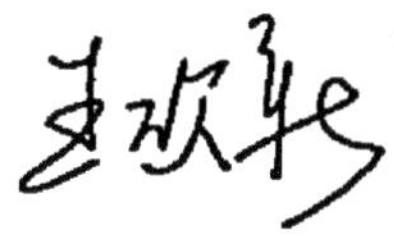 *

2016 年 7 月 16 日撰写

2019 年 2 月 26 日修订

---

* 中国人民大学法学院教授、博士研究生导师，中国人民大学破产法研究中心主任，北京市破产法学会会长。

序　言

习近平总书记指出,我国经济已由高速增长阶段转向高质量发展阶段。党的十九大提出,必须坚持"三去一降一补",优化存量资源配置,扩大优质增量供给,实现供需动态平衡。

当前,我国经济的结构性改革正处于历史窗口期。实现经济高质量发展,应该深化供给侧结构性改革。供给侧结构性的首要任务是去产能,而去产能的核心工作是稳妥处置"僵尸企业"。

可以说,"僵尸企业"的存在,不仅加剧了系统性金融风险,也严重阻碍了我国经济转型升级和产业结构调整。为打好防范化解重大风险攻坚战,处置"僵尸企业"就成为需要重举攻下的关键一城。不下决心出清"僵尸企业",产能过剩的矛盾就无法化解,结构性改革就难以完成。因此,深入推进去产能,要抓住处置"僵尸企业"这个"牛鼻子"。

以处置"僵尸企业"为抓手,以市场要素的优化配置为突破口,才能腾出宝贵的物质资源、市场空间和金融资源,化解过剩产能带来的消耗,有效防范化解企业债务风险,促进产业优化重组,实现经济的提质增效。

一、提高政治站位,切实增强责任感、紧迫感

"僵尸企业"出清已成为时代要求。调结构、去产能

作为供给侧结构性改革的重要内容，成为近年来经常被提到的热点用词。

2017年2月28日，原中央财经领导小组第十五次会议明确，抓住处置“僵尸企业”这个“牛鼻子”，深入推进去产能。

2018年4月20日，国家发改委、工业和信息化部等6部门印发《关于做好2018年重点领域化解过剩产能工作的通知》，明确要把处置“僵尸企业”作为去产能的重要抓手，坚定不移处置“僵尸企业”，完善“僵尸企业”破产重整机制。

2018年11月23日，国家发改委、工业和信息化部等11部门联合发布《关于进一步做好“僵尸企业”及去产能企业债务处置工作的通知》，提出加快“僵尸企业”出清，原则上应在2020年年底前完成全部处置“僵尸企业”和去产能企业债务处置工作。

2019年4月30日，国家发改委发布《关于做好2019年重点领域化解过剩产能工作的通知》，要求确保2020年年底前在钢铁、煤炭等多个领域完成分类处置“僵尸企业”工作。

2019年6月22日，国家发改委等13部门联合发布专门《加快完善市场主体退出制度改革方案》，进一步推动国有“僵尸企业”破产有序退出市场。

2019年7月30日，中央政治局会议要求，加快推进“僵尸企业”出清工作。

一段时间以来，不同地方全面稽查“僵尸企业”，针对“僵尸企业”处置过程中的瓶颈问题，制定出台处置“僵尸企业”的量化指标和精准措施方案，构建协调联动机制，加快“僵尸企业”出清工作。

防风险、优存量的重要举措，不破不立。在清理过剩产能和“僵尸企业”过程中，各地也在积极寻找新的产业发展空间，培育新的市场主体和经济发展新动能。一方面，有助于稳增长防风险。“僵尸企业”造成劳动力、土地、资本等要素资源浪费，降低了资源配置效率，阻碍了新兴企业的进一步发展。同时，有可能带来系统性风险。另一方面，推动优存量育增量。企业的生命在质量，要用质量来立业，用质量来兴企。强调质量提升，这正是振兴实体经济的核心。加大出清“僵尸企业”力度，释放“人、财、物”等有形资源以及企业家精神和创新活力这一“无形”资源，让资源从过剩、低效领域流向更有发展潜力的高效领域，已经成为当下推动经济结构转型、培育新增长动力的必由之路。

营造法治化、市场化、国际化营商环境的迫切要求。“僵尸企业”的处置，既是法院工作的难点、政府工作的痛点,也是构建良好营商环境的重点。“办理破产”是营商环境评价体系的一项重要指标。截至2020年,“办理破产”指标仅排名第51位,而我国在世界银行组织的营商环境评比中位列第31位。“办理破产”指标存在很大的改善空间。

法治是最好的营商环境。破产审判作为挽救危困企业、规范市场主体退出的司法体系的重要组成部分,对于深化供给侧结构性改革发挥了重要的保障作用。要持续推进破产审判工作,维护清偿秩序,实现市场要素资源优化配置,促进市场主体优胜劣汰,为营造稳定公平透明可预期的营商环境、实现经济高质量发展提供有力的司法服务和保障。

二、寻根究底:“僵尸企业”的产生、特性以及市场难以“出清”的原因

“僵尸企业”的产生原因:市场非市场因素交互叠加。“僵尸企业”呈多发高发趋势,既有市场主体逐步认识破产制度价值的因素,也与经济增速以及增长动能出现新变化息息相关。

市场常态本应是企业乃至行业都存在着有进有退,这也是市场正常的发展规律,经济发展不可避免存在“创造性破坏”的情形。比如,部分企业经营者难以适应新经济新常态,管理不善引发风险;部分企业核心竞争力不强,导致优胜劣汰;部分企业风险意识薄弱,盲目融资扩张,成为破产企业“压死骆驼的最后一根稻草”。于是,一定数目的企业必然会被破产清算。

除了市场因素外,也包括不少非市场因素。有的是因为一些地方政府市场预判不足,缺乏必要警惕,盲目招商引资,甚至出现不顾投资实力和项目好坏的招商模式。少数投资者严重缺乏资金实力,有的甚至转向民间融资“饮鸩止渴”,存在极大的债务隐患。有的企业无力进行技术改造或再投资,仍然采取旧有管理和运作方式,遗留一堆历史问题不去解决,加剧风险。

“僵尸企业”的特征。“僵尸企业”已经不具备持续发展运营的能力,经营效率低下,僵而不死,困而不终。主要特征有:一是亏损性,在竞争中始终处于不利境地,无法脱离困境,无法持续盈利。二是输血性,自己无法“造血”,丧失自我维持生计功能,需要外部持续大量“输血”。三是绑架性,需要不停地“输血”,否则企业无法存续,造成工人失业,引发一系列恶性循环,或者因诉讼、资产抵押等原

因无法进行清算注销。

市场难以"出清"的深层次原因。长期以来,"僵尸企业"得以存活,牵扯到市场发展、行业属性、处置成本等制度和现实层面的问题。(1)就企业方面来说,由于不能提升自身市场竞争力,短期内不能改变不良的经营状况,如果真正需要进入破产程序,企业的资产价值通常会大打折扣,"退出成本"太高,使得企业经营者不想破产清算。(2)一些地方政府与"僵尸企业"的存在密不可分,并不支持企业清算破产。比如,一些地方错误的产业扶持政策给企业发展帮了倒忙,刺激着"僵尸企业"在市场中的各种机会主义行为。(3)"外部影响"也是破产企业难以清算的重要原因。事实上,一些"大而不倒"的企业在一定程度上绑架了地方政府和金融机构,阻滞经济发展的创新驱动力,造成破产清算难。(4)企业隐形或巨额的债务是导致无法破产清算的重要原因。对于部分债权人而言,记在"应收账款"上比直接的损失更容易处理,一旦破产,往往引发多米诺骨牌效应。

三、整改措施:处置"僵尸企业"的原则

"不谋全局者,不足谋一域。"做好处置"僵尸企业"工作,要从大局出发,同时做好技术上的准备。只有尊重市场规律,并恪守法治原则,才能又快又好地完成为我国经济"活血化瘀"的手术。

(一)坚持市场化、法治化原则

充分利用产权交易、资产证券化等多种方式,坚持市场化导向,盘活"僵尸企业"有效资产,最大限度清偿债务。创造处置"僵尸企业"的良好政策与制度环境,真正让市场在资源配置中起决定性作用,特别是减少"拉郎配"式的兼并重组等行政干预,让企业在大浪淘沙的市场竞争中优胜劣汰,让更多的资源"活水"注入高质量发展。

市场经济是法治经济。处置"僵尸企业"必然是一个法治化进程,法律是市场机制有效运行的重要保障。国务院《关于积极稳妥降低企业杠杆率的意见》,明确了《企业破产法》在僵尸企业治理中的核心作用。重整、和解与清算三大程序架构了《企业破产法》关于僵尸企业退出市场的主体路径,是推进"僵尸企业"法治化退出的首要法律支撑。《企业破产法》强化了"僵尸企业"退出的规范性,破除了行政干预和各种阻力。并且,可以有效平衡相关利益主体的权益,提高治

理的公正性、权威性。

（二）坚持效率与公平相结合原则

在改革和发展中，公平是基础，效率是关键。对效率的追求必须以公平为前提。在出清“僵尸企业”的过程中，必须贯彻公平原则。无论是出台具体的制度，还是在司法过程中，公平始终是基本价值取向，特别是要依法保护劳动者等群体的合法利益。此外，必须重视效率问题，否则就会窒息经济活力，影响经济结构的转型与升级。政府必要的行政干预，对于提升效率具有重要作用，但是这种干预应该以法治化的方式进行，不得违背公平原则。

（三）完善府院联动工作机制

出清“僵尸企业”工作，涉及众多历史遗留问题，政策性强，不是单纯的法律问题。既要处理债权债务清理的民商事关系，又要解决破产所带来的社会公平、资源配置等问题。在处理“僵尸企业”的进程中，政府部门必须依法发挥职能作用。在实践中，不同程度地存在相关政府部门与法院的协调难问题。需要进一步加强府院联动，健全由政府主导风险管控与事务协调、法院主导司法程序的一体化处理模式，形成合力，稳妥推进。

四、觅得良方祛沉疴：泉州法院处置“僵尸企业”审判纪实

近年来，泉州法院紧紧围绕党委政府中心工作，推进破产审判，推动“僵尸企业”处置工作，帮助有生命力的企业重整脱困，努力为供给侧结构性改革和经济高质量发展提供高水平的司法保障。泉州法院破产审判的各种创举推陈出新，依法妥善审结了铁观音集团破产重整案、A股上市公司安通公司预重整案等一批具有典型意义和较大影响的破产案件。

（一）因案施策，精准发力

1.建立“僵尸企业”识别机制

充分认识处置“僵尸企业”工作的紧迫性，首先必须准确了解、识别“僵尸企业”。一般意义上，“僵尸企业”指的是连续亏损、资不抵债，需要靠补贴和银行续贷维持经营的已停产或半停产的企业。不同地区结合实际情况，制定了不同的识别标准。比如，广东省对“僵尸企业”的识别标准为：特困企业、关停企业。山东省对“僵尸企业”的界定标准为：已经停产停业或半停产，丧失造血功能，连续

3 年亏损且扭亏无望,资不抵债。在当前复杂多变的市场环境下,不同地区不同企业千差万别,“僵尸企业”的识别要在具体工作中动态科学研判。

2. 分类型采取不同的处置方式

差异化的破产审判为“僵尸企业”输入新鲜血液。通过重组整合、提升、淘汰等不同方式,依法分类处置“僵尸企业”。走破产程序采用强制破产清算的“僵尸企业”,相关利益主体往往寄希望于能够重组再生,破产清算的积极性普遍不高,往往存在“拖”的特点。但是这种拖延并不能够解决问题,反而不利于资源的优化配置。因此,要加快让“无药可救”的企业进行破产清算。对于具有市场运营价值、符合产业政策和市场需求的一时资不抵债的“僵尸企业”,要充分利用重整、和解等法律手段进行有效救治,让企业枯木逢春,恢复活力回归市场。

3. 简化“僵尸企业”处置程序

积极与税务、工商等部门沟通协调,帮助法律关系清楚、能够快速清算终结的企业尽快注销。经法院依职权决定,或管理人、债权人等申请,将存在大量衍生诉讼及其他影响清算进程事由的企业,转入普通审理通道,分类审理。

(二)专业审判,快速通道

面对破产案件数量增加、破产案件审理周期较长的特点,为依法实施市场化破产程序创造条件,泉州法院以专业化审判为中心,快速开展“僵尸企业”处置工作。

1. 推进破产专业化审判

泉州中院以推进专业化审判为中心,组建两个审判团队,同时建立院、庭长带头办案制度,提高破产案件审判质效。加强业务培训和交流,打造一支既讲政治又懂业务,既精通破产审判业务,又了解市场运行规律的复合型、高素质法官队伍,推进“僵尸企业”治理的司法路径。

2. 快速通道

建立“僵尸企业”司法处置快速通道。通过集中裁定受理、选定管理人与审计机构、公告的方式统一推进,探索涵盖了立案审查、受理、终结的简易破产案件快速审理规程,实现繁简分流,快慢分道,加快“僵尸企业”破产审理进度。

(三)创新模式、提质增效

1. “执转破”程序的衔接

紧盯短板,攻坚克难,推进“执转破”良性运转。“执转破”实质是制度化地提升执行工作效率，不仅可以为法院“解套”，更可以为市场释放效率。对于一些“执行不能”的“僵尸企业”，可以通过“执转破”获得解决，以此打通企业法人执行难的“最后一公里”。

2. 探索实践预重整模式

预重整介于正式重整程序与法庭外重整制度之间，兼具正式与非正式重整的优点。基于各方当事人在进入正式破产程序之前自愿达成的重组方案，可以有效地解决目前重整启动难、运行难、重整方案执行难等问题，可以缩短重整时间，节省成本，提高司法审判效率。

3. 出售式重整制度的确立

出售式重整在国内破产司法实践中不乏相关案例。出售式重整拓展了重整方式的多元化路径，有效阻隔了收购者与“僵尸企业”之间在原有债务方面的联系，避免对重整程序中未处置债权的追讨。从而，更好地对“僵尸企业”中具有活力的部分进行挽救，保护各方当事人的权益。

4. 实质合并制度的确立

国务院《关于积极稳妥降低企业杠杆率的意见》明确了对“僵尸企业”采取实质合并制度的基本标准。实质合并制度将所有关联企业视为一个整体，突破了各个关联企业独立法人主体限制。进而，妥善保全“僵尸企业”财产，防止通过关联企业转移资产，最大限度保证债权人能够实现公平清偿。

（四）有效联动，凝聚合力

坚持问题导向，凝聚合力，建立有效联动的“僵尸企业”处置体系。

1. 府院协同推进

处置“僵尸企业”涉及司法、行政等不同领域。破产程序中，必然会涉及房地产、股权等变更登记以及税收减免等事项，需要政府部门密切配合。因此，法院与政府相关部门需要就“僵尸企业”处置进程中的潜在风险、重大疑难问题及时进行信息沟通与工作协调，建立健全有关“僵尸企业”处置的政策与制度。

2. 涉嫌犯罪问题的处置

法院与公安局、检察院应建立工作联动机制，有效打击欺诈、逃废债现象，全力查找追收债务人财产，依法追究企业董事、监事或者高级管理人员违法犯罪以及违反忠实、勤勉义务的法律责任。

3. 做好疫情防控期间破产审判工作

面对严峻的新冠疫情防控形势，泉州法院制定了疫情期间保障企业发展工作意见，依法推进破产程序，助力破产重整企业复工复产。对受疫情影响导致暂时性周转困难的企业一般不做破产处理，依法支持防疫、抗疫急需物资的生产。大力推行破产财产网拍模式，利用网络平台发布审计、评估机构招募公告，实现破产企业财产保值、增值，确保财产处置价值最大化，提高债权回收率，维护各方主体合法权益。

人民法院作为社会治理的主体，在破产审判中积累经验、发现问题，运用破产法治思维和方式补齐经济主体救治和退出机制的短板，是人民法院服务党和国家工作大局、推进治理体系和治理能力现代化的重要使命和担当。相信通过对泉州法院处置“僵尸企业”的重整与破产审判实践样本的展示及相关研究，能够为后续“僵尸企业”的市场化、法治化处置提供一些科学、稳妥的对策建议和路径选择，为推动破产法律制度的健全和完善贡献一份力量。

陈　明

2021 年 6 月 20 日

前　言

我国目前正处于转变发展方式和优化经济结构的攻坚期，稳妥处置“僵尸企业”，既是优化营商环境时代背景下实现企业退出机制便利化、透明化、规范化的必然要求，也是当前统筹疫情防控和服务保障经济社会发展时期防范化解重大风险的重要举措。为此，人民法院应充分发挥司法保障职能作用，通过持续推进破产审判，助力尚存优质资产的企业实现重生，推动无力生还的“僵尸企业”退出市场。

“僵尸企业”肇始于彼得·科伊提出的经济学概念，是指那些无望恢复生气，但由于获得放贷者或政府的支持而免于倒闭的负债企业。现在一般认为，“僵尸企业”是那些停产的、半停产的、连续亏损的、资不抵债的、主要靠政府财政补贴和银行贷款来维持经营的企业。加快处置“僵尸企业”，推进企业优胜劣汰的社会经济发展需求对人民法院实施市场化破产程序提出了新的、更高的要求；如何稳妥地对“僵尸企业”实施市场化、法治化的破产重整处置，也已成为我国破产法理论界和实务界的热点、难点之一。

一是聚焦审判难题，凸显问题意识。从司法实践看，在通过破产审判稳妥处置“僵尸企业”问题上，法院面临不少难题。首先，法院需要适时根据企业实际情况决定是进行重整还是清算，且需深入分析企业陷入困境的成因、经营情况、资产质量和特点等，在多元模式中选择与企业相适应的重整或清算模式。其次，在破产企业重整或清算过程中，还可能面临重整与清算程序衔接、破产财产处置、实质合并、程序合并、小额债权人保护、涉刑问题处置、跨境问题处置等重点、难点问题。最后，在具体案件的审理过程中，还需要法官进行审理方法上的创新和灵活运用，方能实现案件的顺利推进。

二是立足本土实践，选取研究样本。"法律的生命不在于逻辑，而在于经验"。在稳妥处置"僵尸企业"上，对相关司法案例进行研究，是发现问题、提炼经验的可靠方法。泉州民营经济十分发达，较大的破产案件体量为泉州法院积累了一定的破产审判实践经验。自2015年受理新《企业破产法》施行以来地区首例企业重整案件后，泉州法院将处置"僵尸企业"作为人民法院服务和保障供给侧结构性改革的重要使命，不断推进破产审判工作，促成了诺奇股份、铁观音集团、旗牌王服饰、A股上市公司安通公司等一批泉州本土龙头企业的重生，妥善处置了富贵鸟股份破产重整转清算案、锦绣庄系列破产清算案等工作。本土案例资源的丰富性与典型性，促使本书组决定从泉州破产审判实践切入，展开相关研究。

三是紧扣处置经验，形成研究思路。在供给侧结构性改革和优化营商环境的时代背景下，泉州法院充分发挥破产审判在服务改革大局、处置"僵尸企业"中的积极作用，做好分类识别和差异处置。对有完整生产系统、好的销售渠道、有品牌价值、拥有上市资源、好的商务模式等情况，确有重整可能的企业，及时启动重整程序，实施企业救治；对明显缺乏重整价值，解困无望的企业，依法适用破产清算程序，助推市场出清。鉴于重整和清算系对"僵尸企业"进行司法处置的两大路径。此外，考虑到重整和清算之间还存在一些共性问题，故这部分共性内容亦将单独提炼出来，与重整和清算并列，成为研究的另一条主线。

四是针对司法现状特点，确定研究方法。兼用个案研究和类案研究方法，一方面，通过揭示个案背后所蕴含的具有一般意义或理论价值的法律问题，加以解说、分析和研究，上升为具有普适性的理论问题和理论命题；另一方面，通过对类案的研究，比较、总结和分析司法对同一问题的不同态度与处置方法，从中发现法院在解决该类案件的探索、创新、智慧及存在的不足，以推动这一领域问题的妥善解决。

本书简称表

	全称	简称
主要法律、司法解释及会议纪要	《中华人民共和国企业破产法》	《企业破产法》
	《中华人民共和国公司法》	《公司法》
	《中华人民共和国刑法》	《刑法》
	《中华人民共和国民事诉讼法》	《民事诉讼法》
	《中华人民共和国刑事诉讼法》	《刑事诉讼法》
	《中华人民共和国劳动合同法》	《劳动合同法》
	《最高人民法院关于适用〈中华人民共和国民事诉讼法〉的解释》	《民事诉讼法解释》
	《最高人民法院关于适用〈中华人民共和国企业破产法〉若干问题的规定(二)》	《破产法司法解释二》
	《最高人民法院关于适用〈中华人民共和国企业破产法〉若干问题的规定(三)》	《破产法司法解释三》
	《最高人民法院关于审理企业破产案件指定管理人的规定》	《企业破产案件指定管理人的规定》
	《最高人民法院关于审理上市公司破产重整案件工作座谈会纪要》	《审理上市公司破产重整纪要》
	《全国法院破产审判工作会议纪要》	《破产审判工作会议纪要》

续表

	全称	简称
主要法律、司法解释及会议纪要	《最高人民法院关于审理企业破产案件若干问题的规定》	《破产案件若干问题规定》
	《最高人民法院关于审理民间借贷案件适用法律若干问题的规定》	《民间借贷司法解释》
	《最高人民法院关于适用〈中华人民共和国合同法〉若干问题的解释(一)》	《合同法司法解释一》
	《全国法院民商事审判工作会议纪要》	《全国民商事审判会议纪要》
	《关于执行案件移送破产审查若干问题的指导意见》	《执转破指导意见》
单位名称及其他	福建省泉州市中级人民法院	泉州中院
	福建省泉州市鲤城区人民法院	鲤城法院
	福建省泉州市丰泽区人民法院	丰泽法院
	福建省泉州市洛江区人民法院	洛江法院
	福建省晋江市人民法院	晋江法院
	福建省惠安县人民法院	惠安法院
	福建省安溪县人民法院	安溪法院
	福建省永春县人民法院	永春法院
	广东省深圳市中级人民法院	深圳中院
	江苏省苏州市吴中区人民法院	苏州吴中区法院
	四川省成都市中级人民法院	成都中院
	重庆市第五中级人民法院	重庆五中院
	四川省德阳市中级人民法院	德阳中院
	江苏省无锡市中级人民法院	无锡中院
	福建省泉州市人民检察院	泉州市检察院
	福建省德化县人民法院	德化法院
	福建省南安市人民法院	南安法院
	福建省石狮市人民法院	石狮法院
	全国企业破产重整案件信息网	全国破产重整信息网

企业简称列表

全称	简称
福建安溪铁观音集团股份有限公司	铁观音集团
福建省安溪茶厂有限公司	安溪茶厂
福建诺奇股份有限公司	诺奇股份
泉州奇星机械有限公司	奇星机械
福建省奇信机械设备有限公司	奇信机械
超越服饰(中国)有限公司	超越服饰
泉州中宇卫浴科技实业有限公司、泉州中宇陶瓷有限公司、中宇建材集团有限公司、南安市中宇电镀工业有限公司、泉州市永胜电镀工业有限公司和泉州市高宇卫浴科技有限公司	中宇卫浴、中宇陶瓷、中宇建材、中宇电镀、永胜电镀、高宇卫浴,合并简称中宇系
旗牌王(中国)纺织服饰有限公司、旗牌王(中国)制衣实业有限公司	旗牌王服饰、旗牌王制衣,合并简称旗牌王系
泉州市宝龙制衣发展有限公司	宝龙制衣
福建立恒涂料有限公司	立恒公司
晋江市金威体育用品有限公司	金威公司
奔达金银丝线(中国)有限公司、福建奔达花式纱线科技有限公司、泉州奔达染织有限公司、泉州奔达花式纱线科技有限公司	奔达金银丝线、福建奔达纱线、泉州奔达染织、泉州奔达纱线,合并简称奔达系
富贵鸟股份有限公司	富贵鸟股份
安通控股股份有限公司	安通公司
喜得龙(中国)有限公司	喜得龙公司
福建先创电子有限公司	先创电子
福建先创通信有限公司	先创通信
泉州锦绣庄木偶艺术馆、泉州市锦绣庄旅游文化开发有限公司、泉州鲤城锦绣庄工艺品有限公司、泉州市锦绣文化传播有限公司	锦绣庄木偶馆、锦绣庄旅游、锦绣庄工艺品、锦绣庄文化,合并简称锦绣庄系
福建省晋江闽超鞋业有限公司	闽超公司
福建省石狮市江南制冷设备有限公司	江南制冷
福建丰祥汽车销售服务有限公司	丰祥公司

续表

全称	简称
泉州市亿威皮塑制品有限公司	亿威公司
福建鑫华股份有限公司	鑫华股份
鑫盛达控股集团有限责任公司	鑫盛达公司
福建省鑫宇工程建设有限公司	鑫宇建设
红门鹰(福建)时装实业有限公司	红门鹰时装
福建丰顺汽车销售服务有限公司	丰顺公司
石狮市意利王制衣发展有限公司	意利王制衣
石狮市佐岸服饰有限公司	佐岸服饰
威兰西(中国)服饰有限公司	威兰西服饰
福建金迈王鞋服制品有限公司	金迈王鞋服
福建祥鸿集团有限公司	祥鸿集团公司
福建省江南电器制造有限公司	江南电器公司
泉州长江家电有限公司	长江家电公司
福建省晋江市明发模具制造有限公司	明发模具
福建闽发模具有限公司	闽发模具
闽发(福建)鞋材有限公司	闽发鞋材
福建南光轻工有限公司	南光轻工
福建三信织造有限公司	三信织造
福建中橡乳胶科技有限公司	中橡乳胶
福建瑜鼎机械有限公司	瑜鼎公司
蓝星(泉州)数控科技有限公司	蓝星数控
南安市瑜鼎投资管理有限公司	瑜鼎投资
泓晟鼎(福建)重工科技有限公司	泓晟鼎重工
泉州益源鞋业有限公司	益源鞋业
泉州晟兴皮革制品贸易有限公司	晟兴皮革
厦门策乐实业有限公司	策乐实业
石狮市小玩皮服装织造有限公司	小玩皮织造
小玩皮(福建)服装营销管理有限公司	小玩皮营销

续表

全称	简称
石狮市恒业服装有限公司	恒业服装
石狮市大松树服装有限公司	大松树服装
内外矿业(中国)有限公司	内外矿业公司
泉州市煌坤五金制造有限公司	煌坤五金
福建红普家具有限公司	红普家具
福建泉州宏益展示用具有限公司	宏益用具
泉州东海轻工有限公司	东海轻工
泉州麒麟织造有限公司	麒麟织造
福建翔升纺织有限公司	翔升纺织
福建翔运纺织有限公司	翔运纺织
中国证券登记结算有限责任公司	中登公司
淄博钜创纺织品有限公司	钜创纺织
山东高青如意纺织有限公司	高青如意
厦门郎爵厨卫有限公司	郎爵公司
深圳市福昌电子技术有限公司	福昌电子
温州吉尔达鞋业有限公司	吉尔达鞋业
深圳市索菱实业股份有限公司	st 索菱
星辰通信国际控股有限公司	星辰通信
江西赛维 LDK 太阳能高科技有限公司	江西赛维
晋江凯尔制衣有限公司	凯尔制衣
贵人鸟股份有限公司	贵人鸟股份
罗马世家(天津)服装服饰销售有限公司	罗马世家
昊天投资(中国)有限公司	昊天投资
达发置业投资有限公司	达发投资公司
厦门弘信博格融资租赁有限公司	弘信博格公司
石狮市六胜供应链公司	六胜公司
石狮市富贵伟业服饰有限公司	富贵伟业
福建省立信融资担保有限公司	立信担保公司

续表

全称	简称
中航信托股份有限公司	中航信托公司
安溪万城置业有限公司	万城置业公司
安溪兴泉铁路开发有限公司	兴泉公司
泉州工程职业技术学院	工程学院
福建省石狮新联邦房地产开发有限公司	新联邦公司
泉州船舶工业有限公司	船舶公司
福建德杰机械有限公司	德杰公司
永春福源锌业有限公司	福源公司
中国第二重型机械集团公司	二重集团
厦门金圆金控股份有限公司	金圆金控公司
金塔内外矿业有限公司	金塔矿业公司
晋江市焕辉服饰织造有限公司	焕辉公司
泉州市广盛汽车服务有限公司	广盛公司
泉州宝驰鞋业有限公司	宝驰公司
联建(中国)科技有限公司	联建中国公司
联建(香港)科技有限公司	联建香港公司
威海力通通用机械有限公司	力通公司
福建省惠安老爸食品有限公司	惠安老爸公司
中南红文化集团股份有限公司	中南文化

目 录

第一章　存续式重整和出售式重整

第一节　存续式重整的实践

存续式重整是最为传统的重整模式，是指在保留企业法人资格的前提下，通过债务减免、延期清偿以及债转股等方式解决债务负担，并辅之以企业法人治理结构、经营管理的改善，注册资本的核减或增加，乃至营业的转变或资产的置换等措施，达到企业重建再生之目的。其标志性特点是保持原企业的法人资格存续，在原企业的外壳之内进行重整，虽然企业的主人——股东可能会发生变更。①

一、存续式重整的路径选择

（一）增量存续式与存量让渡存续式

存续式重整主要通过对出资人权益进行调整来实现。根据调整方式的不同，可以分为增量存续式和存量让渡存续式。这两种方式可以单独使用，也可以搭配使用。增量式重整，是指通过增加股本的方式引进重整投资人，原出资人的持股数保持不变，但股权比例相应下降的重整方式。存量股让渡式重整，是指不改变公司的股

① 参见王欣新：《重整制度理论与实务新论》，载《法律适用》2012年第11期。

本总量，通过调减原出资人持有的股权、股份的方式引进重整投资人。

泉州法院审理的铁观音集团重整案是典型的增量式重整。在该案中，一方面，考虑到集团原股东大部分为安溪县的制茶大师，在制茶业界具有较高的知名度与影响力。若调整股权，不利于调动这些股东在重整期间及重整后的铁观音集团发展中的积极性。另一方面，股东手上持有的股权大多已设定质押或被法院查封，倘若无法与质权人或股东债权人全部协商一致，那么调整存量股的方案在执行过程中将面临极大障碍，最终导致企业重整受阻。经综合考量，最终采用增资扩股的方式，由重整投资人直接注资 2.2 亿元，每股作价 1 元，持有铁观音集团 76.2% 的股权，取得铁观音集团的控制权。原股东持股数额不变，持股比例稀释为 23.80% 。

诺奇股份、金威公司、旗牌王系、奇星机械、奇信机械、超越服饰、立恒公司等重整案则采用存量股让渡的方式进行重整。在诺奇股份重整案中，对内资股股东持有的股份进行调整，其中大股东丁某调减比例 100% ，其余内资股股东调减 85% ，共计调整内资股股份约 4 亿股。上述绝大多数股份由重整投资人受让以获得约 1.5 亿元的偿债资金，重整投资人获得诺奇股份 51% 的股份。金威公司、旗牌王系、立恒公司、奇星机械、奇信机械、超越服饰等重整案也采取了存量股调整的方式，将所有股东的 100% 股权进行了调减。

（二）直接锁定式与股权拍卖式

招募重整投资人是重整案件成功的关键。无论是增量式或存量让渡式重整，同样面临寻找重整投资人的问题。若在重整计划草案制定时就有明确的重整意向方，那么可以直接规定由该投资人承接出资人权益，进而顺利实施企业重整。但实践中并非所有案件都能如此，越来越多的案件采用股权拍卖的方式完成重整投资人的招募。也就是说，通过出资人权益竞拍的方式，以债务人企业资产的评估价值作为起拍价在网络拍卖平台公开竞价，价高者获得重整投资人的身份。最终的成交价并非股权的对价，出资人无权获得该部分价款，而是用于清偿破产费用、共益债务及企业债务等。通过这样的方式，挖掘债务人企业潜在价值、发现适格投资人的工作不再局限于管理人，而是交由交易平台，由市场发挥作用，进一步体现了重整程序的市场化。旗牌王系、立恒公司、奇星机械、奇信机械、超越服饰等重整案均采用了股权拍卖的方式，由最高竞价者获得重整投资人的资格。

二、出资人组表决

如前文所述，存续式重整主要通过对出资人权益进行调整来实现。因此，相比出售式重整，存续式重整需要更加关注出资人的问题，尤其在表决重整计划草案时，需要增加出资人组进行表决。

（一）表决主体的确定

理论界对出资人在破产程序中是否享有权益，是否继续得以行使表决权存在争议。笔者认为，出资人因其对公司的出资而享有权益，当公司的净资产为零或负数时，意味着公司已无剩余财产，出资人对公司的投入已全部损失，其享有权益的财产基础已经灭失。但公司净资产为零或负数并不影响对债务人企业是否具备重整价值的判断，这种判断往往取决于债务人企业是否拥有发展前景即是否具有营运价值，而非企业的净资产状况。债务人企业一旦被认定具备重整价值，那么从动态经营的角度来看，企业的股权（股份）具有价值就是毋庸置疑的，出资人有望凭借其持有的股权（股份）从公司后续经营中获取利益。当决定对企业实施重整，并对出资人权益进行调整时，意味着出资人的可期待利益受到影响，此时认可出资人在重整程序中享有权益，赋予其相应的表决权就显得理所当然了。根据上述分析，弃企逃债的出资人即使因为对困境企业负有不可推卸的责任而被全部或者大比例调减股权，也不影响其享有相应的表决权。

认可出资人在重整程序中得以行使表决权，并不意味着全体股东均须对出资人权益调整方案进行表决。在诺奇股份重整案中，公司股权结构由境内内资股股东和H股公众股股东组成，其中境内非流通股份占73.67%，H股股份占26.33%。该案全盘考虑境内外股东的持股比例、组织表决的可行性、表决通过的可能性及可能面临的障碍等因素后，最终确定仅调整境内内资股股东的持股数，并由内资股股东组成出资人组进行表决，权益未受到调整的H股股东未参与表决。这一做法符合《破产法司法解释三》第11条第2款关于权益未受到调整的股东不参加重整计划草案的表决的有关规定。

（二）通过比例的确定

《企业破产法》对重整计划草案的表决采用“到会人数多数决”和“全体债权额多数决”双重标准，但这一规定仅适用于债权人组，对出资人组是否适用同一标准并未明确。域外不少国家和地区对这一问题采用的是股权额单一标准，如日本、韩国规定通过比例为“1/2 以上”，并未对人数作出要求。最高人民法院在《审理上市公司破产重整纪要》中指出：“出资人组对重整计划草案中涉及出资人权益调整事项的表决，经参与表决的出资人所持表决权 2/3 以上通过的，即为该组通过重整计划草案。”可见，最高人民法院在这一问题上倾向于采用“到会资本多数决”的单一标准。

在诺奇股份重整案中设定出资人组表决通过比例时，参照了诺奇股份公司章程及《公司法》关于股份有限公司股东大会表决的相关规定，以出席会议的股东所持表决权为统计依据。考虑到《企业破产法》对重整计划草案的表决规定了较其他事项更高的通过比例，即代表 2/3 以上的债权额，出资人权益调整亦为重整计划草案的内容之一，因此采用《企业破产法》关于 2/3 以上表决权的规定，即以是否获得参与表决的 2/3 以上表决权通过作为判断出资人组是否表决通过权益调整方案的标准。这一设计也与最高人民法院《审理上市公司破产重整纪要》上述规定相吻合。最终，7 位内资股股东到会参与表决，5 位股东同意出资人权益调整方案，赞同票所代表的表决权占出席会议全部表决权的 82.14%，出资人组表决通过。

在金威公司重整案与奇星机械、奇信机械重整案中，亦参照《公司法》关于重大事项需经 2/3 以上表决权通过的规定来设定出资人组表决的通过比例。鉴于金威公司、奇星机械、奇信机械均为有限责任公司，所以与诺奇股份采用到会表决权不同，上述公司以全部出资人的表决权为基数来统计出资人组的表决结果（如表 1）。

表 1　泉州法院存续式重整案件审理概况

案件	模式	权益调整内容	表决组及表决情况
铁观音集团重整案	增量式直接锁定式	由重整方向铁观音集团增资 2.2 亿元，每股作价 1 元，铁观音集团总股本增加至 288,700,000 股，本次增资扩股工作完成后，重组方合计持有铁观音集团 2.2 亿股，占总股本的 76.20%，原股东合计持股比例降低至 23.80%	出资人组由当时在登记机关备案的公司章程修正案记载的 14 名股东组成，共计持有铁观音集团 100% 股份。全部表决通过

续表

案件	模式	权益调整内容	表决组及表决情况
诺奇股份重整案	存量让渡式直接锁定式	将原大股东丁某持有的100%股份进行调减，其他原内资股股东调减85%的股份。上述股份合计412,875,000股，其中：由重整方支付约1.51亿元，受让311,504,940股，占总股份数的51%，剩余101,370,060股分配给普通债权人清偿债务	出资人组由当时在中登公司登记的13名内资股股东组成，所持有的非境外上市股份占诺奇股份总股份数的73.67%。7名内资股股东到会参与表决，5名股东同意，代表的表决权占出席会议全部表决权的82.14%，出资人组表决通过
金威公司重整案	存量让渡式直接锁定式	将所有原股东持有的100%股权进行调减。重整方支付约6500万元，受让上述股权	出资人组由当时在登记机关登记的9名股东组成，赞成票3票，赞成股权占公司股权比例67.999%。表决通过
旗牌王服饰、旗牌王制衣、宝龙制衣重整案	存量让渡式股权拍卖式	将旗牌王服饰、宝龙制衣所有原股东持有的100%股权进行调减。上述股权与对应资产以1.22亿元为起拍价进行网拍。上述标的物最终以9791.18万元成交	旗牌王服饰、旗牌王制衣、宝龙制衣3家公司的股东参加出资人组进行表决。全部表决通过
立恒公司重整案	存量让渡式股权拍卖式	将所有原股东持有的100%股权进行调减。上述股权以立恒公司资产评估值约5500万元为起拍价进行网拍。最多进行三次拍卖。上述标的物最终在三拍中以3520万元成交	出资人组由当时在登记机关登记的两名股东组成。全部表决通过
奇星机械、奇信机械重整案	存量让渡式股权拍卖式	将奇星机械、奇信机械所有原股东持有的100%股权进行调减，上述股权以不低于奇星系公司全部实物资产评估值约1.2亿元为起拍价进行网拍。上述标的物最终以8846.1万元成交	出资人组由当时在登记机关登记的13名股东组成。8名股东同意，赞成股权占公司股权比例85.91%。表决通过

续表

案件	模式	权益调整内容	表决组及表决情况
超越服饰重整案	存量让渡式股权拍卖式	将所有原股东持有的100%股权进行调减,上述股权及对应的重整资产以1.7亿元为起拍价进行网拍。上述标的物最终以1.7亿元拍卖成交	出资人组由当时在登记机关登记的股东即超越国际控股有限公司进行表决。该股东的法定代表人因涉嫌刑事犯罪被羁押。经两次表决,未通过出资人权益调整方案。经管理人申请,人民法院行使强裁权,批准重整草案

三、适用存续式重整的问题应对

(一)重整计划草案的强制批准

《企业破产法》规定即使出资人组表决未通过的,只要重整计划草案对出资人权益的调整符合公平、公正标准,人民法院即可予以强制批准,这体现了司法权对重整程序意思自治的干预。但《企业破产法》并未对“公平、公正”的具体审查标准作出规定。

笔者认为,对这一问题应进行细化分析。出资人组未能表决通过,主要反映两方面的冲突:一方面出资人与债权人之间的冲突,另一方面则可能是出资人之间的冲突。对于出资人与债权人之间的冲突而言,出资人不愿意为了清偿企业债权人的债权而使自身的出资人地位有所减损。这一情形下,由于企业已经资不抵债,净资产为负数,出资人将无从获得企业的剩余资产,也就是说此时股东持有的公司股权价值为零。此时,须以债权人利益优先为原则,债权人表决通过重整计划草案的,应当认定出资人权益调整方案符合全体债权人的利益,公平、公正,此时得以对出资人的权益进行强制调减。在超越服饰重整案中,虽然出资人组最终未能表决通过,但所有债权人组别均表决同意该重整计划草案,法院最终强制批准重整计划草案。

对于出资人之间的冲突而言,“公平、公正”主要须体现出资人之间的利益平衡,主要考察两方面:

一是区分出资人对企业的控制程度。一般而言,出资人内部应遵循股权平等的原则,如此一来,很容易得出对出资人权益的调整应当按相同比例进行的结论。有学者指出:“这种形式上的平等并非《企业破产法》所称‘公平对待’所有的出资人,《企业破产法》要求的不是一个简单地按相同比例调整的问题,而是一个寻求真实的出资人权益按照相同的比例和条件予以调整的问题。"[①]笔者赞同这一论点。在因企业重整需要对出资人权益进行调整的情况下,对股权平等原则的遵循要求重整计划草案的制定者兼顾"一视同仁"与"差别对待"的要求,即对持有相同种类或持股份额相当的股东一视同仁,在对他们进行权益调整时应尽可能采用同一的标准,原则上进行相同比例的调减。对于不同种类、持股份额差异较大的股东则设计有差别的调整方案,如不同的股权调整方式或者不同的调整比例。具体来说,控股股东、非流通股股东大多是公司的实际控制人或者经营管理人员,得以对公司经营管理活动施加直接、有效的影响,上述主体对公司经营失败陷入困境负有不可推卸的责任,对其股权的调减比例应适当高于其他股东。从目前上市公司重整实践来看,只有少数案件采用对全体股东适用相同比例调减的方式进行出资人权益调整。大多数案件中,出资人权益调整方案体现出了对控制股东与中小股东、非流通股股东与流通股股东的差异性对待,对控制股东、非流通股股东规定了更高的调减比例。

二是考察各出资人对公司经营陷入困境的过错程度。这符合最高人民法院《审理上市公司破产重整纪要》的精神,纪要指出:"控股股东、实际控制人及其关联方在上市公司破产重整程序前因违规占用、担保等行为对上市公司造成损害的,制定重整计划草案时应当根据其过错对控股股东及实际控制人支配的股东的股权作相应调整。"一旦发现股东在公司经营中存在违规占用公司资金、违规对外担保及利用不正当关联交易转移公司资产等侵害公司利益的行为,应视为其对公司经营陷入困境负有相应责任,重整计划草案制定者在设计出资人权益调整方案时须相应提高对此类股东股权的调减幅度,以区别于那些对公司陷入经营困境不存在过错或无须担责的股东,以体现权责利相统一。诺奇股份的实际控制人、大股东丁某在公司陷入经营困境后,突然失联,弃企逃债,导致公司境况进一步恶化。鉴于上述情形,在调整出资人权益时,便将丁某与其他内资股股东进行区分,设定了不同的权益调整比例。

---

① 邹海林:《破产法——程序理论与制度结构解析》,中国社会科学出版社 2016 年版,第 425 页。

（二）重整计划的执行

在不少重整案件中，重整计划得到批准后，却面临执行困局。在存续式重整中，出资人权益调整方案执行难的问题尤为突出。一方面，很多债务人企业的股权已经设定担保物权；另一方面，由于出资人自身债务的原因，其持有的企业股权很可能已被人民法院查封冻结，导致权益调整无法顺利实施，影响债务人企业成功重整。现行立法并未明确赋予破产法院可以以重整计划为依据，直接解除股权上的权利负担或查封冻结。再者，对股权享有担保权利的债权人并非全部都是债务人企业的债权人，即使同为债务人企业的债权人，其依法仍有权要求出资人以其财产承担相应的责任。可见，化解出资人权益调整方案执行困局的关键就在于调和债务人企业的债权人与企业出资人的债权人之间的利益冲突。

在立恒公司重整案中，公司两名原股东分别将各自名下的部分立恒公司股权份额（共计占立恒公司总股本的40%）出质给债权人，担保2000余万元债权。虽然两名股东均同意出资人权益调整方案，但由于股权上设定了质押，即使重整计划草案通过，届时也将面临执行困境。因此，在制定重整计划草案时便将这一问题的解决一并考虑在内。鉴于股权质权人同时亦是立恒公司的债权人，经事先与股权质权人协商一致，重整计划草案规定，将出资人持有的公司100%股权进行网拍，所得款项在清偿破产费用、共益债务、职工债权、税款债权后，向普通债权人清偿前，优先提取25%用于向质权人清偿，剩余的款项再向普通债权人清偿。该方案最终交由债权人会议表决通过，妥善解决了股权质押带来的出资人权益调整执行难题。

笔者认为，资不抵债情形下，债务人企业的股权价值是由重整所形成的，并非其自身独立具备的价值，以运营价值为由否认可以对股权进行清零的观点不能成立。股东的股权在重整程序进行的当下，并无价值可言，不存在股东的债权人因股权上设置的负担而得到保障的情形。因此，在二者发生冲突时，应优先保障重整的顺利进行。可采用如下两种方式：

一是协商解决。在担保物权人不多，查封冻结轮候次数不多的情形下，可与各担保物权人、申请查封人进行协商，由担保物权人、申请查封人主动办理担保物权注销或申请解除查封措施。若担保物权人、申请查封人同时也是债务人企业的债权人，双重身份导致他们更乐于接受重整的安排，毕竟企业一旦进入破产清算，那么以企业股权进行的担保或是对企业股权的查封就显得毫无意义。此时，协商成功的可能性大大增加。立恒公司重整案就属于这一情形。当担保物权人、申请查封人并非债务人企业的债权人时，可考虑由投资人或出资人出面协商，给予另外的补偿。

二是推动股权处置，即在第一查封顺位的执行案件中进行股权变价，根据《最高人民法院关于人民法院民事执行中查封、扣押、冻结财产的规定》第 30 条第 2 款的规定："查封、扣押、冻结的财产已经被执行拍卖、变卖或者抵债的，查封、扣押、冻结的效力消灭。"如此一来，不仅担保权人得以以股权变价款优先受偿，股权上的轮候查封也得以解除。待股权变价完成后，新股权受让人取得出资人的地位，同样受重整计划草案关于出资人权益调整方案的约束。

（三）债转股相关问题的厘清

债转股是存续式重整，尤其是上市公司存续式重整经常采用的偿债方式。诺奇股份重整案便将调整出来的约 1 亿股内资股股份分配给普通债权人清偿债务，股份清偿价值以流通股停牌价每股港币 1 元（按停牌日汇率中间价折算为每股人民币 0.79432 元）确定，股份清偿率约 6.64%。

关于债转股的性质，学界认识不一。有学者认为，企业重整中的债转股具有债权出资与债务清偿双重法律性质。① 另有学者认为，破产重整中的债转股与其说是通过债权转股权实现的一种投资，毋宁说是债务人在违约后实施的一种代物清偿或者专为清偿，在性质上属于违约损害赔偿请求权，系救济性的请求权而非原权请求权。② 对此，有学者指出："债权人和债务人企业（出资人）进行债转股的，通常以其相互间的'协议'来进行，债权的消灭因为债转股交易的'协议'约定的法律事实而发生，并不都能指向代物清偿行为或者债权出资的抵销行为……债转股是债权人和相对人（包括但不限于债务人企业、出资人）形成的以债权'交易'出资人权益的一种复合法律行为，而非单纯的代物清偿或抵销行为。"③

---

① 参见王欣新：《企业重整中的商业银行债转股》，载《中国人民大学学报》2017 年第 2 期。

② 参见韩长印：《破产法视角下的商业银行债转股问题——兼与王欣新教授商榷》，载《法学》2017 年第 11 期。

③ 邹海林：《透视重整程序中的债转股》，载《法律适用》2018 年第 19 期。

笔者认为,在重整框架内,债转股是用以解决债权债务问题的一种方式,而并非解决债权债务问题导致的后果。在重整中运用债转股应注意以下几个方面:

1. 集体清偿债务的具体方式

一般将债转股作为现金清偿的配套方案,提高债权人的总体清偿率。通过债转股,债权人得以成为重整后企业的股东,共享企业重整的成果,如此一来,更容易获得债权人对企业重整的认同,推动重整计划草案获得表决通过。重整中的债转股作为重整的程序事项,应当遵循破产程序作为概括执行程序以多数决形成集体意思的规则。具体来说,对债权以债转股方式调整的债权人组,应当适用人数过半,债权额超过该组别债权总额的2/3的表决规则。

2. 债转股的对外效力

债转股除了对重整程序中的债权人、出资人、重整投资人等利害关系人产生影响外,还将影响到债务人企业连带责任人的责任认定。笔者认为,重整程序中的债转股是债权调整与清偿的一种方式,债权人的债权在重整程序中按比例得到清偿,不因采用债转股的方式改变按比例清偿的实质。《企业破产法》第92条第3款及第124条规定:"债权人对债务人的保证人和其他连带债务人所享有的权利,不受重整计划的影响。""破产人的保证人和其他连带债务人,在破产程序终结后,对债权人依照破产清算程序未受清偿的债权,依法继续承担清偿责任。"所以,重整程序采用债转股模式的,不影响债权人依法享有的就未受偿的部分对连带债务人享有的权利。这一过程中,较难操作的是债转股对应清偿的债权比例的认定,核心在于以何标准定价转股。债务人企业为上市公司的,可以上市交易的股价、停牌价等为基础;非上市公司的,则无统一的标准,根据个案的实际情况来确定,可以考虑以重整投资人支付的对价获得的持股比例来计算。

3. 转入破产清算程序的处理

根据《企业破产法》第93条第2款的规定,人民法院裁定终止重整计划执行的,债权人在重整计划中作出的债权调整的承诺失去效力。债权人因执行重整计划所受的清偿仍然有效,债权未受清偿的部分作为破产债权。笔者认为,接受债转股的债权人在重整程序中的债权调整承诺并非仅指按比例清偿,还应包括同意非现金清偿这一方式。这一承诺毫无疑问是建立在企业股份未丧失营运价值的前提下。当债务人企业转入破产清算程序后，企业股份所蕴含的营运价值已荡然无存，债权人承诺的债权调整已失去基础。故已完成债转股的部分，实质并未获得清偿，在转入破产清算程序后，依照《企业破产法》的上述规定，理当回归相应债权部分，并得以向债务人请求支付。

第二节　出售式重整的实践

重整制度设计的初衷，是为了给一些还有再生可能的困境企业再生的机会。目前，我国重整成功的案例中，绝大部分仍以存续式重整为主。实际上，对于不同类型、规模的民营企业来说，选用何种重整模式进行重整极其重要，直接关系到其最终重整成功与否。与存续式重整相比，出售式重整作为既能快速处理债务，又能保留企业核心价值资产的重整模式，具有自身天然优势，也可以化解其他重整模式实践中遇到的疑难、复杂问题。随着社会的进步，理论的发展，重整更应当重实质而轻形式，如何保住企业最具核心价值的资产或事业，才是企业重整的本质所在。

一、出售式重整的模式优势

关于出售式重整的内涵，王欣新教授认为，所谓出售式重整，是指将债务人具有活力的营业事业之全部或主要部分出售让与他人，使之在新的企业中得以继续经营存续，而以转让所得对价继续企业价值，以及企业未转让遗留财产（如有）的清算所得即清算价值，清偿债权人的一种重整模式。① 由此可见，出售式重整秉承的是保持住企业最有价值的事业或者最关键性的优质的资产，也即“破产不破业，保事业不保外壳”，从另外一种途径实现原先破产企业的重生。

虽然，在资产整体拍卖方面，出售式重整与破产清算存在某些类似之处，但两者存在本质差异。前者出售的价值是企业主营业务的存续价值，一般采取整体转让方式进行，所出售主营业务或核心资产能否持续经营，以及现有员工能否继续就业等问题均是其必须考虑的对象，其落脚点终归是重整，企业财产价值最

① 参见王欣新：《重整制度理论与实务新论》，载《法律适用》2012 年第 11 期。

大化是其追求的价值目标。而后者则将关注点落于如何快速实现资金回收,更多的是为了追求企业的市场化退出,清理债权债务,从而实现社会资源的最大化节约,其他的问题并不在其考虑范围内。

对企业的重整,如何选择效率最高的模式,从而实现企业重整价值的最大化,成为现在破产法学研究的重点。与存续式重整相比,出售式重整作为一种既能快速处理债务又使企业核心价值得以留存的重整形式,具有如下优势作用:

(一)降低破产成本

单从成本方面来说,相较于存续式重整,出售式重整的成本费用有大幅度的降低。管理人将企业资产出售后,即将企业的外壳注销,而企业有价值的事业在新的实体下获得重生,一旦债权债务清理完毕,不仅不需要再花费大量成本维系原企业外壳,也会大幅降低管理人管理的费用,具有成本费用较低的天然优势。

(二)提高破产效率

出售式重整的一大特征便是其重整计划相对结构简单,清偿资金来源于主营业务的转让款项和原企业外壳剩余资产的处置款项,不仅是现实可期,而且债权人的清偿额度是确定的。由此,管理人在通过重整方案前做债权人的沟通工作时便于告知,也更有利于做债权人的工作,无形中大大缩短了与各方协商谈判的时间,也保证了重整计划草案的通过,从而也加快了整个重整进程。

(三)切断余债责任

按照《企业破产法》第 92 条第 2 款的规定,未在重整程序开始时进行债权申报的债权人,在重整计划执行完毕后,依然可以要求债务人清偿。这对于采取存续式重整的企业而言,是一个可能预见但又致命的隐患。如果余债的数额较大,而破产企业并未预留偿债资金,又遇到余债的债权人故意等到重整计划执行完毕后,才向重整企业主张按重整计划规定的同类债权的清偿条件进行清偿的情况,则将可能导致债务人二次破产。而出售式重整在重整过程中将债务人主营资产或核心资产从企业的外壳中剥离出去后,并未保留原企业外壳,未申报债权的,难以追诉新设实体,而被出售后的资产已经在新设实体中继续运行,新设实体亦无须负担原企业的余债责任。

二、出售式重整的实践现状

出售式重整比较知名的案例是钜创纺织公司破产重整案。该案管理人引入具备同业经营的高青如意公司，以整体出售企业土地、厂房、设备等资产的方式实现了对钜创纺织公司的重整，管理人以该出售价款对债权人进行清偿，之后对债务人企业予以注销。

而泉州地区的典型案例则是中宇系公司破产重整案。中宇建材系国内最大的卫浴水暖产品及配件制造商之一，其卫浴产品在国内外具有较高的知名度。中宇建材因经营陷入困境，经债权人申请，泉州中院于 2016 年 5 月 27 日裁定受理中宇建材重整案，并指定中宇建材清算组为管理人。重整过程中，因管理人发现中宇建材与中宇卫浴等 5 家企业存在人、财、物等高度混同，泉州中院根据管理人的申请于 2016 年 7 月 1 日依法裁定中宇卫浴等 5 家公司并入中宇建材合并破产重整。案件受理后，管理人经调查发现，卫浴市场存在产能严重过剩的情形，采用存续式重整这一传统重整方式不具有可行性。经多次研讨，管理人在泉州中院的指导下，最终确定了出售式重整模式，即重整投资人郎爵公司先在南安市成立一家新中宇公司，管理人将商标、存货等未设定担保资产按照市场价值处置给新中宇公司，并由郎爵公司让渡 25% 的新中宇公司股权用于清偿债权人，新中宇公司无条件接收中宇系公司当时的全部职工，保证中宇系公司当时的生产经营活动在新中宇公司得以持续发展；最后，采取拍卖方式处置设定担保的财产。该重整计划草案获得债权人会议高票通过。

从上述案例中，我们可以看出，出售式重整类案件注重维护的是主营业务或核心价值资产的存续，引进的重整方大部分均有同业经营的丰富经验，以实现资产的保值或者增值。然而，从实践中来看，陷入困境的除了是具有核心价值或主营业务资产的企业外，还有一部分是具有特殊资质或资格（也可称为“壳资源”）的企业。为了保持住这些特殊资质或资格，实践中还创造出一种新型重整模式，有学者称之为“反向出售式重整”①。这一模式在我国实践中比较典型的案例为温州中城建设集团有限公司（以下简称温州中城公司）破产重整案。温州中城公司是当时温州市唯一具有建筑施工总承包特级资质的公司，为保留公司的品牌和上述资质，温州中城公司最终的破产重整方案是，由竞买人以 5800 万元取得温州中城公司 100% 的股权以及优质资源。同时温州中城公司设立的子公司则

① 徐阳光、何文慧：《出售式重整模式的司法适用问题研究——基于中美典型案例的比较分析》，载《法律适用》2017 年第 4 期。

专门用来承接除存留清单列明之外的资产、负债等,并由该子公司负责清算债权债务。[①] 有学者认为上述两种模式都具有出售式重整的本质特征,反向出售式重整是出售式重整模式下的一种新探索。[②] 笔者也赞同这个观点,因为,上述两种模式都是选取困境企业最有核心价值的资产予以出售,并以出售所得来偿还债务,二者在核心内容方面,实际上是殊途同归。

三、出售式重整的完善建议

虽然司法实务中已有不少的出售式重整案例,但客观上讲,其仍存在不少问题。首先,出售式重整在我国属于新兴模式,在现行《企业破产法》框架下,并没有明文规定在第八章的"重整"内容中。从各地的实践案例来看,法院所适用的都是《企业破产法》第25条、第26条和第69条等总则条文,这些条文分属于其中"管理人"章节、"债权人会议"章节中的内容,与重整制度相比,实际上属并列地位。二者通过解释论的方法相结合后虽可灵活适用,但不可回避的一点是,上述条文的适用范围是《企业破产法》规定的所有破产制度。所以,严格从法律制度角度来说,出售式重整这一模式并不存在于《企业破产法》之中。实践中适用出售式重整模式缺乏具体、明确的法律条文,导致操作性显著降低,不利于在实践中广泛适用。其次,缺乏具体明确且可统一操作的审查标准。实践中正是由于缺少具体明确的法律条文或司法解释,具体如何审查、如何确定出售式重整可适用范围,如何界定何为企业最有价值的事业或最关键性的优质资产以及资产价格如何评估,如何界定启动出售式重整的合适时机,各地审查标准不一,有必要予以明确,便于实践统一操作。最后,政府参与出售式重整的角色定位模糊。在出售式重整中,政府的角色定位模糊,缺乏可操作性规定,导致法官或管理人需耗费大量时间和精力在协调方面。实践中,企业拟进入破产程序前,对企业是适用重整还是清算程序?若适用重整,是适用出售式重整还是存续式重整?以及如何充分利用政府的招商引资政策或者平台?因政府相关部门前期对企业的

---

① 参见温州市金融办:《瓯海创新企业破产重整新举措》,载温州市人民政府金融工作办公室网,http://wzjrb.wenzhou.gov.cn/art/2015/3/20/art_1217682_1563412.html。

② 参见徐阳光、何文慧:《出售式重整模式的司法适用问题研究——基于中美典型案例的比较分析》,载《法律适用》2017年第4期。

接触较多，若其给出相关建议会较为中肯，也有利于进入破产程序后破产进程的推进。因此有必要进一步予以规范，以便充分发挥政府在出售式重整中的作用。

基于上述问题的存在，笔者认为，应重视把出售式重整从各地法院的实践经验变为具体、完善、易于操作的法律制度，从而确保其获得广泛适用，有效地发挥其拯救危困企业的作用。现阶段，我国出售式重整制度的完善，建议从以下几个方面加以重点关注。

（一）细化出售式重整的法律框架

建议以司法解释形式细化出售式重整的概括性条款、启动程序，并出台预重整与出售式重整的程序对接机制。出售式重整的一个突出优势就是能高效处理债务人的清偿问题，而近期实务界热点之一的预重整模式与之十分契合，两者在追求效率和对企业财产的保值、增值上有着相同的价值取向。笔者认为，按照2019年11月8日发布的《全国民商事审判工作会议纪要》第115条规定的精神，[①]预重整具备实践所需要的可行性和可操作性，需要注意的是，尽管预重整方案并不是正式的重整计划，但仍应强调对相关当事人具备一定约束力。债务人可以与之签订具有合同性质的文件，并在文件中载明其在预重整方案中的意思表示，只有发生重大的情势变更才需要重新进行表决，如果不存在这个情形应延续到重整计划表决，以便于法院在审查通过后简化程序，批准重整计划进入执行。

（二）确立出售式重整的审查标准

1.明确出售式重整可适用主体范围

从节约成本、便于实践操作的角度分析，我国出售式重整可适用的主体范围建议选择规模较大且具有核心资产的困境企业，以避免单独拆分出售带来的交易次数和成本增加，以及实际交易价值的贬损。况且企业规模大，才承担得起重整的博弈成本，若企业规模较小，并不存在安排大量员工继续就业的社会隐患，

---

① 2019年11月8日发布的《全国民商事审判工作会议纪要》第115条提到，应继续完善庭外重组与庭内重整的衔接机制，以便降低成本，提高破产制度效率，并认为人民法院受理重整申请前，债务人和部分债权人已经达成的有关协议与重整程序中制作的重整计划草案内容一致的，有关债权人对该协议的同意视为对该重整计划草案表决的同意。同时也强调，重整计划草案对协议内容进行了修改并对有关债权人有不利影响，或者与有关债权人重大利益相关的，受到影响的债权人有权按照企业破产法的规定对重整计划草案重新进行表决。

则分开出售与整体出售的作用以及社会效果相差不大。由此,建议在以后的立法中可对此予以明确规定。

2. 明确企业核心价值资产或优质资产的认定标准

鉴于核心价值或优质资产是困境企业实施出售式重整的基础性要件,而实践中,管理人和法院须在充分、广泛调研的基础上才可进行判断。为便于该模式的推广和运用,建议在以后的立法中,明确上述资产的认定标准,可用概括性陈述并辅之以列举的形式来列明可选择整体出售时的财产种类,例如,资产涉及的主营业务属于国家重点扶持的产业,具备先进生产流水线或加工设备、完善的线上或线下销售渠道,拥有专业的研发团队、高科技产品专利、建设工程的特级资质以及国家知名商标、品牌等无形资产。

(三)引入咨询合理评估资产价值

在出售式重整中,如何对债务人企业的核心资产进行价值判断及预估,均需要判断人具备一定的商业判断能力,以及专业的市场认知能力。而法官、管理人并不具备上述能力,因此,如何确定企业重整价值应当交给市场来评判。实践中可采用管理人分别与各个意向投资人谈判、小范围招标、评估等方式来确定。若选用评估方式,为保证评估的客观、公正,建议应将资产打包成一个整体进行评估,并由管理人通过公开招募、竞争性选任方式确定评估机构,而评估机构评估时应从评估的具体目的(如重整或清算等)、企业的经营状况、财务状况等具体情况出发,慎重选择合适、恰当的评估方法,并辅之以市场检验法,如在相关拍卖公告上进行充分的信息披露、采取网络平台竞拍等。

而在重大的出售式破产重整案件中,可考虑由管理人根据案件情况引入必要的商业咨询的方式。笔者认为,咨询意见、评估报告应当对所有债权人公开,在债权人有相应要求时,应当赋予其查看的权利,对债权人质疑应给予充分的解释,必要时可邀请相关中介机构人员到现场回应质疑,从而避免因为债权人等各方主体的心理产生巨大落差而阻碍不利于出售式破产重整制度的推进,也有利于保证资产处置依法、公开、公正、公平地进行。另外,笔者建议,可考虑在当前的企业产权交易市场中,专门设立一个独立的交易板块来处置这类"僵尸企业",也有利于准确确定企业重整价值。

(四)应对重整计划执行问题处置

出售式破产重整计划被批准通过后就产生相关法律效力。虽然《企业破产法》第89条规定重整计划由债务人负责执行，管理人仅是监督执行，但考虑到实践中很多事务性的工作应由管理人来完成，管理人应从其职责范围内做好预先的应对。例如，虽然重整计划的内容相对确定，但考虑到出售转让企业核心营业资产的行为仍是市场行为，在短时间可能变化极大，为了保证该计划的顺利执行，最终实现债权人的利益，在计划执行过程中，应允许管理人在经债权人会议授权的前提下，可对计划进行适当的修改，例如，可建立出售式破产重整计划合理延期制度，并细化合理延期的具体情形，申请延期的最长期限等。但对于修改的内容，为保障全体债权人的知情权，建议书面告知全体债权人。另外，针对重整失败的可能后果，建议细化重整失败转入破产清算的情形。

(五)发挥重整进程中的政府作用

就目前而言，我国政府在重整过程中更像是各方利益的协调者在发挥其作用。建议政府更明确其角色定位，以其行政权力所具有的独特属性充分发挥作用。在出售式重整过程中，政府应表明对企业重整的支持态度。对企业重整的支持力度，不能局限于做好企业职工妥善安置、维护辖区稳定以及行政罚款或税款的延迟缴付等事项，而应加强沟通协调，从财政资金支持的角度做好进入重整程序后，帮助企业维持正常经营的工作；同时为加快核心资产的流转和运营，建议政府利用自身平台制定相应的招商引资政策，从重点设施建设、财政补贴等方面为意向重组方提供相应的优惠政策和支持。

第二章　实质合并和程序合并破产

第一节　实质合并破产的实践

实质合并破产,是指关联企业因存在法人人格高度混同,导致在破产程序中,通过消弭各关联企业之间的债权债务关系将资产和负债并为一体,对债权人统一清偿。在最高人民法院印发《破产审判工作会议纪要》前,我国有关实质合并破产在法律或司法解释层面处于立法空白。因此,对于立法空白但实践先行的实质合并破产制度,有必要实践探索出统一的做法。

结合《企业破产法》、《破产审判工作会议纪要》和各地法院裁判现状,在泉州法院实质合并破产实践基础上,总结实质合并破产的司法适用。

一、实质合并破产的司法现状

实质合并破产的司法裁判现状如何？笔者将从全国实质合并破产的司法概况出发,反思泉州法院的司法实践。研究实质合并破产的司法适用,将有助于推动理论的发展。

(一)实质合并破产的司法概况

我国实质合并破产制度是司法实践推动下的制度化过程。在立法层面,《企业破产法》没有规定合并破产,而是贯彻企业法人独立破产的原则。然而最高人民法院作出的各种答复,①及近年公布的涉及实质合并破产的典型案例,都鼓励各地法院对实质合并破产进行实践探索。

此后,全国各地法院进行了大量实质合并破产的实践探索。并且,部分高级人民法院还出台了实质合并破产的指导意见,如2012年7月2日广东省高级人民法院出台的《全省部分法院破产审判业务座谈会纪要》、2013年7月22日北京市高级人民法院发布的《企业破产案件审理规程》以及2016年8月10日江苏省高级人民法院发布的《关于充分发挥破产审判职能作用服务保障供给侧结构性改革去产能的意见》。

通过民事案由结合关键词的查询方式在"全国企业破产重整案件信息网"进行模糊搜索,发现自2007年6月1日至2019年10月3日发布的破产案件裁判文书中,有1802条记录与合并破产有关。接着,以破产企业主体、受理法院、破产程序等作为重复案件的基准,剔除后共有176件实质合并破产案件。通过最高人民法院、江苏、浙江、广东、安徽等地高级人民法院公布的破产典型案例,检索到14件实质合并破产的案例。

在这些具体的司法案例中,各地法院对实质合并破产的适用标准、启动程序、债权人知情权的保护、法律后果等方面进行了大量探索,有互相借鉴也有各自创新。经过10年的司法实践总结,2018年施行的《破产审判工作会议纪要》对实质合并破产的适用原则、认定标准、程序等问题进行原则性规定,也对历年来司法实践的分歧进行了原则性的统一。

(二)实质合并破产的泉州实践

《企业破产法》对关联企业破产的审理模式没有明确规定。泉州两级法院的大多案件都受理于《破产审判工作会议纪要》出台前,这意味着泉州法院无法从当时的法律法规中找到相关依据。因此,泉州法院须借鉴其他地方法院的做法开展关联企业实质合并破产审判工作。《企业破产法》施行之后至2020年,泉州两级法院共受理了15个涉及关联企业集团的破产案件,其中10个关联企业破产

① 最高人民法院《关于哈尔滨百货采购供应站申请破产一案的复函》(法函〔1995〕48号)指出:"哈尔滨百货采购供应站在负债累累的情况下,抽出其绝大部分注册资金开办哈尔滨康安批发市场……可将康安批发市场的现有全部财产及其债务纳入百货供应站破产清偿范围之内。"

案件采用实质合并的审理方式。具体审判情况如表2所示。

表2 泉州法院实质合并破产案件审理概况

案件	申请人	合并时间	启动模式	判断标准	债权人参与	管理人
旗牌王服饰、旗牌王制衣、宝龙制衣合并重整案	债务人	2016年	分别受理合并式[1]	人格混同	债权人会议表决	清算组
江南电器、长江家电合并清算案	管理人	2016年	分别受理合并式	人格混同	裁定后通知债权人	清算组
明发模具、闽发鞋材、闽发模具、南光轻工合并清算案	管理人	2017年	个别受理拉入式[2]	人格混同、审判效率	裁定后通知债权人	两家律所
奇星机械、奇信机械合并重整案	管理人	2018年	个别受理拉入式	人格混同、债权人整体利益、重整可能	裁定前召开听证会	清算组
锦绣庄木偶馆、锦绣庄旅游、锦绣庄工艺品、锦绣庄文化合并清算案	管理人	2016年	分别受理合并式	人格混同、审判效率、公正清偿	裁定前通过债权人会议征求意见	清算组
中宇建材、中宇卫浴、中宇陶瓷、中宇电镀、永胜电镀、高宇卫浴合并重整案	管理人	2016年	个别受理拉入式	人格混同、审判效率、公平清偿	裁定后通知债权人	清算组
瑜鼎机械、瑜鼎投资、蓝星数控、泓晟鼎重工合并清算案	管理人	2016年	个别受理拉入式	人格混同、审判效率、公平清偿	裁定后通知债权人	清算组

续表

案件	申请人	合并时间	启动模式	判断标准	债权人参与	管理人
三信织造、中橡乳胶合并重整案	管理人	2017年	分别受理合并式	人格混同、公平清偿	裁定后通知债权人	清算组
益源鞋业、晟兴皮革、策乐实业合并清算案	债权人	2016年	个别受理拉入式	人格混同	裁定后通知债权人	清算组
小玩皮织造、小玩皮营销、恒业服装、大松树服装合并清算案	管理人	2017年	分别受理合并式	人格混同、审判效率、公平清偿	裁定后通知债权人	清算组

〔1〕法院分别受理各关联企业破产案件，然后裁定各个关联企业合并破产。

〔2〕法院受理一家或几家关联企业破产后，将没有进入破产程序的关联企业并入已经受理的关联企业破产案件中。

通过对上述案件的审理，从审判原则、认定标准、管理人、启动模式几方面，做了实践总结。

第一，审理原则上，泉州法院谨慎适用实质合并破产制度。在审慎适用的具体做法上，部分案件在裁定实质合并受理之前通过审判委员会讨论决定，例如，中宇系企业合并重整案①以及奇星机械、奇信机械合并重整案②。

第二，认定标准上，泉州法院以“法人人格高度混同”作为裁定的判断标准。泉州法院依据《破产审判工作会议纪要》，以控制企业的控制程度、资产负债混同情况作为法院判定“法人人格高度混同”的主要因素。而经营场所、业务、人员、财务等方面混同作为关联企业人格混同的普遍特征，只是起补强作用，不足以判断关联企业独立性是否丧失。例如，旗牌王服饰等关联企业存在控制人相同、员工、经营场所、业务混同的情形；③奇星机械和奇信机械存在资产统一管理、调配，财务统一记账，互相担保、利益输送和债务负担并未按各企业独立如实记载的情形。④

① 参见福建省泉州市中级人民法院民事裁定书，(2016)闽05民破4号之一。
② 参见福建省泉州市鲤城区人民法院民事裁定书，(2018)闽0502破1号。
③ 参见福建省泉州市洛江区人民法院民事裁定书，(2016)闽0504破2号之四。
④ 参见福建省泉州市鲤城区人民法院民事裁定书，(2018)闽0502破1号。

大多案件严格界定人格混同的适用标准,并借助审计机构的审计结论帮助法官认定关联企业之间是否存在人格严重混同无法区分的情况。在认定关联企业符合人格混同的标准后,部分法院考虑到实质合并破产有助于提高审判效率、实现公平清偿,进而采用实质合并破产的审理方式。

第三,管理人方面,由于关联企业实质合并破产较单一企业破产更复杂,泉州法院多指定清算组作为管理人,整合政府部门和破产律师的优势,有利于实质合并破产工作的顺利开展。

第四,启动模式上,泉州法院探索了两种启动模式。其一,在关联企业整体具备破产条件的情况下,泉州法院不拘泥于单个企业是否具备破产条件的限制,而裁定关联企业实质合并破产。泉州法院这样的做法,可以避免企业实际控制人随意在关联企业之间转移财产和债务,损害债权人利益的问题。泉州法院高度遵循《破产审判工作会议纪要》有关实质合并破产相关规定,即以谨慎适用为审理原则,以"法人人格高度混同"为认定标准。但在实质合并破产认定标准的问题上,法院对人格混同与审判效率、公平清偿等价值因素不加区分,笼统作为实质合并破产的认定标准。其二,法院裁定实质合并之前较少征求债权人的意见,而是在裁定合并破产之后告知债权人。虽然没有债权人对合并审理提出异议,但随着《破产审判工作会议纪要》的施行,应细化听证会的召开程序、参会人员、信息披露等方面内容,切实保护当事人的知情权、异议权。

二、实质合并破产的认定标准

通过《破产审判工作会议纪要》的相关规定,结合学界争议、各地法院裁判,泉州法院总结了实质合并破产标准的司法适用。

实质合并破产标准在学术界历来有争论。王欣新教授认为,实质合并破产的类别性标准包括:(1)人格混同;(2)欺诈;(3)债权人收益;(4)重整需要。[①]徐阳光教授提出了人格混同的26个因素并指出除了考察是否存在人格混同情形外,还要关注破产程序价值、债权人利益保障、经济效率和司法效率。[②] 经过学

---

① 参见王欣新:《关联企业实质合并破产标准研究》,载《法律适用》2017年第8期。

② 参见徐阳光:《论关联企业实质合并破产》,载《中外法学》2017年第3期。

术界长期探讨,结合各地法院的司法实践,最高院于2018年出台了《破产审判工作会议纪要》,以司法解释的形式明确了实质合并破产的认定标准。

根据《破产审判工作会议纪要》第32条的规定,实质合并破产的认定标准为:(1)关联企业成员之间存在法人人格高度混同;(2)区分各关联企业成员财产的成本过高;(3)严重损害债权人公平清偿利益。在司法实践中,各地法院以"法人人格高度混同"作为裁定是否实质合并破产的主要因素,以"区分成本""债权人利益"为辅助性因素。因此,笔者将着重探讨"法人人格高度混同"的混同情形及混同程度。

(一)"法人人格高度混同"的混同情形

司法实践中,关联企业人格混同的具体类型主要体现在机构混同、人员混同、财务混同、业务混同、相互担保、互相拆借、受同一人或同一家族控制等情形。比如,中宇系破产案件中,6家企业的法定代表人和实际控制人均为蔡氏父子2人,除车间一线工人外,所有人员均集中在中宇建材的办公楼办公,集团内部资金统一调配、采购及销售等生产经营和财务收支已完全混同。[①] 再如,闽发模具等关联企业合并重整案件中,大量债权人持明发模具出具的债权凭证向闽发模具申报债权,可以看出在人格混同的情况下,债权人已经将债务人视为一个整体,不加以区分。[②]

笔者认为,《破产审判工作会议纪要》第33条规定的"关联企业之间资产的混同程度及其持续时间、各企业之间的利益关系"系用于判断关联企业是否存在混同情况及混同的程度。法院在处理关联企业法人人格高度混同的实质合并破产案件时,应当依法采取实质合并破产的审理方式,使关联企业回归于客观实际,实现全体债权人的公平清偿,提高破产审判效率。因此,根据《破产审判工作会议纪要》第33条的规定,法院在审查实质合并破产申请时,可以综合考虑"债权人整体清偿利益、增加企业重整的可能性",但并非与"法人人格高度混同"一样,作为判定实质合并破产的主要标准。

如何区分关联企业的一般混同情形是司法实践的难点,例如,关联企业之间正常的关联、协作关系和需要合并破产的人格混同关系。对此,笔者认为,法人

---

① 参见福建省泉州市中级人民法院民事裁定书,(2016)闽05民破4号之一。
② 参见福建省晋江市人民法院民事裁定书,(2016)闽0582破3号之四。

人格独立性是现代公司法人制度的基本原则，在破产程序中应审慎适用关联企业实质合并破产。在关联企业中，由母公司统一进行生产经营的协调、调配、人事安排是企业集团内部经营管理的常态。不能简单以关联企业之间存在统一调配、人事交叉、生产交叉等因素就认定存在严重人格混同现象。应以财产混同和债务混同作为核心判断标准，只要不存在资产、负债的严重混同，即使存在其他方面的混同情形，也不能进行实质合并破产。在处理关联企业一般混同情形时，应先通过破产撤销权、法人人格否认制度、衡平居次原则或程序合并的方式进行处理，处理不了的再适用实质合并破产。①

例如，在内外矿业公司管理人申请将内外矿业公司及其 7 个子公司实质合并破产重整的案件中，泉州中院认为内外矿业公司对子公司存在一定程度的控制。在母子公司且母公司系唯一股东或控股股东的结构下，泉州中院认为母公司对子公司人员、业务、财务、设备实施统一管理属于企业集团经营中较为普遍的现象。法院不能因为关联企业的一般混同情况就认定母子公司之间应进行实质合并破产，还应进一步审查公司之间的财产是否独立、能否区分。在该案中，母子公司名下各有相应资产，权属明确，调拨去向清晰，足以区分。审计机构和评估机构均已对内外矿业公司及除金塔矿业公司以外的 6 家子公司的资产负债情况进行区分，并针对每家公司分别出具了审计报告和评估报告，证实内外矿业公司及其子公司的资产负债没有达到难以区分的混同程度，故不同意管理人实质合并破产的申请。②

（二）“法人人格高度混同”的混同程度

根据《破产审判工作会议纪要》第 32 条的规定，在审理涉及关联企业合并破产的案件中，应贯彻例外性、谨慎性原则。首先尊重各关联企业的独立人格，只有存在无法区分或者区分各自资产、负债的成本过高，损害债权人利益时，才例外地适用实质合并审理的方式。

对于如何认定关联企业人格混同的严重程度这一实践难点，泉州两级人民法院是通过参考中介机构的意见予以解决。由于法官一般不具备从经济层面上判断关联企业人格是否混同以及混同程度的专业性，法官需要借助中介机构出

① 参见王欣新：《关联企业实质合并破产标准研究》，载《法律适用》2017 年第 8 期。

② 参见福建省泉州市中级人民法院民事裁定书，(2018)闽05 破终 2 号。

具的专项审计报告作出正确的司法裁判。因此,法院一般要求将关联企业之间是否存在人格混同关系及混同程度作为审计内容之一,具体的审计内容包括关联企业之间资产情况、是否互相调配、负债是否真实反映、资产负债能否区分以及人事、机构、场所等方面是否存在混同情况等。

各关联企业是否均须具备破产原因,是实质合并破产的另一实践难题。最高人民法院法官在解读《破产审判工作会议纪要》时认为,人民法院的审查内容包括关联企业成员应当分别或在整体上达到破产界限,①并不要求每个关联企业均必须具备破产原因。笔者认为,在各关联企业严重人格混同的前提下,无须要求每个关联企业均具备破产原因,只需关联企业整体具备破产原因即可。从关联企业整体判断破产原因,可以更好规制企业实际控制人为了逃避债务成立关联企业并大量转移财产的欺诈行为。例如,在益源鞋业与晟兴皮革、策乐实业破产案件中,②益源鞋业的主要经营性资产及优质资源已无偿调拨给晟兴皮革和策乐实业管理和使用,不合并重整难以厘清各自债权债务,也将严重损害相关债权人的利益。由于3个关联企业整体已经具备破产原因,因此惠安法院采用拉入式的方式,没有另行审查策乐实业、晟兴皮革是否具备破产原因并另行裁定两家企业分别进入破产程序。惠安法院遵循《破产审判工作会议纪要》的精神,分别将晟兴皮革、策乐实业并入益源鞋业的重整程序。

三、实质合并破产的程序设计

笔者通过《破产审判工作会议纪要》的相关规定,结合各地法院裁判,总结了有关实质合并破产的申请主体、启动方式、听证形式方面的实践做法。

(一)实质合并破产的申请主体

《破产审判工作会议纪要》没有规定实质合并破产的申请主体,泉州的司法

---

① 参见贺小荣、葛洪涛、郁琳:《破产清算、关联企业破产以及执行与破产衔接的规范与完善——〈全国法院破产审判工作会议纪要〉的理解与适用(下)》,载最高人民法院民事审判第二庭编著:《最高人民法院关于企业破产法司法解释(三)理解与适用》,人民法院出版社2019年版,第354页。

② 参见福建省惠安县人民法院民事裁定书,(2016)闽05民破2号之一;福建省惠安县人民法院民事裁定书,(2016)闽05民破2号之二。

实践中以管理人申请为主，也有个别案件系债权人、债务人申请。①

《北京市高级人民法院企业破产案件审理规程》第7条规定，关联企业成员、关联企业成员的债权人、关联企业成员的清算义务人、已经进入破产程序的关联企业成员的管理人，可以向人民法院提出对关联企业进行合并破产的申请。根据《企业破产法》的规定，债权人、债务人、负有清算责任的人、占出资额10%以上的出资人（仅限于重整）有权申请企业破产。因此，这些主体均有权申请关联企业合并破产。

不同的申请主体所承担的举证责任不同。债务人、管理人、出资人、清算义务人申请合并，由于这些主体均清楚或有条件调查关联企业之间的内部关系，应对其申请承担举证责任。管理人负有核查企业债权债务关系的职责，其在接管企业的过程中，如果发现关联企业人格混同应当合并破产的，有责任申请合并破产。法院在审理涉及关联企业的破产案件时，应主动要求管理人对关联企业是否存在人格混同情况进行调查。由于债权人对关联企业之间的内部关系无法知悉，债权人申请合并时仅需提供初步证据证明其所信赖的交易对象是整个关联企业而非其中某个企业，或关联企业之间存在受同一人控制、营业混同、资产混同、债务混同等人格混同情形的初步证据。如果关联企业否认存在人格混同，则应提供相反证据证明。

（二）实质合并破产的启动方式

《破产审判工作会议纪要》对实质合并破产的启动方式并没有作出限制性规定。泉州司法实践主要采用分别受理合并式和个别受理拉入式，②其他地方法院还存在根据申请人的申请在受理企业破产同时裁定合并破产。③

第一种方式是分别受理合并式，泉州法院认为是最优的启动方式。法院分别受理企业破产案件、指定管理人后，管理人可以对关联企业是否存在人格混同进行充分调查，可以委托中介机构进行中立、科学、专业的专项审计，有助于法院更全面准确地判断应否受理实质合并破产申请。

① 参见表1。

② 这两种模式的具体实践方式详见表1。

③ 安徽祥龙建设集团有限公司、安徽祥龙钢结构有限公司申请合并破产重整，安徽省宣城市宣州区人民法院裁定两家企业合并重整。参见安徽省宣城市宣州区人民法院民事裁定书，(2019)皖1802破申1号。

第二种方式是个别受理拉入式,突破了“依申请受理破产”的规定。在法院仅受理个别关联企业成员破产的情况下,由于管理人仅接管部分企业,无法更全面地调查关联企业是否存在人格混同的情况。除非存在个别关联企业不具备破产原因,但关联企业整体具备破产原因且法人人格混同须实质合并破产的情况,否则不宜采用拉入式的方式启动实质合并破产。

第三种方式是根据申请人的申请在受理企业破产同时裁定合并破产,但该种方式无法对关联企业是否混同进行充分调查。在申请合并时,申请人提交的中介机构出具的有关人格混同的审计报告,可能因申请人单方委托而缺乏中立性,引发债权人的质疑。

(三)实质合并破产的听证形式

《破产审判工作会议纪要》规定人民法院收到实质合并申请后,应当及时通知相关利害关系人并组织听证。笔者认为,应对其没有细化规定的部分进行细化:听证会程序、利害关系人界定、信息披露等。

1. 利害关系人的确定

参加听证会的利害关系人包括债务人、债权人、职工或工会代表、管理人及审计人员等。其中,债务人包括了各关联企业的法定代表人、实际控制人、高级管理人员,以便查明企业间是否存在人格混同的情况。

法院可采用书面通知和公告方式通知债权人参加听证会。如果债权人过多,可以设定参会登记制度。根据个案的不同,将债权人进行分组。如区分为民间借贷债权人、金融借款债权人、建设工程债权人、供销商、职工债权人等。

考虑到普通债权和优先债权人的区别,可组织同类债权人推荐代表参加听证会。例如,在奇星机械、奇信机械合并重整案中,法院通知债权人代表、公司法定代表人、职工代表及工会代表参加听证会。两家企业的法定代表人、职工代表及工会代表均同意实质合并重整,债权人虽然未表态,但在会后规定的异议期内亦未提出异议,听证会取得很好的效果。

2. 信息披露及披露程度

听证会披露的信息可包括以下几个方面:中介机构针对关联企业是否人格混同所作报告,内容应包括企业的实际控制人、账户管理、资金调配、经营决策、人事安排、资金拆借、相互担保、经营场所、企业对外经营行为的名义等;如果没有进行专项审计,则应由债务人对前述问题进行披露并提供相应的证据;管理人对关联企业是否人格混同所作的法律意见;关联企业的法定代表人、实际控制人、股东、财务人员、其他高级管理人员对关联企业是否存在人格混同情况进行陈述。

信息披露的程度应以还原关联企业内部关系的真实情况为原则,但笔者认为合并前后的清偿率没必要披露。有观点认为,法院应及时督促管理人分别模拟计算实质合并前各关联企业的债权清偿率以及合并后整体的债权清偿率,为债权人作出理性判断提供科学依据,并为异议债权人提供快捷方便的司法救济途径。① 对此,笔者认为,管理人分别计算出合并前各企业的清偿率以及合并后的整体清偿率非常困难。只要关联企业存在人格混同现象以致必须合并破产,即使合并前后清偿率产生巨大变化,也不能影响实质合并裁定的作出。若强行要求,反而会导致债权人因所谓的清偿率降低而影响破产审判的顺利进行,因此没有必要披露所谓的合并前后的清偿率。

3. 质询环节的设定

可在听证会中设定质询环节,参照《民事诉讼法》举证、质证程序规定,以使法院充分了解关联企业是否存在人格混同的情况。在听证会过程中,由提出异议的利害关系人与申请人,就关联企业之间是否存在人格混同问题进行相互质询,发表意见。

具体设想为:法院在收到申请人有关合并破产的申请及相关证据后,对全体债权人、债务人、投资人发出通知及公告,告知合并破产的法律后果,通知利害关系人可以在一定时间内到法院领取相应的申请材料并提出书面异议及证据,允许相关利害关系人委托代理人代表其提交证据、发表意见。

四、实质合并破产的法律后果

根据《破产审判工作会议纪要》第 36 条对实质合并破产的法律后果进行概括性的规定,并结合各地法院裁判,泉州法院总结了关联企业之间债的核销、保

① 参见曹文兵:《供给侧改革背景下实质合并破产制度的构建与完善——以 16 件关联企业实质合并破产案件为分析样本》,载《理论月刊》2019 年第 7 期。

证的吸收、特定破产时间点界定的实践做法。

(一)关联企业之间债的核销

债的核销是债权债务归同一人,使债的关系消灭。因各关联企业丧失独立人格,关联企业内部的债权债务均归关联企业整体。通过实质合并破产使各关联企业内部的债权债务关系消灭,财产合并为一个整体由全部关联企业的债权人公平清偿。最高人民法院的法官也指出:“对于实质混同的关联企业,将各关联企业的债务人的资产负债进行合并处理,关联企业之间的互负债务直接进行核销,互相担保债务按照一笔进行计算,最终统一获得清偿。”①泉州法院审理关联企业破产案件时均采用实质合并破产程序,使得关联企业相互负债的相互核销,不再确认债权。

(二)关联企业之间保证的吸收

司法实践中人格混同的关联企业大多存在严重的相互担保问题,债权人可能因此存在重复申报的情况。

各地法院存在不同的处理方式。因保证系指当债务人不履行债务时,由保证人按照约定承担责任的行为,由此,有的法院认为实质合并破产的关联企业之间系一个整体,保证人应为区别于债务人的第三人,故保证人无须再承担保证责任。② 也有法院认为,各关联企业保证人应根据合同约定为主债务人的债务承担保证责任。③

对此,笔者认为,实质合并破产导致关联企业无须再承担保证责任,更符合实质合并破产的内涵。例如,中宇系企业合并重整案、锦绣庄系关联企业合并清算案件中,债权人对关联企业之一申报主债权,又对另一关联企业申报担保债权的,最终按一笔债权清偿。因为在人格混同的情况下,各个关联企业应视为一个主体。因此前述问题可以理解为一个企业为自己的债务提供保证担保、一个企业为他人的债务提供两次或两次以上相同的保证担保,前者的担保债务将不复存在,后者债务人只承担一次担保责任。

---

① 郁琳:《关联企业破产整体重整的规制》,载《人民司法》2016 年第 28 期。

② 参见山东省高级人民法院民事判决书,(2017)鲁民终 28 号;浙江省绍兴市柯桥区人民法院民事判决书,(2019)浙 0603 民初 1796 号。

③ 参见重庆市第一中级人民法院民事判决书,(2017)渝 01 民初 905 号。

(三)特定破产时间点的界定

受实质合并破产影响的特定时间点包括:撤销权的起算时间、利息止付时间、重整期限的起算时间。

1. 利息止付时间

对于利息止付时间,各地法院存在不同处理方式。有的法院认为,企业先后被裁定受理破产申请,当企业被裁定合并破产时,以最先受理破产的时间作为整个关联企业的利息止付时间,理由在于统一各个关联企业的普通债权清偿率,确保公平清偿。[①] 有的学者也支持这一观点,认为这一处理方式可以避免关联企业债务规模扩大,提高清偿率,鼓励关联企业尽早进入破产程序,发挥破产保护功能;[②]也有的法院认为应以各个关联企业分别受理破产的时间作为利息止付时间。[③]

2. 撤销权起算时间

破产撤销权,可避免债务人在破产受理临界期内加害债权人的不当行为或个别清偿的行为。破产临界期的设定是为了限制管理人行使撤销权的范围,既保护债权人的利益,又维护债务人行使权利的自由;既保护正常的交易安全、维护经济秩序,又打击破产诈骗行为和个别清偿行为。

关于撤销权起算点,联合国《贸易法委员会破产法立法指南》第三部分《破产企业集团对待办法》规定了两种处理模式。一种是与单独破产相同,以各关联企业成员破产申请受理之时作为各自撤销权可撤销期间起算点。另一种则是以最先进入破产程序的关联企业成员破产申请受理之时作为统一的撤销权起算点。为确保透明度和可预见性,无论属于哪一种情况,都应在破产法中具体规定这一时间。[④] 实践中,有的法院采用以最先进入破产程序的申请受理时间点为撤销权

① 参见最高人民法院民事裁定书,(2019)最高法民申265号;浙江省高级人民法院民事判决书,(2017)浙民终808号;浙江省衢州市中级人民法院民事判决书,(2019)浙08民终110号。

② 参见王静、蒋伟:《实质合并破产制度适用实证研究——以企业破产法实施以来76个案例为样本》,载《法律适用》2019年第12期。

③ 参见重庆市第一中级人民法院民事判决书,(2017)渝01民初905号。

④ 参见联合国:《贸易法委员会破产法立法指南》第三部分《破产企业集团对待办法》,联合国维也纳办事处英文、出版和图书馆科2012年版,第69页。转引自王静、蒋伟:《实质合并破产制度适用实证研究——以企业破产法实施以来76件案例为样本》,载《法律适用》2019年第12期。

起算点，例如惠州市创成发展有限公司等4家企业合并重整案。①

对于前述两个问题时间点的处理，法院裁定将各个关联企业视为一个整体进行破产处置，因为关联企业在经济上的混同可以视为一个整体。在法院裁定合并之前，各个关联企业仍具备独立的法人人格，与债务人交易的第三人往往无法预见合并破产的情况。在《企业破产法》对利息止付时间、撤销权起算时间没有特殊规定的情况下，泉州法院以各个关联企业破产的时间作为利息止付时间、撤销权起算时间，避免债权人因企业合并破产而受到过大的影响，维护交易安全和交易秩序，保护善意债权人的利益。

3. 重整计划提交时间的起算点

《企业破产法》对合并重整情形下重整计划提交时间的起算点没有特殊规定。个别地方法院对此进行突破性规定，例如，深圳市中级人民法院《审理企业重整案件的工作指引（试行）》第54条第3款规定，合并前已经经过的重整计划草案提交期限，经管理人或债务人申请，可以重新起算。对此，笔者认为以实质合并重整受理之日作为重整计划提交时间的起算点更恰当。

前述利息止付时间、撤销权起算时间涉及债权人的实体权利、交易安全和秩序，在《企业破产法》没有明确规定的情形下，不宜另作他处。而重整计划的提交时间不涉及债权人利益和交易安全、秩序问题，《企业破产法》本来就规定了管理人或债务人可以申请延期提交重整计划。在关联企业合并破产之后，资产调查、债权债务的确认、投资人的招募、重整计划的拟定等方面都发生重大变动，相比单独企业重整更具复杂性。因此，应以实质合并重整受理之日作为重整计划提交时间的起算点更恰当。

第二节　程序合并破产的实践

当关联企业不具备人格混同需要实质合并破产的情形时，由于企业之间存在一定关联性，其破产审理方式也应有别于单个破产企业。泉州法院采用“三同一集中”（集中管辖、同一审判组织、同一管理人、同步推进程序）的审理方式，这

① 参见陈向科：《关联公司合并重整的几点探索与思考——以创成公等四家公司合并重整案为例》，载南方号，http://static.nfapp.southcn.com/content/201802/10/c965441.html。

一审判方式与之后施行的《破产审判工作会议纪要》有关程序合并破产的规定高度契合。

一、程序合并的泉州实践

与实质合并不同，程序合并不影响债权人和其他利害关系人的实体利益，不同债务人之间的债务并不消灭，合并审理的各债权人只能从各自的债务人财产中获得清偿。[①] 实质合并破产更多的是基于公平清偿的价值考量，程序合并则是基于审判效率的价值考量。泉州两级人民法院目前审理了5个程序合并的破产案件，主要情况如表3所示。

表3　泉州法院程序合并破产案件审理概况

案件	管辖权处理	异议情况	管理人
铁观音集团重整案、安溪茶厂重整案	安溪法院受理安溪茶厂重整案后移送由泉州中院管辖	无任何主体对程序合并提出异议	由成员相同的清算组担任管理人
翔升纺织清算案、翔运纺织清算案	两家企业根据其工商登记地均由永春法院管辖	无任何主体对程序合并提出异议	由成员相同的清算组担任管理人
奔达金银丝线清算案、福建奔达纱线清算案、泉州奔达染织清算案、泉州奔达纱线清算案	泉州中院受理泉州奔达染织、泉州奔达纱线破产案后经请示将案件移交给永春法院审理	无任何主体对程序合并提出异议	奔达金银丝线、福建奔达纱线的管理人由成员相同的清算组担任，泉州奔达染织、泉州奔达纱线的管理人由前述清算组中的律师事务所担任
东海轻工清算案、麒麟织造清算案	两家企业根据其工商登记地均由惠安法院管辖	管理人曾申请实质合并审理，法院经审查后没有同意管理人的申请，之后无任何主体对程序合并审理提出异议	由成员相同的清算组担任管理人

① 参见[美]大卫·G.爱波斯坦等著：《美国破产法》，韩长印等译，中国政法大学出版社2003年版，第24页。

续表

案件	管辖权处理	异议情况	管理人
煌坤五金清算案、红普家具清算案、宏益用具清算案	煌坤五金根据工商登记由惠安法院管辖,红普家具、宏益用具根据工商登记本应由泉州中院管辖,经向省院请示,由惠安法院审理	管理人曾申请实质合并审理,法院经审查后没有同意管理人的申请,之后无任何主体对程序合并审理提出异议	成员相同的清算组担任管理人

(一)管辖权的确定方式

根据《企业破产法》的规定,有管辖权的法院分别受理各关联企业破产案件。案件受理之后,根据《民事诉讼法》的规定,通过管辖权的协调,由同一法院审理关联企业的破产案件,法院指定同一合议庭、同一主审人负责案件的审理。在确定管辖的问题上,主要以企业主要财产所在地、主要经营场所所在地,控制企业所在地作为主要考虑因素,结合法院的审判力量,案件受理的先后顺序等因素综合确定管辖法院。例如,奔达系4家企业破产案件中,泉州中院经向福建省高级人民法院请示,将其受理的泉州奔达纱线、泉州奔达染织两家企业(这两家企业并没有实际经营,财产极少)破产案件移交给永春法院,与永春法院受理的奔达金银丝线、福建奔达纱线两家企业(这两家企业掌控主要财产且实际经营)破产案件进行程序合并审理,更有利于提高审判效率。

(二)管理人的确定方式

前述5个关联企业破产案件在破产受理之前均已经成立了清算组,清算组由政府相关职能部门和专业破产律师组成,政府职能部门可以在破产案件审理过程中为财产调查、银行债权人沟通、招商引资、商业谈判等事项提供便利,而律师可以为破产案件提供法律支持,克服了传统清算组的弊端,因此法院均指定清算组作为管理人,以实现同一管理人的目的。

(三)程序合并的识别方式

进行合并审理的破产案件,企业之间必然存在一定关联性,是采用实质合并还是程序合并,法院主要从两个方面审查:首先,对关联企业的内部关系进行审计,从经济层面对关联企业之间的关联关系进行分析;其次,结合审计结论,管理人从法律角度对关联企业的审理方式进行法律分析,以便判断是进行程序合并审理还是由程序合并转化为实质合并。泉州法院审理的上述5个涉及关联企业的程序合并破产案件中,法院均委托审计机构进行审计,审计机构均分别对每个关联企业成员作出审计意见。在东海轻工等关联企业清算案、坤煌五金等关联企业清算案中,两案的管理人曾申请实质合并审理,但法院考虑到审计机构可对关联企业的资产负债进行区分,分别独立出具审计报告,没有采纳管理人的意见。

(四)程序合并的程序推进

为了发挥程序合并的优势,泉州法院原则上同步推进每个关联企业的破产审理程序,具体包括选择同一家机构作为各个关联企业的评估机构、审计机构,指定统一债权申报的截止时间,同时召开债权人会议,同步进行债权的审查、确认工作、同步进行财产变价、分配、同步招募同一战略投资人对企业进行重整。如果关联企业进入破产程序的时间相隔较长,则应灵活处理。个别企业的个别债权因诉讼等原因无法在短期内确认,不影响该企业的其他债权和其他关联企业的债权确认;个别企业的财产因权属争议无法在短期内进行评估、变价、分配的,不影响该企业的其他财产和其他关联企业财产的评估、变价、分配;个别企业因个别债权财产确认复杂,不影响其他关联企业终结破产程序;个别企业清算转重整或重整转清算,不影响其他企业按照原有的破产程序推进工作。总之,同步推进程序系为了提高破产审判效率,节约破产费用,但如果个案原因无法实现同步,则不能为了审判效率牺牲案件审理的公正、公开性。

二、程序合并破产的具体适用

《企业破产法》没有规定程序合并破产,各地法院对此问题的探索相比实质合并破产更为有限,部分高院曾对程序合并破产进行了一些尝试。① 直至2018年,最高人民法院才在《破产审判工作会议纪要》中对关联企业程序合并破产进行了概括性规定,即多个关联企业成员均存在破产原因但不符合实质合并条件

① 2012年7月2日,广东省高级人民法院关于《全省部分法院破产审判业务座谈会纪要》规定,为减少不同程序间的协调成本、保障破产程序公平有序进行,对尚不符合合并破产条件的关联企业成员破产案件,如确属必要,可报经有权决定管辖的上级法院批准,由控制企业所在地或主要财产所在地法院集中审理。

的,人民法院可根据相关主体的申请对多个破产程序进行协调审理,并可根据程序协调的需要,综合考虑破产案件审理的效率、破产申请的先后顺序、成员负债规模大小、核心控制企业住所地等因素,由共同的上级法院确定一家法院集中管辖。

(一)程序合并的适用条件

根据《破产审判工作会议纪要》第38条的规定,程序合并的适用条件可以归纳为:

1. 各关联企业均具备破产原因。《企业破产法》对如何判断破产原因已经明确规定,此处不再赘述。不同于实质合并破产的情况下关联企业整体具备破产原因即可,程序合并破产实质上是程序集约下的单个企业破产,因此只有每个企业都具备破产原因,才能进行程序合并破产。

2. 关联企业不存在严重人格混同需要实质合并破产的情况。如何区分严重人格混同和企业集团正常的关联关系,本书第七部分已有论述,此处不再重复。

3. 确有必要进行程序合并。《破产审判工作会议纪要》对此没有明确规定,但这是程序合并破产这一制度设计的应有之义。如果缺乏第三个条件,则各个企业各自进行破产即可,无须构建程序合并破产制度。对于程序合并破产的必要性,可以从以下方面理解:

第一,企业在股权、人事、业务等方面具有关联性。例如,在铁观音集团重整案和安溪茶厂重整案中,安溪茶厂是铁观音集团的全资子公司,前者主要负责生产、后者主要负责销售;东海轻工清算案和麒麟织造清算案件,两家企业的股东相同、实际控制人相同。

第二,采用程序合并的审理方式有助于厘清关联企业之间关系、查清关联企业的资产、负债等情况,便于对是否合并审理,关联方债权的认定等关键问题准确认定。

第三,采取程序合并有助于提高破产审判效益,节约破产费用。在清算的情况下,对关联财产进行统一管理,整体拍卖,更有利于提升资产价值,起到1+1>2的效果;在重整情况下,统一招募投资人,可以发挥各个关联企业成员在行业结构、专利技术、销售渠道等方面的整体优势,提高重整成功可能。

(二)程序合并的管辖权确定

根据《破产审判工作会议纪要》第38条的规定,确定管辖权时综合考虑案件审理效率、破产申请的先后顺序、成员负债规模大小、核心控制企业住所地等因素。实践中，往往通过移送管辖、指定管辖的方式确定由一家法院负责程序合并破产案件的审理，一般由核心控制企业所在地（一般为主要经营场所所在地、主要财产所在地）法院管辖。

司法实践中，协调管辖权需要一定时间，如何理顺破产审判效率和集中管辖的矛盾？对此泉州法院的做法是：首先，对于跨市的破产案件，积极与上级法院协调，缩短管辖权协调时间；其次，受理各关联企业破产案件的法院根据《企业破产法》的相关规定开展工作，不因管辖权协调事宜而导致案件停滞；再次，受理各关联企业破产案件的法院加强沟通，确保全面把握关联企业破产案件的整体情况；最后，确定管辖的法院后，不负责后续审理工作的法院做好交接工作，确保集中管辖的法院继续完成关联企业的破产审理工作。

（三）程序合并破产的管理人选定

《破产审判工作会议纪要》没有对程序合并情况下管理人选定问题作出特别规定，司法实践中以选定同一个管理人为原则，以减少不同管理人的沟通成本，全面掌握关联企业个体和整体的情况，提高破产审判效率。实践中，当关联企业同时申请破产，可以根据《企业破产案件指定管理人的规定》，选择同一个管理人；当关联企业先后进入破产程序时，考虑到关联企业的情况，可以通过法院指定的方式，直接指定先进入破产程序的管理人作为后进入破产程序的企业管理人；如果因为关联企业程序合并破产导致工作量及复杂程度增大，则可以依法选择其他的中介机构与之前选定的管理人组成联合管理人，共同负责关联企业的管理人工作；在破产案件审理过程中，由于某个企业的债权人或债务人对管理人的工作提出异议，认为其不适宜担任管理人，法院依法免除其管理人资格的，则原则上同时免除其担任其他关联企业破产案件管理人的资格。

第三章　预重整机制的实践

预重整，又称“预先重整”“预先包裹式重整”，是指申请人在向法院提出破产重整申请前，部分或全部利益相关主体已就重整事项进行谈判并对重整计划草案的部分或全部内容达成一致，从而降低正式破产重整程序的运行成本，提高破产重整的成功率，是一种混合式的重整程序。预重整机制作为一种兼具私力救济和司法脱困双重属性的新型困境企业拯救方式，在企业再生机制中具有广泛的适用空间和发展前景。

第一节　预重整机制的法外适用分析

一、预重整机制的价值分析

（一）法律价值：提升破产重整程序的质效

在预重整阶段，企业没有进行清算的现实压力，但是又头悬可能破产的“利剑”，利益相关主体有足够的动力开展多轮协商并进行多方博弈，构建能够谈判的良性互动格局。[①] 预重整机制在当事人意思自治、重整市场化实施与司法强制力救济之间架设了桥梁，创造性地将庭

① 参见潘光林、方飞潮、叶飞：《预重整制度的价值分析及温州实践——以温州吉尔达鞋业有限公司预重整案为视角》，载《法律适用》2019 年第 12 期。

外重组与重整程序结合起来,解决了重整程序存在的周期长、成本高、风险大等问题,①有效缩短了困境企业进入重整程序的审理时长,提高了企业重整案件的审理效率和破产重整的成功率。

(二)经济价值:实现困境企业的减损保值

在预重整阶段,困境企业还未正式进入破产重整程序,最终是否进入破产重整程序尚不明确,使各方能够在相对自由、客观、平等的市场机制下为企业定价估值并确定合理的偿债方案。困境企业的经营者未丧失对企业的控制权,其可以根据企业再建的客观需求灵活、高效地进行经营处置,避免连续性业务的停滞与商业机会的错失,降低重整程序给企业及其交易相对人带来的不利影响,②从而保护企业的权益和维持企业的价值,避免企业价值的不合理缩水和减损。

(三)社会价值:有利社会稳定

预重整机制为困境企业进入破产重整程序做好各项准备工作,及时有效地安抚债权人和企业员工的激动和对抗情绪,协调各方利益,在博弈谈判中制定预重整计划草案并表决通过,以此为基础向法院提出破产重整申请,可以避免进入破产重整程序后在法定期限内无法提交重整计划草案或无法顺利表决通过重整计划草案导致重整失败,为困境企业取得重整成功奠定基础,防止发生连锁破产、职工失业以及可能的社会不稳定等问题。

二、预重整机制的规制现状

(一)预重整机制立法现状

破产预重整制度起源于20世纪90年代,破产预重整制度的出现是为了回应单一的破产清算制度带来的失业等社会经济问题以及重整制度带来的高成本问题而出现的。③ 预重整机制作为一种“舶来品”,在我国尚未取得立法确认,但其作为司法实践产物在最高人民法院以及各地法院出台的会议纪要、工作指引、指

---

① 参见王欣新:《充分发挥预重整制度在企业挽救中的作用》,载《中国审判》第33期。

② 参见季奎明:《论困境企业的预先重整》,载《上海财经大学学报》2013年第4期。

③ 参见浙江省杭州市余杭区人民法院课题组:《房地产企业预重整的实务探索及建议》,载《人民司法(应用)》2016年第7期。转引自[美]大卫·G.爱波斯坦、斯蒂夫·H.尼克勒斯、詹姆斯·J.怀特:《美国破产法》,韩长印等译,中国政法大学出版社2003年版,第833页。

导意见中得到了高度认可。①

2018年3月,最高人民法院印发《破产审判工作会议纪要》,其中第22条规定,“探索推行庭外重组与庭内重整制度的衔接。在企业进入重整程序之前,可以先由债权人与债务人、出资人等利害关系人通过庭外商业谈判,拟定重组方案。重整程序启动后,可以重组方案为依据拟定重整计划草案提交人民法院依法审查批准”。

2019年11月,最高人民法院召开会议并形成《全国民商事审判会议纪要》,其中第115条规定,“继续完善庭外重组与庭内重整的衔接机制,降低制度性成本,提高破产制度效率。人民法院受理重整申请前,债务人和部分债权人已经达成的有关协议与重整程序中制作的重整计划草案内容一致的,有关债权人对该协议的同意视为对该重整计划草案表决的同意。但重整计划草案对协议内容进行了修改并对有关债权人有不利影响,或者与有关债权人重大利益相关的,受到影响的债权人有权按照企业破产法的规定对重整计划草案重新进行表决”。

2020年1月,泉州中院联合泉州市地方金融监督管理局等多部门出台《关于加快推进企业破产处置工作措施》,第1条明确提出推行预重整制度,规定“进一步落实重整企业识别机制”,同时明确在全市探索开展预重整工作,实现“庭外重组和庭内重整的衔接”。

尽管预重整机制在全国破产司法实务中已有较长的实践历程,在理论界和实务界亦取得了较高的认可度,但是我国还未对其进行立法层面上的确认。

(二)各地预重整规范介绍

1. 深圳中院做法

深圳中院于2019年5月发布了《深圳市中级人民法院审理企业重整案件的工作指引(试行)》,深圳中院也将预重整设置于受理破产重整之前。目前,深圳中院也仅是针对特定范围内的债务人决定是否适用预重整程序。法院合议庭对于预重整管理人具有决定权,且该管理人自动成为重整程序的管理人。法院合

---

① 2013年,浙江省高级人民法院出台《关于企业破产案件简易审若干问题的纪要》,建立了破产案件预登记制度,其中包括破产重整案件的预登记。2015年,深圳中院出台《深圳市中级人民法院破产案件立案规程》,允许债权人和债务人在法院受理破产申请前自行协商达成重整方案。2019年5月,深圳中院发布《深圳市中级人民法院审理企业重整案件的工作指引(试行)》,专章规定了预重整的相关内容。

议庭可以根据管理人申请或依职权，对债务人的全部或者部分财产进行保全；且应当通知执行部门中止对债务人财产的执行。法院可以根据债务人违反义务的行为裁定终结预重整；债务人预重整方案的通过，不需要法院的同意，合议庭通过审查预重整工作报告，裁定是否受理重整申请。

2. 苏州吴中区法院做法

苏州吴中区法院于2019年颁发了《苏州市吴中区人民法院关于审理预重整案件的实施意见（试行）》（以下简称《实施意见》），该实施意见将预重整规定为法院收到重整申请之后的预设程序，是企业法人与全部或者主要债权人就债务人重整事项进行谈判并形成经多数债权人确定重整方案后向法院提出重整申请的模式，是一种“作为法庭内重整预设程序”的预重整模式。法院可以主动向申请人提出预重整的建议或由申请人向法院申请预重整，申请人同意或者法院同意后，可以决定进行预重整。

虽然预重整过程中主要工作由预重整管理人推进，法院在预重整过程中并不过多参与，但苏州吴中区法院却规定了“府院联动机制”，重在发挥政府在组织协调、维稳上的特殊作用。此外，除预重整方案经债权人会议通过转化为重整方案外，法院认为未能通过债权人会议的预重整方案仍具有重整价值的，也可以裁定受理重整。这是苏州吴中区法院在预重整陷入僵局时的特殊权力。

3. 成都中院做法

成都中院于2020年8月颁发了《破产案件预重整操作指引（试行）》，成都中院采用了一种有限开启预重整启动的模式。首先，成都中院明确规定了预重整是在申请人提起重整申请后、法院裁定受理之前，法院可以对存在特殊情况的债务人决定预重整，即预重整启动程序的决定权归于法院。在法院决定预重整之后，对于债务人的执行与保全中止。预重整管理人的确定对于整个预重整过程具有重大影响，根据成都中院的规则，预重整管理人的产生除从法院管理人名录中摇号产生外，还可由债务人、初步审查享有普通债权总额1/2以上的债权人和政府有关监管部门或主管机关在该院管理人名册的一、二级管理人和会计师事务所中共同推荐产生，故法院在预重整管理人的指定上，具有相当的介入权。

预重整管理人具有调查债务人财产状况，发布债权登记公告，与意向投资人、出资人、主要债权人等利害关系人拟订重组方案，审查债务人是否具有重整价值以及重整可行性并向法院提交预重整工作报告等重要职责。在预重整阶段,主要是由预重整管理人负责重整有关事项,法院在预重整阶段的介入并不会过多,由预重整管理人形成预重整方案后提交法院审批。

4. 重庆五中院做法

重庆五中院于2021年1月颁发《重庆市第五中级人民法院预重整工作指引(试行)》,重庆五中院将预重整定义为衔接庭外重组和庭内重整的程序,预重整期间,是指破产申请受理前的庭外商业谈判期间。重庆五中院明确将“司法适度介入”作为预重整的一项原则。

重庆五中院的文件中,既规定了法院确认庭外重组结果的模式,也规定了一般的预重整模式。债务人可以在向法院提出重整申请时一并提出预重整申请,并由法院决定是否适用预重整,且在债务人与债权人无法协商一致确定预重整辅助机构时指定辅助机构。

法院对于预重整过程中辅助机构的履职以及预重整方案的推出并不会介入过多,但是法院对于预重整终结工作报告形成后是否能够进入重整程序具有决定权,并且对于破产重整管理人是否仍然为预重整辅助机构具有考核及决定的权力(包括薪酬标准)。

第二节　预重整机制的模式运用分析

一、预重整机制的主要模式

就预重整机制所起的实际效果而言,在正式受理重整申请前所进行的一系列准备工作实质上都属于预重整的范畴。从具体形态来看,既包括直接向法院提出破产重整申请,也包括受理破产清算申请后、宣告债务人破产前申请破产重整的,其中前者根据法院是否参与预重整事务,还可分为法庭外预重整和法庭内重整前置程序的预重整。

(一)法庭外预重整

法庭外预重整由债权人、债务人和股东等自主选择、自行组织启动,法院不参与预重整事务。庭外预重整期间各利益关系主体进行谈判所形成的债务清偿、资产重组等方案属于完全的市场化行为,其与纯粹的庭外重组的区别在于,前者达成的重组方案经法院审查批准后具有司法强制效力,后者仅为当事人意思自治的体现。法庭外所从事的预重整活动不在法院的监督之下,所形成的预重整计划草案在破产重整申请受理后能否转化为具有司法效力的重整计划需要法院进一步审查,需要在对预重整期间相关行为的瑕疵进行纠正的基础上方可批准。

在二重集团重整案中,在国务院国有资产监督管理委员会等有关部门的支持下,二重集团、二重集团(德阳)重型装备股份有限公司的近30家金融债权人成立金融债权人委员会,与债务人及其股东展开了庭外重组谈判。各方达成了框架性的重组方案后,债权人机械工业第一设计研究院等才向德阳中院提起破产重整申请并最终实现了困境企业的涅槃重生,是典型的法庭外预重整案例。

法庭外预重整模式的流程如图1所示。

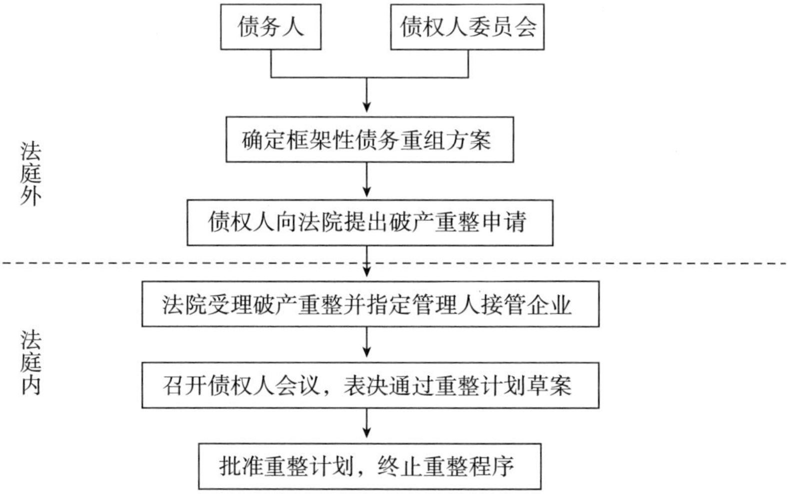

图1　法庭外预重整模式流程

(二)受理清算宣告破产前的预重整

受理清算宣告破产前的预重整,是指在法院正式受理债务人破产清算申请后、宣告债务人破产前,债权人、债务人、股东或重组方等协商谈判形成预重整计划草案,并向法院提起破产重整申请,法院裁定受理破产重整申请后债务人由破产清算程序转入破产重整程序。受理清算宣告破产前的预重整的特点是其处于破产清算向破产重整程序转换的过渡阶段,法院在清算程序中已基本上掌握企业的经营状况、资产负债等情况，可以为破产程序转换、预重整计划草案的达成提供指导和支持，且在清算阶段就指定管理人有利于迅速组织开展程序转化前的一系列准备工作，如寻找战略投资者、确定全部或部分债权清偿方案等。

受理清算宣告破产前预重整模式的流程如图 2 所示。

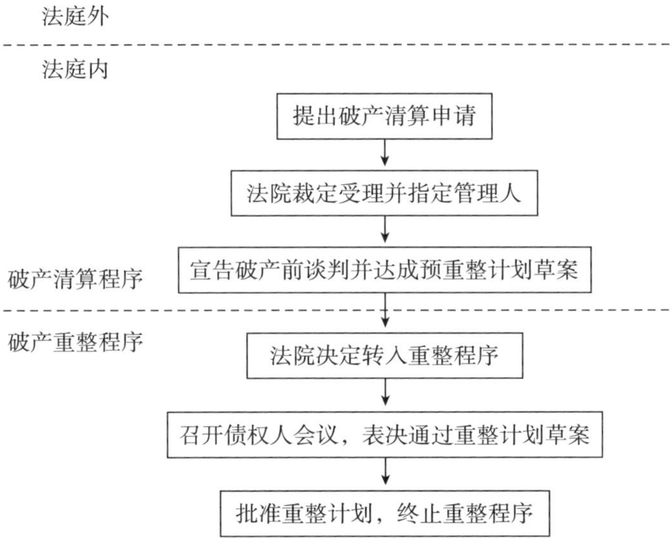

图 2　受理清算宣告破产前预重整模式流程

在破产清算向破产重整转换之前运用预重整机制可以对重整效果进行预判，避免因“打没把握的仗”导致程序转换后重整失败以及重整失败后又由重整程序转入清算程序所引起的程序适用不稳定、司法资源浪费等问题。在安徽阳光半岛公司重整案中，企业在破产清算与破产重整程序之间架设了预重整机制，即在正式进入破产重整程序前，管理人在网络平台发布招募战略投资人的公告，开展竞争性谈判并确定恒大地产集团有限公司为优先重整投资人，解决了重整能否取得成功的关键问题，形成了预重整计划草案，再由破产清算转入破产重整程序，最终实现了涅槃重生。

（三）法庭内重整前置程序的预重整

法庭内重整前置程序的预重整，是指法院对债务人提起的破产重整申请，进行预立案登记，提前指定破产管理人，在正式登记立案之前提前介入，指导债务人与债权人开展谈判、寻找有投资意向的重组方等工作，在进入破产重整程序前提交利益关系主体通过的预重整计划草案,作为重整程序正式启动的前提和基础。该模式得益于法院设立的预立案登记制度,使法院可以提前介入预重整阶段,为债务人提供指导和帮助,又可回避正式登记立案以后提交重整计划草案的期限限制以及受理重整申请后企业的经营价值大幅缩水等问题。

法庭内重整前置程序预重整模式的流程如图 3 所示。

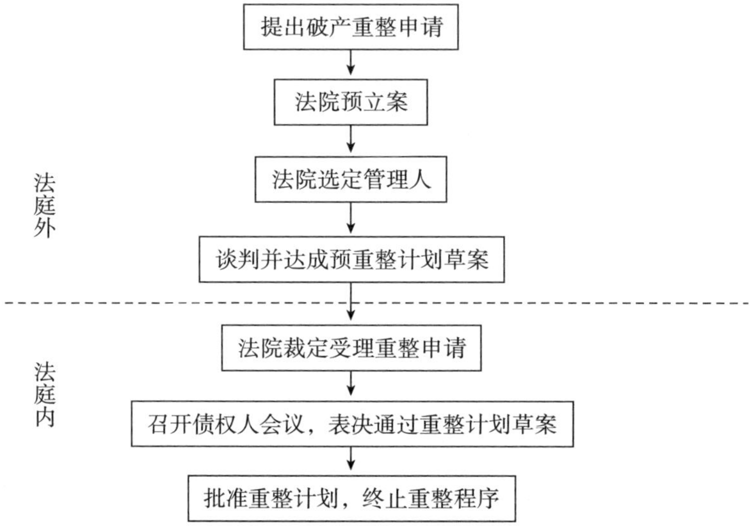

图 3 法庭内重整前置程序预重整模式流程

在安通公司重整案中,法院在收到重整申请后,在案件受理审查阶段,立“破申”案号,启动预重整程序,规定预重整期间 6 个月,在正式立案受理前选定安通公司清算组为临时管理人进行企业债权、债务清理,并发布公告和出具通知书明确在预重整期间临时管理人和债权人对法律关系成立与否、债权性质、债权本金的审查和确认与正式重整程序中具有同等法律效力;预重整期间拟定的预重整方案与重整程序中制定的重整计划草案的基本内容一致的,有关债权人、出资人对预重整方案的同意视为对重整计划草案的表决同意。为确保重整事务的连贯性,在破产重整申请正式受理后,泉州中院指定预重整期间的临时管理人为重整程序中债务人的管理人。在兼顾灵活性与规范性的前提下,安通公司最终取得了重整成功。同样,在杭州怡丰成房地产公司重整案、深圳福昌电子技术有限公司重整案以及厦门琪顺公司重整案中,都通过法庭提前介入的预重整方式选定管理人进行债权债务清偿，协助展开谈判，寻找潜在的重组方，研究恢复生产，并指导债务人比照重整期间债权人会议程序、重整工作机制，对债权人进行分组并就方案进行表决，将“债权人的表态形成书面承诺文件”，并最终取得破产重整的成功。该种模式通过以时间换空间的方式，将破产重整事务向前延伸到法庭外的预重整阶段，在对重整的效果有一定的预判和对重整可行性有一定的把握后再正式受理重整申请，极大地提高了破产重整的成功率。

与前述两种预重整模式相比，法庭内重整前置程序的预重整模式中府院联动机制发挥的作用更为明显，除了政府的支持和协调外，法院在对案件进行预立案登记后，随即为债务人指定管理人，提前介入企业预先重整事务，指导债务人开展确认债权、组织谈判、寻找战略投资者、制定预先重整计划草案等工作，为预重整工作指明方向、提供帮助。法院提前介入的一大优势就是可以更精准、更合法地比照重整工作机制开展法庭外预先重整工作，降低相关行为存在瑕疵的可能性，有助于预重整计划草案在正式进入重整程序后顺利得到审查批准。随着预重整司法实践的不断深入、预重整相关法律的不断完善，法庭内重整前置程序的预重整模式相较于其他两种模式将有更广泛的适用空间，也是下文主要讨论的预重整模式。就我国目前的破产法司法实践而言，预重整程序还处于摸索初践阶段，法庭内重整前置程序的预重整模式相较于其他两种模式适应性更高。

二、预重整机制的实践难点

（一）预重整期间债务人的保护问题

与重整程序相比，预重整机制在减少司法制度成本的同时，也失去了司法制度对其的强制力保障。[①] 破产重整程序对债务人权利所作出的一系列权利保护性规定，没有明确的立法规定预重整期间的债务人也可以享有，即重整程序中，清偿债务停止进行、债务利息停止计算、执行程序中止、管理人对未履行完毕合同具有选择权等规定，不能适用于预重整期间的债务人。实践中，预重整期间债权人同意停止计息、延期还款、暂不提起诉讼等要求，只能依靠债务人与债权人

---

① 参见浙江省杭州市余杭区人民法院课题组：《房地产企业预重整的实务探索及建议》，载《人民司法》2016 年第 7 期。

之间反复多次的谈判协商,缺乏刚性约束。而欲取得金融债权人、民间借贷债权人、供应商、债券持有人等所有债权人的一致同意,是一项十分困难的工作,很容易发生少数债权人的“钳制”问题。

(二)预重整期间谈判结果的固化问题

预重整制度的核心在于法庭外债务重组的谈判成果可以通过破产重整得到固化。[①] 然而,目前各方利益关系人在预重整期间制定并表决通过的重整计划草案是否具有约束力尚未明确,其最终是否能够成为预重整阶段的成果在重整程序中进行固化基本上依赖债权人、债务人、股东等参与主体自身的信用或行业自律。因为进入破产重整程序后,一般都会召开债权人会议对提交的重整计划草案再次进行表决,如果之前对重整方案表示同意的相关方反悔,导致重整计划草案无法顺利表决通过,将使得预重整期间投入的大量资源归于无效,需要重新进行谈判协商,导致预重整机制的实际效用处于尴尬境地。

(三)预重整计划草案的审查标准问题

重整程序中法院批准通过的重整计划需要符合一定的实体和程序性要求,需要在信息充分披露的基础上,在公平公正的投票表决程序下,形成符合各利害关系人利益的重整计划。而预重整期间制定并表决通过的预重整计划草案,其谈判、表决过程均未置于法律监督之下,属于当事人意思自治的范畴,是市场化运作的结果,当进入破产重整程序时,其内容是否损害了其他利益关系人的利益,是否违背了公平公正的价值基础,需要法院进一步审查。然而针对预重整计划草案的审查标准没有具体明确的法律规范,法院何时进行审查,是提出破产重整申请时审查,还是重新组织债权人会议表决通过之后审查,审查哪些方面的内容,需要符合什么标准均没有相应的依据。

第三节 预重整机制的比较分析

预重整制度涉及两项核心理念:一是将重整计划草案的谈判、制作移出重整程序;二是将预先表决效力延伸至重整程序。预重整制度大幅压降各项资源成

---

① 参见丁岩、沈鸿、罗欣:《预重整案例分析与制度构建初探》,载《国际金融》2019 年第 3 期。

本，用足重整制度保障，因其意思自治的便捷性和司法权限缩介入的灵活性，为困境企业预留了更多自救空间。这一源自域外司法实践的企业拯救制度，本应于庭外完成，[①]但在我国现行经济、社会司法环境下，呈现出以法院为主导、在庭内完成的趋势，有学者谓之为“通过司法权力向预重整的扩张”，以及“目前的预重整实践基本上是在无具体规则情况下的探索”。[②] 这一方面，折射出借鉴域外经验、移植本土改造过程中，“存在极高的学习成本、设计成本和操作成本，也必然会或多或少地遭遇理性不足的障碍”[③]。另一方面，也反映出社会、行政、立法等对破产法治的供给仍显不足，法院在多数时候难可谓是趋利而为之，而是不得不为之。法院及法官在预重整案件中的定位和作用究竟为何？如何借助司法有形之手对市场的无序与失范进行引导，运用恰当的法律解释和文本续造，使进入司法场域之前的破产利益主体对预重整的实践逻辑达成理性共识？笔者试以现行预重整规范及实践为观照对象，对预重整审理规则中法院的职能定位及完善路径展开探讨。

一、以法院为主导

依据联合国《国际贸易法委员会破产法立法指南》的规定，法院并不能依职权直接启动预重整程序。但在当前的社会大背景下，法院常常参与指导预重整程序的开展。现有成功案例表明，法院多数起主导作用。[④] 较典型的为深圳福昌电子重整案、北京理工重整案等。在深圳福昌电子重整案的相关报道中，对法院裁定受理该案时的描述“参照市场经济较为成熟国家的经验，决定以预重整方式审理此案”，[⑤]表明法院在程序启动时的主导地位。即便此前债权人以福昌电子不能清偿到期债务且严重资不抵债为由，向该法院申请了重整而不是预重整。

---

① 参见[美]杰伊·劳伦斯·韦斯特布鲁克等：《商事破产：全球视野下的比较分析》，王之洲译，中国政法大学出版社2018年版，第129页。

② 王欣新：《预重整规则与实务辨析》，载微信公众号“中国破产法论坛”2020年10月28日，https://mp.weixin.qq.com/s/3aVgLtwJHNFr1KIZ3tkVRg。

③ 陆晓燕：《“市场化破产”的法治内蕴》，法律出版社2020年版，第37页。

④ 参见韩长印主编：《破产疑难案例研习报告》（2020年卷），中国政法大学出版社2020年版，第449页。

⑤ 参见伊宵鸿：《10亿产值企业福昌电子两年起死回生》，载《深圳晚报》2017年7月8日，A06版。

而当时的背景是“福昌电子突然停产，引发500余名供应商和3700多名员工激烈维权”，并不是在庭外预先达成某种重整计划。可见该案在受理时并不具备典型的预重整条件，而由于法院在程序设计上占据主导地位，将预重整置入重整程序之前。该种模式的特征在于，由法院对启动条件、审理时间、管理人的预先指定等预重整的关键节点进行指导设计，由预重整管理人负责具体实施推进，为当前各地法院预重整实践中的主要模式。①

二、以债务人、债权人或其他组织为主导

在该种模式下，债务人、债权人或其他组织（可能为相关主管单位、行业监管部门、行业自治组织等）组织启动庭外预重整程序，聘请专业会计机构或律师事务所等中介机构，比照重整程序进行债务梳理、资产清理、营业管理等工作，并在此基础上拟定债权债务清偿方案或重组方案。较典型的是二重集团重整案，由国务院国有资产监督管理委员会、原中国银行业监督管理委员会牵头，农业银行、中国银行、光大银行等30家金融债权人成立金融债委会，各方于2015年9月21日德阳中院立案受理之前达成“现金+留债+股票”的清偿方案，其后11月的重整计划草案基本是对此方案的重述。该案依托国务院国有资产监督管理委员会和原中国银行业监督管理委员会的组织协调，为债务人提供充足的金融支持，基本无债权人提出异议，法院在预重整期间发挥的能动作用有限。②

三、以政府为主导

庭外债务重组的成功取决于其背后的强大支撑——要么是某一权威的政府机构，要么是高效的正式破产制度。③ 在吉尔达鞋业破产重整案中，政府不再借用府院联动平台，幕后支持配合以法院为主导的预重整，而是基于解决企业亏损、维持品牌经营、调整产业结构的需要，由市政府直接决定对吉尔达鞋业启动

① 以《成都市中级人民法院破产案件预重整操作指引（试行）》为典型，除要求债务人提交书面承诺外，还应向法院预交10万~20万元预重整启动费用。

② 参见黄晓云：《中国二重的双重整案：庭外重组和司法重整的无缝对接》，载《中国审判》2017年第33期。

③ 参见［美］杰伊·劳伦斯·韦斯特布鲁克等：《商事破产：全球视野下的比较分析》，王之洲译，中国政法大学出版社2018年版，第147页。

预重整。该种模式相较于通常意义上的府院联动而言更为彻底、直接，由属地政府启动预重整，法院仅起到指导、监督作用。

第四节　法院在预重整中的职能定位及完善路径

一、预重整制度的再审视——法庭外或法庭内

有观点认为，各地法院对预重整的制度构建都倾向于发挥法院的主导作用，具有将预重整演化成法院主导下的一个庭内程序的趋势，并认为“这背后其实存在的真实动因则可能是法院因为司法资源不足和司法能力不济，不愿意直接受理大量破产清算或破产重整案件”。[①] 还有观点认为，如何提高进入重整程序的企业的成功率是让许多法院头疼的问题，这也诱发了急于求成情绪和过度干预行为。解决这个问题最简单最有效的方法，就是让企业重整成功了再进重整程序。预重整恰逢其时地出现了，于是，在部门利益的冲动下，尚无规则规制的预重整就成了最佳溢出渠道。[②] 预重整到底应由谁主导、庭内抑或庭外的争议，本质上是将司法实践反观对照预重整功能、理念、定位后的再思考。

有些预重整申请在申请前已经有债务人或债权人推荐的中介机构进行辅导，但不符合预重整的典型特征，即在庭外重组阶段，债权人、债务人、投资人等利害关系方，就债务清理、营业调整、管理层变更等提出详细方案，经过向主要债权人或全体债权人充分信息披露后进行表决，形成重整计划草案。有的基于司法程序可能会对市场及潜在投资人产生不良影响的顾虑未向主要债权人披露，后转而直接向法院提交重整申请。还有的主要债权人已成立金融债委会，曾经达成过非常原则、笼统的框架性重组协议，提起申请时各方意见又发生较大变化，最后申请人撤回预重整申请，直接申请重整。在预重整运行机理尚不明确的情况下，各方难以自发形成有效的理性共识推动预重整，“社会自治力量推动乏力，国家、社会、企业个体难以通过彼此之间的自治、互治形成有效共治”。[③] 尤其

---

① 李军、杨静：《论预重整的法庭内化现象及其控制》，第五届西部破产法论坛论文，2020年12月于重庆。

② 参见王欣新：《预重整规则与实务辨析》，载微信公众号“中国破产法论坛”2020年10月28日，https://mp.weixin.qq.com/s/3aVgLtwJHNFr1KIZ3tkVRg。

③ 陆晓燕：《“市场化破产”的法治内蕴》，法律出版社2020年版，第44页。

在大型企业集团重组案件中，债权债务关系庞杂、职工或群体维稳压力较大、隐藏的违法违规行为难以穿透、中介机构专业性欠佳、债权人自治缺位，将预重整完全寄希望于各方相关利益主体根据一定的程序和实体要求，在专业人士扶助下自行达成庭外重组协议，在当下是不客观、不现实的。可以说，当下国内预重整实践，较少在向法院申请预重整之前就已自发完成预重整的主要工作，多数情况下需有赖于法院司法强制力补位，造成了预重整制度适用的两难。

如何将预重整制度，放置于当下尚不成熟的经济社会中去，充分发挥该制度的优势，使之成长为与重整、和解、庭外重组并驾齐驱的企业拯救制度。在尚无统一规范性文件出台前，唯有以司法规则导入社会力量，设计符合社会实践的预重整规则，恰当引领进入重整之前的社会自治力量，合理搭建庭外重组与庭内重整的桥梁，才能达致以市场化方式实现社会利益、个体利益之间的平衡。作为破产程序的主导者、监督者、裁判者，法院以恰当方式介入预重整，通过程序反复演习及规则明晰化实现对社会治理的有效引领，以达成对预重整规则的理性共识，应成为短期内破解当下市场化预重整之制度供给不足的基本路径。但放眼长远，应逐步回归至预重整规则的本义，法院亦应逐步撤离重整之前的司法场域，将预重整还归于市场化破产。

破产预重整制度作为衔接庭外重组与庭内重整的制度，在我国仍然处于探索阶段，成都、重庆、深圳、苏州、无锡等地都通过法院规定或者实际操作的方式对预重整制度进行了探索。各地由于发展水平、司法资源和司法理念等实际情况，对于预重整制度的规定有所不同，根本区别在于预重整制度中司法介入的程度各有深浅。

（一）预重整阶段——庭外重组与庭内重整制度的衔接阶段

法庭外债务重组的特点便是完全不涉及司法权力的介入，陷入债务困境的债务人在最低成本之下通过与债权人的债权债务结构性重组，通过法庭外债务重组，可以达到对债务人债务的重新安排及确认。法庭外债务重组与法庭内重组的根本区别便在于是否有司法的介入，在此基础上，法庭外债务重组与法庭内重组依据的法律也有所不同，法庭外债务重组主要依据的是公司法律、合同法律及其他民商事法律等，而法庭内债务重组，不仅需要遵循上述法律，还需要遵循为了公平排布各债权人利益且兼带程序规定的破产法律，破产法律中存在特殊安排的,需要遵循特殊安排。正是由于依据的法律不同,故法庭外破产重整与法庭内破产重整的效力范围也存在不同。基于合同的相对性,法庭外破产重整只得于协议各方之间产生约束力,而基于破产法律的强制通过性等特征,法庭内破产重整方案效力及于所有债权人。① 于是,如何将成本较低、程序较便捷的法庭外破产重整与破产重整制度衔接,便成了破产法律不得不面对的问题。

广义概念的预重整,包括庭外重组阶段、庭外重组与庭内重整制度的衔接阶段、庭内重整阶段。狭义概念的预重整就是庭外重组与庭内重整制度的衔接阶段。这个阶段一般以申请人向法院提交庭外重组意向或重组方案为起点,以法院受理重整申请为结束。

(二)预重整主要考量因素之区别

1. 以是否需要提交预重整申请分为法院依职权启动和依申请启动

(1)法院依职权启动的方式

《深圳市中级人民法院审理企业重整案件的工作指引(试行)》第27条规定,经债务人同意,合议庭可以决定对债务人进行预重整。这一做法与国际惯例有所不同,例如联合国《贸易法委员会破产法立法指南》规定预重整的申请人只能是债务人;且该做法在实践中也遭受着一定的挑战,例如,在著名的A股上市公司st索菱的财务造假风波之中,2020年9月26日,st索菱发布公告称由于债权人向深圳中院申请破产重整,但为了提高重整效率和重整成功率,维护经营稳定,st索菱向深圳中院提交了预重整的申请。后深圳中院决定对st索菱启动预重整,并指定相关律师事务所作为预重整管理人。在深圳中院对预重整的启动方式已有规定的情况下,st索菱仍然通过申请的方式启动了预重整程序,表明仅仅依靠法院依职权的方式可能不能应对实践中的各种情形。

(2)依申请人申请启动的方式

与此同时,更多法院采用的是依特定主体进行破产预重整的申请之后,由法院进行一定的审查,对于符合特定条件的,可以决定适用预重整程序。根据预重整申请主体的区别,大致可以分为依债务人申请和依债权人、债务人或债务人的特定股东等均可申请两种模式。

---

① 参见张艳丽、陈俊清:《预重整:法庭外重组与法庭内重整的衔接》,载《河北法学》2021年第2期。

我国的《企业破产法》中,规定债务人或债权人可以直接向人民法院申请对债务人进行重整。重庆五中院的模式下,预重整申请的主体只得为债务人,但成都中院以及苏州吴江区法院都将债权人也一并纳入申请主体的范围之中。

在仅债务人可以申请预重整的模式之下,债务人对于是否采用预重整拥有较大的权力。该模式限制了预重整的启动,对于经营状况陷入极度困难的企业,其可能并不会进入预重整的程序而直接进入破产重整甚至是清算程序。如债务人本身的经营状况良好,债务人可以利用预重整的机会重组自己的债务,以获得更好的发展机会。该种情形下,债务人在商业谈判中,并非完全处于劣势地位,债务人与债权人之间存在众多的商业谈判内容,预重整管理人的提前介入,可能并不利于债务人的债务重组。

对于债权人、债务人或债务人的大股东等均可以申请的模式,在债务人经营状况以及财务情况都不理想的情形之下,往往需要更多的司法介入来达到债务人与债权人之间的相对平衡。在债权人申请预重整且得到法院准许的情况下,债权人往往对于债务人的债务重组以及再经营抱有一定的信心,但债务人往往会不加配合,故在此情况下,也需要更强的司法介入力度。故预重整的临时管理人往往需要法院在各方无法统一选定的情况下进行指定。

2. 申请预重整时以是否需要提交符合转换为重整计划条件的重组方案

有的法院需要债务人或债权人提交符合条件的重组方案。重庆五中院首先规定了债务人可以在申请重整前,将已经表决通过的重组协议提交法院并于受理重整申请后审查批准。由于在庭外准备阶段就已经形成了有效的重组方案,故这种模式本质上并不存在本文所论述的作为衔接程序的“预重整”阶段。在该模式之下,在庭外重组方案已获得部分债权人通过且已提交法庭的情况下,庭内重整的主要作用便是通过庭内重整的法定程序,使经符合法定多数债权人同意的庭外重组方案获得对于所有债权人的普遍效力,以迫使债务人的债务重组能够顺利进行。

鉴于重整的复杂性,作为衔接程序的预重整往往也具有极大的不确定性,要求在预重整开始之前便形成重组方案难度很大。故在申请预重整之时,法院要求债务人或债权人仅须提供关于进行重组的相对可行性方案,在预重整申请通过之后的预重整阶段能够形成重整方案即可,这也是大部分法院采用的模式。

3. 预重整中"类管理人"的确定方式

在预重整过程中,需要一个管理债务人、制作重整预案、与债权人谈判的角色,其职责与重整中的管理人类似。在上述各地的实践中,出现了诸如"临时管理人""预重整辅助机构"等角色,该角色的确定方式主要有两种:

一是债务人自行聘请法律顾问,代表债务人和债权人谈判的模式。在债务人自行聘请法律顾问的模式下,法律顾问的角色多为债务人的代理人,其除需要承担预重整管理人的一般职责外,因其接受债务人委托,也需要尽最大可能维护债务人的利益。在该种模式下,预重整更多地带有庭外商业谈判的色彩,债务人、债权人也更多地受到合同法律等规范的影响,也拥有更多的自主谈判的权利。例如,无锡中院在中南文化的重整案中,中南文化自行选聘了"预重整引导人",预重整引导人将进行债权申报的审查、资产的审计评估、并将各债权人的沟通协调移至庭外。2020 年 5 月 25 日中南文化进行立案审查,2020 年 9 月便召开了预重整债权人会议、出资人会议,在 2020 年 11 月 24 日无锡中院裁定受理该案重整之后,仅耗时 31 天便通过了中南文化重整计划。

如预重整管理人为债务人自行聘请且不位于法院管理人名录之中,预重整管理人一般不会在法院裁定受理重整之后自动转化为重整管理人。目前大部分地方对于破产管理人都有一定的资质要求以及进行了归库管理,如先前债务人自行聘请的预重整管理人不符合相关的条件,则无法转化为重整管理人。即使符合相关的资质要求,由于重整阶段受破产法规的调整,重整计划的通过会影响到全体债权人的实体权益,故预重整阶段债务人自行聘请的预重整管理人并未征得债权人整体同意或是未经法定程序由法院指定(或者是摇号确定),其转化为重整管理人的合法性必定会存在瑕疵。

二是法院参照重整程序选任预重整阶段的临时管理人。例如,成都中院规定,预重整管理人首先必须列于成都中院管理人名册的一、二级管理人和会计师事务所中,选定的方式可由债务人、初步审查享有普通债权总额 1/2 以上的债权人和政府有关监管部门或主管机关推荐产生,也可随机摇号产生。苏州吴江区法院的做法为从指定的管理人名录中由法院通过竞争比较直接指定。大部分法院的做法倾向于将预重整管理人直接转化为重整管理人,这一操作也便捷了预重整与重整程序的衔接，如苏州吴江区法院直接规定，预重整管理人一般即指定为重整管理人。

在法院参与预重整管理人确定的情形中，主要存在3种方式：第一种是在管理人名录中随机摇号抽选；第二种是法院根据竞争机制在管理人名录中指定；第三种是由债务人和一定比例的债权人共同推选，由法院进行确认。此外管理人的指定上，也有地方已将人民政府的意见考虑在内。

4. 债权人会议与预重整方案的通过程序

在预重整阶段形成预重整方案并由法院裁定受理重整之后，法院是否需要重新召开债权人会议对预重整方案进行表决，从根本上而言是对预重整方案效力的认定。2019年《全国民商事审判会议纪要》第115条规定，人民法院受理重整申请前，债务人和部分债权人已经达成的有关协议与重整程序中制作的重整计划草案内容一致的，有关债权人对该协议的同意视为对该重整计划草案表决的同意。故对于在提交预重整方案之后是否还须经重整程序中的债权人会议通过，存在一定的争议。

对于已对预重整方案表示同意的债权人，在重整计划中，法院直接将其记为同意票，不再召开债权人会议进行表决。这一模式在国内较少见，因为缺乏明确的立法，大部分法院仍然会采用召开债权人会议的方式使预重整方案获得普遍的效力。

多数法院仍采取了一种较为遵守现有破产法律的方法，即法院裁定破产重整之后，仍然对重整案件进行审理，预重整方案并非当然对所有债权人产生效力，必须经过债权人会议表决之后才能对整体债权人生效。

故对于参与预重整的债权人而言，若债权人会议上的重整计划与预重整计划无修改或修改后未对其产生重大不利影响，其对预重整计划的同意视为其对重整计划的同意，在预重整计划通过并保持同意预重整计划的债权人保持意见不变的基础上，重整计划的通过率将显著提高。同样做法的还有苏州吴中区法院，其重整计划草案仍然应当通过债权人会议通过，且重整方案分组表决之时，已经在预重整阶段同意重整方案或方案核心内容的债权人、出资人在投出反对票或者弃权票之后，仍会被法院认定以预重整的意见为准——认为债权人已投出了同意票。

(三)司法介入色彩的淡化

大部分学者认为,预重整应当进一步降低进入门槛并淡化司法介入的色彩。例如,王欣新教授认为,预重整本质上是当事人之间的庭外谈判和重组,并不需要向任何机关申请并获得批准,故预重整的开始可以在法院进行备案的方式,也可以采用预登记的方式,法院不应当对预重整进行实质干预;此外,预重整中并不存在指定管理人这一制度,债务人或者债权人聘请中介机构进行预重整辅助为其权利,法院不能通过指定的方式选定预重整管理人;最后,预重整不能产生中止对债务人财产的执行、解除其财产保全措施、停止计算债权利息、中止诉讼等只有在破产程序启动后才可能具有的法律效力。王欣新教授还认为,法院在预重整中,仅得指定两种规则:一是当事人进行预重整的详尽规则,包括但不限于确定参与预重整的债权人范围、债权的核实方式、通知的方式与内容、信息披露的范围等规则;二是预重整的审查、批准规则,主要包括外部规则与内部规则,外部规则包括预重整衔接制度所需要的文件清单体系,内部规则主要是要审查预重整工作的各种具体标准和规则,同时应当审查重整计划草案的可行性、合法性等。①

自最早实施预重整试点的深圳至后来居上的重庆等地的实践,不难发现,早起的预重整实践与破产法律中的重整存在一定的近似性,法院的职权主义色彩对预重整的进行有着不小的影响:包括预重整管理人的选定、预重整方案的通过程序、预重整管理人的披露义务等,都有诸多法院进行深入介入的色彩。但后续的文件中,却慢慢地淡化了司法介入的程度,概因预重整作为与破产重整程序相对独立又紧密结合的制度,如将其构建得与重整程序过于相似,则将失去预重整的意义——一方面,法院期待通过预重整的方式节约司法资源;另一方面,法院寄希望于债务人能够通过预重整重组债务、获得新生。出于此种考虑,法院必须给予债务人、债权人一定的自由,在债务人、债权人意思自治的情况下,即使不能够达成预重整方案,也仍然存在现有的重整制度进行保障。由此,预重整制度正在逐渐脱离破产重整制度,构建自身特有的规则与体系。

---

① 参见王欣新:《预重整的制度建设与实务辨析》,载《人民司法》2021年第7期。

二、法院在预重整中的职能定位及完善路径

(一)区分情况,合理界定法院职权

作为搭建庭外重组与庭内重整的桥梁,现阶段在预重整规则制定及实践过程中要结合其基本特征,将预重整区分为两种情况。第一种,债务人在预重整后向法院申请重整程序,此种情况更接近预重整规则的本义,即债务人已预先拟订的重整计划草案,经债权人、债务人等协商表决或制定锁定计划。法院无须主导介入,应更加注重文本引导,即在何种情况下,法院可以受理经过预重整之后的重整申请,将程序直接快速导入重整轨道,规则制定过程中应当注重对当事人庭外协商规则的正向引导,充分发挥法律对行为预期的调整作用。第二种,由法院介入的预重整,应明确法院主导的职权内容,既充分发挥法院在预重整程序中的主观能动性,克服预重整中由于庭外自治产生的无序和争议,又合理限制法院职权边界,避免对市场自治产生过多干预。

(二)实践为先导,分阶段逐步完善市场化预重整规则

市场化破产的实践理性,要求国家层面的依法规治与社会层面的依法自治有机结合,在破产企业的退出与重生之间,司法机关担纲程序指引的中枢功能。尤其在当下国家权力运行规则尚不完善、市场主体参与破产谈判并主导破产决策能力欠缺的情况下,进一步发挥司法权对破产主体的调和平衡作用,可以司法实践为先导,分阶段逐步完善。具体而言,短期内(3~5年)侧重于由法院主导介入预重整,目的在于通过法院对预重整程序的启动、推进、中止等程序控制,发挥司法权力的程序引导功能,使市场主体、社会民众提升对于预重整规则的理性共识。与此同时,制定出台既符合国际通行规则又契合国内实际的预重整统一规范;中期内(5~10年)进一步完善现有预重整规则与实践,逐步将法院在预重整中的事前主导地位,转变为侧重于事后审查;长期内(10年以上),期待此时市场主体对于预重整规则已形成基本共识,进入重整程序前已基本完成各项预重整工作,法院职能应定位于对符合重整条件的预重整企业进行高效司法救济,程序运行成本进一步降低,真正实现由庭外重组到庭内重整的高效衔接。

第五节　预重整机制的再造路径分析

结合当下司法实践特点，现阶段法院主导介入预重整阶段的规则设计可以从以下四个方面着手：

一、法律保障：预重整机制的立法确认

预重整机制作为兼具法庭外债务重组和法庭内破产重整程序双重属性的混合型困境企业拯救方式，其有别于纯粹意思自治的庭外重组，需要在立法层面予以确认，才能为预重整机制与破产重整程序之间的有序、顺畅衔接提供法律支撑和保障。预重整期间债务人是否享有一定的保护机制、利害关系人对预重整计划草案所作的同意表示在重整程序中能否反悔、预重整期间经主要债权人表决通过的预重整计划草案是不是可以当然成为债务人的重整计划草案等问题都需要通过法律进行明确。

尽管在企业预重整机制的实践探索中，最高人民法院以及各地法院曾形成相关的会议纪要，出台相关的工作指导意见，但是就法律层面而言，预重整机制在实践运行中还是难免引发缺乏相关法律依据的争议，且各地法院出台的工作措施、指导意见不尽相同，无法在全国范围内形成一套科学、权威、可供一体遵循的做法。目前，预重整机制在我国已具备相对成熟的司法实践基础，亟待通过《企业破产法》或其司法解释进行确认，对预重整机制的适用标准、申请主体、运行要求、法律效果、法院审查标准等作出具体规定，对预重整机制进行全流程规范。

二、参与主体：预重整各参与方的角色定位

（一）法院：有限度的提前介入

就目前适应性最强的法庭内重整前置程序预重整模式而言，法院在收到企业破产重整申请并进行预立案登记之后，可以提前介入预重整事务，例如，为债务人指定预重整管理人、对债务人信息披露进行监督、指导制定预重整计划草案等，但与正式进入破产重整程序相比，法院在预重整阶段的提前介入是一种有限

度的司法介入，目的是帮助债务人更好地开展预重整事务，而债务人是否能从预重整阶段顺利进入破产重整程序仍具有不确定因素，提前投入大量司法资源既与机制的原理不符，还可能引起司法资源浪费。

（二）政府：积极作为的协调者

进入预重整的部分困境企业存在维稳问题，且进入预重整的困境企业常常需要向政府寻求税收、政策等方面的支持，因此政府在预重整中是不可或缺的协调者。[①] 在预重整阶段，政府能否积极协调、支持帮助困境企业进行"复活行动"，如为帮忙解决职工安置问题提供帮助、提供税收、政策支持等，很大程度上将直接影响预重整活动的成败。与正式进入破产重整程序相比，困境企业在预重整阶段对政府帮助的需求更强烈，因为法院在预重整阶段处于消极地位，有限度地介入预重整事务，此时府院联动机制的发挥更依赖于政府的积极作为，以呈现机制的"整体补强"状态。

（三）管理人：提前履行有关职责

法院决定对债务人进行预重整的，当同时指定管理人，受理重整申请后，预重整阶段的管理人即为重整程序中债务人的管理人。预重整阶段管理人履行有关职责是基于具有相对确定性的预判，即债务人顺利进入重整程序后管理人人选不变，其不仅仅是对困境企业预重整阶段的局部管理，而是从预重整阶段就开始积极协助开展资产负债调查、债权确认、组织召开债权人会议、寻找战略投资者等活动。但是与重整程序相比，预重整阶段管理人的职责范围相对限缩，一般不包括决定债务人的内部管理事务、管理和处分债务人财产等债务人经营管理具体事项，若债务人继续经营，管理人在企业经营管理方面更多起到的是监督者的作用。

（四）债务人：自行负责财务管理和营业事务

预重整属于重整申请审查阶段，还未正式进入破产重整程序，债务人自身的正常营运一般不因此受影响。管理人的主要工作是全面调查债务人的资产负债情况，监督债务人管理财产和营业事务等，债务人在管理人的监督下自行负责财务管理和营业事务。与正式进入破产重整程序相比，债务人尚拥有较大的自主

① 参见浙江省杭州市余杭区人民法院课题组：《房地产企业预重整的实务探索及建议》，载《人民司法》2016年第7期。

权。为了使重整申请得以正式受理,债务人应更多地发挥主观能动性,在管理人的协助下积极寻找战略投资方,与出资人、债权人、意向投资人协商,制定预重整方案,并在信息充分披露的前提下,征求利害关系人的意见,争取达成协议。

三、流程再造:预重整机制的运行程序

(一)申请主体

根据《企业破产法》第70条的规定,债务人、债权人可直接向法院申请破产重整,受理清算申请、宣告破产前债务人和出资额占注册资本1/10以上的出资人亦可申请破产重整。预重整是重整程序的一种前置程序,如果受理预重整申请后债务人顺利进入破产重整阶段,则受理预重整申请实质上是受理破产重整申请的前端延伸。因此,预重整的申请主体不应突破破产重整申请的主体范围。也即,破产重整申请同等范围内的主体亦可申请预重整,法院审查后作出是否进行预重整的决定。此外,若相关主体直接申请债务人破产重整,法院审查后认为可以先进行预重整的,可以依职权启动。

(二)适用范围

预重整机制的主要效能在于帮助识别企业重整价值和重整可行性,提高破产重整的成功率。为了避免预重整机制的无限扩张适用,从而导致司法资源浪费,预重整机制的适用范围应有一定程度的限制,主要从以下几个方面进行考虑:(1)企业是否还有营运价值;(2)债务人是否能提供重整计划初步方案;(3)企业是否有潜在的战略投资人;(4)重整是否符合当地的产业政策等。法院在综合考虑各方面因素的前提下,审查是否作出预重整决定。

(三)流程安排

预重整机制运行流程如图4所示。

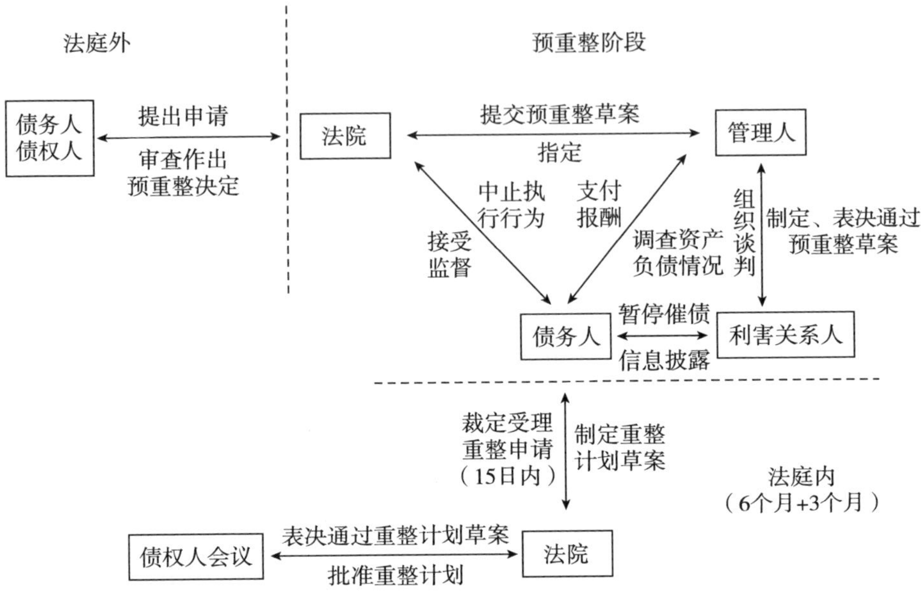

图4　预重整机制运行流程

笔者认为，预重整机制的运行流程应包括预重整阶段的流程安排以及与往前追溯的法庭外以及向后延伸的法庭内之间的衔接。债权人或债务人提起预重整申请或者重整程序申请，法院审查作出预重整决定后，债务人即进入预重整阶段。在预重整阶段，法院为债务人指定管理人，并中止对债务人的相关执行行为，以便债务人顺利开展预重整事务。同时，在管理人的组织协调下，债务人与债权人以及其他利害关系人进行协商谈判，债权人暂停催债、清偿债务停止进行、债务利息停止计算，债务人对债务人信息进行全面、准确、合法地披露，在此基础上，利害关系人制定预重整计划草案并进行表决，同一表决组的债权人过半数同意预重整计划草案，并且其所代表的债权额占该组债权总额的2/3以上的，即可向法院提交预重整计划草案，法庭应在收到预重整计划草案15日内裁定是否受理重整申请。具体包括以下内容：

1. 明确预重整识别标准和启动规则。将预重整置于“破申”字号阶段进行是目前比较符合实践的做法，亦可以后缀（预）字号以示与其他破产审查程序的区别。对于何种情况下法院应介入预重整程序，主要涉及重整和预重整程序在启动条件上的差异性。债务人除符合一定的重整价值及可行性外，还需要符合下列特征:第一,已有潜在投资方,债权人与债务人之间已进行过庭外协商;第二,主要债权人、债务人、投资方就债权调整、经营方案及重整路径等主要问题目标和方向达成一致,无重大争议;第三,债务人陷入困境的时间不长,债务负担较轻。相较而言,预重整比较适合具有财务困难而非经营困难的企业,对于长时间进行庭外重组但出现重大困难且无进展,或已消耗殆尽至“三无”的企业,不适合进行预重整。笔者赞同应防止将预重整作为重整前置程序的观点,应避免将预重整作为提高重整成功率的变相的重整程序。如需要进行解除查封、中止执行,或在债务审查、资产清理等方面难度过大,各方矛盾较深,宜直接进行重整而非预重整。

2. 赋予预重整一定的执行中止效力。是否赋予预重整执行中止的效力在理论和实践中存在较大争议。各地公布的工作指引对该问题的解决程度不一。如在《北京破产法庭破产重整案件办理规范(试行)》中,赋予了预重整期间禁止个别清偿的效力,但止步于经诉讼、执行、仲裁程序清偿。深圳中院在其制定的《审理企业重整案件的工作指引(试行)》中,对本院执行案件中止执行。出于谨慎适用、避免滥用的角度考虑,笔者赞同赋予各方当事人以协议方式中止执行的效力,但不应过度赋予其一经适用即执行中止、解除的强制效力,否则有变相延长重整期间之虞。

3. 明确管理人选任方式、地位延续和报酬处理。管理人的选任并非必须,可向法院申请后由法院采用随机摇号、竞争选任、协商推荐等方式选任。进入正式破产重整程序后的管理人原则上由预重整期间管理人担任。对于管理人在预重整阶段的报酬问题,可在后续的正式重整阶段一并处理。当预重整失败未申请进行重整时,该部分债务也应由债务人或各决定聘请中介机构的协议方共同负担,如进入破产清算程序,则在破产清算程序中一并处理。

4. 明确预重整信息披露、通知及表决规则。预重整阶段的信息披露对债权人利益及程序公正性至关重要。由法院主导的预重整程序应明确信息披露的原则、主要内容、通知主体、知情标准、异议时间等进行详细的规定。可分为如下两种情况:第一,在临时管理人参照正式重整程序通知召开债权人会议情况下,应审查各项债权人会议的文本内容,是否翔实、全面地披露了债务人经营负债资产等情况;第二,由临时管理人或债务人事先拟订信息披露规则,并交由法院、债务人、各利害关系人审查。如各方在限定期限内无异议,则表示已经尽到了通知和披露义务。投票表决非为必须,但须有证据证明各主要债权人对于预重整计划予以同意。如投票,则表决通过的比例参照重整程序中的标准。

四、程序转换:预重整机制与破产重整的程序衔接

(一)科学开展预重整计划草案的审查

债务人提交的预重整计划草案的审查,具体包括审查时间和审查标准两方面内容。正常情况下,在破产重整程序中,债务人或管理人自重整计划通过之日起10日内,向人民法院提出批准重整计划的申请。而在预重整机制中,为了避免重新组织债权人会议表决通过重整计划草案后才审查发现预重整阶段的工作存在瑕疵,导致已通过重整计划无法获得批准,法院应将审查工作分为初步审查和最终审查两步骤,初步审查即在收到预重整计划草案后,受理重整申请前,对照重整工作机制针对预重整阶段开展的工作是否存在瑕疵进行审查,审查符合《企业破产法》规定的才裁定受理重整申请;最终审查即对在重整程序中重新召开债权人会议表决通过的重整计划草案的相关工作进行审查,审查符合《企业破产法》规定的才裁定批准重整计划,终止重整程序。关于预重整计划草案的审查标准,主要从两方面入手:一是通过信息披露的时间、方式、内容、说明义务履行情况等方面审查信息披露是否合法、充分、有效,以确保利益相关主体的知情权得到保障;二是从送达情况、债权人考虑期和异议期、表决方式等方面,审查利益相关主体的投票表决程序是否公平公正。

(二)明确预重整计划草案的效力

预重整计划草案的效力,指的是利益相关主体在预重整阶段中作出的意思表示是否具有约束力。笔者认为,如果允许利害关系人在重整程序中对预重整阶段作出同意的意思表示随意否认和撤销,不仅会损害到其他利害关系人的利益,而且将导致预重整阶段所达成的工作成果付之东流,直接撼动了预重整机制存在的意义。2019年《全国民商事审判会议纪要》第115条关于“庭外重组协议效力在重整程序中的延伸”的规定指出,人民法院受理重整申请前,债务人和部分债权人已经达成的有关协议与重整程序中制作的重整计划草案内容一致的,有关债权人对该协议的同意视为对该重整计划草案表决的同意。庭外重组达成

协议的效力尚且可延续到重整程序中，那么在法院介入的预重整阶段达成的预重整计划草案效力延伸到重整程序阶段是应有之义。泉州安通公司重整案在预重整阶段就发布公告，预重整期间拟定的预重整方案与重整程序中制订的重整计划草案的基本内容一致，有关债权人、出资人对预重整方案的同意视为对重整计划草案的表决同意。为了赋予这一效力确认以立法依据，笔者建议，在《企业破产法》或其相关司法解释中明确规定预重整计划草案所具有的法律效力，即除非信息披露不充分或者表决程序有瑕疵，否则利害关系人在预重整阶段所作出的同意的意思表示在重整程序中继续有效，不得反悔和撤销。

第四章　破产重整与清算程序的转换

第一节　破产重整与清算程序的转换

《企业破产法》将破产程序分为破产清算、破产重整与破产和解 3 种程序,以适应程序启动阶段不同主体的特点与需求,以及程序进行中根据债权人意志、企业财务状况及市场情势等变化重新进行的选择。其中比较常用的是清算程序和重整程序。破产清算程序是企业“死亡”程序,通过对破产财产管理、清资核产、处置,以将破产财产变现,公平清偿全体债权人的程序。破产重整程序是债务人再生程序,是对一个濒临死亡,但仍有运营价值的企业进行债务整理,产权重组,以挽救和盘活企业,从而保存企业对市场的特有价值,继续发挥其社会效用。尽管两种程序对于解决企业债务与经营危机、保障社会资源的优化配置,完善市场经济都具有重要作用,但两者有着不同的程序要求与目标,可以根据市场主体具体情况及破产审判进程进行转换。联合国《贸易法委员会破产法立法指南》也要求破产制度应在清算和重整之间求得平衡。我国的破产法对于从重整到清算,从清算到重整规定了相应的法律要件。就当下而言,对于两种程序的互相转换研究可以让我们更深入地比较两种制度差异之处,总体考察破产制度。本部分拟以泉州中院审理的富贵鸟股份重整转清算案,锦绣庄系清算试图转重整案为例展开分析,在富贵鸟股份清算案与锦绣庄系清算案中,两案均试图重整,前者以重整申请始,以清算终,后者在清算过程中多次努力向重整方向努力,然最终转换不成功。但泉州中院在审理两案时以市场化、法治化为原则做了大量的探索与努力,最终处置结果赢得了债权人和社会各界的高度肯定。其中所蕴含的破产制度中一些具有普遍性意义的问题,值得深入研究和探讨,以期为中国破产审判贡献地方智慧。

一、程序转换中的市场化与法治化原则

2018 年 12 月,国家发展和改革委员会下发了《关于进一步做好"僵尸企业"及去产能企业债务处置工作的通知》,在处置原则第 1 条开宗明义提出了坚持市场化、法治化原则。然而,在破产业界,以经济成本为分析工具论证重整与清算比较优势,往往会得出重整更有效率的结论,主要论点是重整将使企业富有经验的劳动者和管理者、企业供应链条、商誉等成本得以保存。但如果仅考虑成本而忽视运营价值的话,就会得出一切困境企业最好的出路都是重整的错误结论。

事实上,上述的论点忽略了内部成本已经成为沉没成本,无关企业清算或重整。在企业生死存亡之际,只能考虑内部成本是否能够在将来给企业带来的盈利,也就是企业今后的运营价值相对于清算价值是否具有比较优势。这里的运营价值,是指一个企业存续具有盈利能力的前景,清算价值是企业资产被处置时的出售价值。一般而言,选择重整程序就是认为企业经重整后盈利得到的价值高于清算价值,也就是运营价值必然高于清算价值,因此,只有在一个企业存在运营价值比较优势的情况下,企业才应当被重整。通过重整程序,不仅可以在更大程度上维护债权人、债务人、企业出资人的正当权益,而且可以防止出现企业连锁破产、职工失业以及由此引发的社会不稳定等问题。重整或清算应以市场化作为评价标准,也就是市场给予企业的运营价值较高的评价,看好企业重整后的盈利能力与经营前景。因此,债权人或债务人在选择申请清算或者重整的时候应该全盘考虑,不但要考虑企业成本,更要考虑企业的运营价值,换言之,也就是既要考虑市场接受度,尊重债权人意思表示,更要依照破产法的规定,在法治化的框架内进行,不能单独考虑一方意愿或某方面利益,否则将有失偏颇,导致案件审理法律效果、社会效果欠佳。

二、债权人权益保护的正当化与规制

2019 年 5 月和 7 月，富贵鸟股份债权人会议先后两次以书面方式对重整计划草案进行表决均不能达到法定多数通过。法院认为，债权人自治原则是破产程序应当遵循的法治原则。富贵鸟股份重整计划草案经两次债权人会议表决，均未获得通过，依照《企业破产法》第 87 条第 2 款的规定，债权人会议未表决通过重整计划草案的，人民法院应当审慎适用强制批准计划，法院对管理人提交的重整计划草案不予批准。

锦绣庄系清算案立案之初，大多数债权人均表示愿意重整，法院与管理人向重整方向努力，先后与 10 余位意向投资方进行了洽商，但均无果而终。也尊重部分债权人提出的债转股等意见，多次要求管理人与债权人接洽，但由于资金的落实问题，全体债权人意志难以统一，最终债权人和解自救方案亦无法形成一致意见。鉴于重整、和解之路已经均无法继续，为最大限度保障广大债权人民主权利、给予债权人更多自主权，在第三次债权人会议上增设让参加会议的债权人在《异议债权人意见反馈表》填写“建议起拍价”的环节，并当场确定 202，768，757 元为不动产建议最高起拍价进行二次表决，但仍未获得通过。2019 年 7 月 25 日，泉州中院裁定认可管理人提出的不动产、动产变价处置方案，以第三次债权人会议上债权人提出的不动产最高价为起拍价，启动破产拍卖程序。

泉州中院在审理两案时首重保护债权人利益，与破产法倡导的原则精神是契合的，也是市场经济健康发展，保障社会稳定和谐所必须。首先，从利益受损与风险承担的角度，相较债务人和其他主体来说，普通债权人利益是在破产中损害的利益最大。换句话说，所谓的破产制度是建立在以大部分普通债权人利益为代价的基础上，正如王泽鉴先生所洞见的，“（1）构成债务人责任客体的财产，变化不定，景气无常，财产的散逸非债权人所能预见或控制。（2）债权不论发生先后，均居于平等地位，债权重叠又为当代交易的通常现象，责任财产综能维持不减，众人参与分配，亦难期全获清偿。（3）为政府财政之目的而创设税捐的优先权，为保护劳工，另建立工资优先受偿制度”。因而，债权人往往须通过债权的保全与担保来“为债权的实现而奋斗”。[①] 这就使根据其他法律获得更全面保障的债权人在破产程序中处于一个更易受到损害的地位，债权人应当拥有更多的权力以保障其利益。因此，这也要求债权人利益更应当得到法律的有效保障。

其次，从法律利益衡量的角度，法律对特定利益群体的维护应当有利于实现制度利益，破产法是调整债权债务关系的基本法律，在这一特殊的债权债务关系阶段，协调债权人和债务人之间的利益关系，债权人同意各项方案的通过是保障破产审判顺利的基础。

最后，从选择其他利益产生不利结果的角度看，在多种利益之间，债权人与债务人之间是存在利益冲突的，当企业进入清算或重整状态时，企业资产理论上已为债权人所拥有，其他各方利益主体如果得到最大保护有损于风险与责任承担持平原则，不利于公平正义。从社会利益的角度看，在债权人无法有效地维护自己的权利时，信用制度和市场经济就将受到严重损害。因此，债权人利益在破产法保护中应成为首位的群体利益。泉州中院在富贵鸟股份与锦绣庄系清算案中都坚持维护债权人的利益，当富贵鸟股份债权人会议不同意重整方案时，坚持尊重债权人的意思表示，对锦绣庄系债权人的重整意愿也予以尊重并进行了多方探索与努力。

当然，所有权利都应该有边界所在。依照经济学理论，人是理性自利的，债权人大多只关心自己的债权得到最大的补偿，既不在乎债务企业的生存，也不关心社会经济效益、劳工就业等目标，在趋利冲动下，可能会造成对一时因为经济形势或资金链问题的健康公司的不当清算，造成企业资产的浪费。由债权人所组成的意思自治团队债权人会议或债权人委员会具有《企业破产法》第61条规定的审查债权，停业或继续营业，通过和解重整案，通过财产管理、变价、分配方案等重大权力。然而，如债权人会议不能通过方案或通过对于社会法益有所损害的决议，这时不但需要法官的强势介入以衡平利益，也要求债权人在破产程序中应具有一定的理性和专业，而不是为一己私利阻挠和拖延破产审判进程。这既是债权人在破产审判中的基本责任，也是应当予以及时规范的行为，如在泉州中院审理锦绣庄系清算案中，债权人会议始终不能表决通过锦绣庄资产变价及

---

① 王泽鉴：《债法原理——基本理论　债之发生》（第1册），中国政法大学出版社2001年版，第31～32页。

处置方案,甚至在法院要求由其自主协商提出最高价格时仍然不愿意通过(尽管最终拍卖成交价格是拍卖市场所决定,非法院所能为)。债权人滥用了其破产权利,法律对此应加以规制。首先,合理界分权利与权力范围。私法归私法,在债权人自主权利范畴,如放弃申报,放弃担保等。公权归公权,如法院依职权范围,破产程序启动,法律明确规定事项,法院与其他机关协调事项等。其次,应区分受公共制约的权利。权利实现应该通过公共路径,并受到公共利益的制约。最后,债权人会议应促进开放性的商谈机制,加强沟通,使所有债权人尽可能地参与洽商并能自由民主地表达意志。

三、裁定强制批准中的司法权力谦抑与担当

相较于法院其他诉讼程序,破产审判是一种特别的审判制度,其既体现法院诉讼程序裁判特征,又体现概括执行程序,是一种集合式特别程序。在破产案件审理中,破产管理人实施的对破产企业财产接管、管理、处分、分配,对破产债权的确认等准司法工作需要法官的监督、确认、裁决,在破产审判中,法官扮演的决策者、裁决者角色既有司法权性质,如审查破产立案,确认破产债权、别除权、取回权、抵销权、破产共益权等以及破产财产分配中一些特殊债务需要特殊的清偿安排问题等,又有准行政权性质,如监督并干预债权人会议和债权人委员会的产生,决定破产财产管理与分配中的重大事项。裁决不仅包含裁判也包含管理,裁决对象既包括法律行为也包括商业行为,裁决规范既包括破产法、公司法等商事规范,又包括民事法、刑事法、行政法等,裁决大部分具有终局性,因此,相较于其他程序,破产程序中的法官在理论上有更多的自由裁量权。在这种前提下,公权力的行使尺度如何把握至为关键。以重整计划强制批准为例,我国破产理论界对某些法院行使该项权力多有批评,“存在法院既不尊重债权人,也忽视债权人的反对意见,而进行强制批准的案件,甚至部分的法院越来越倾向于主动利用职权进行强制批准”。① “案件中只要存在债务人或者管理人对重整计划申请强裁的,重整计划强制批准法院都进行了批准。”②这些司法权行使形态与原因值得引

① 李曙光:《上市公司重整五大问题急需司法解释规范》,载《法制日报》2008年10月13日,第4版。

② 王欣新、宋玉霞:《重整计划强制批准法律问题研究》,载《江汉论坛》2014年第10期。

起我们的深刻思考。

本书研究的强制批准问题不但探讨了业界经常讨论的重组计划草案的强制批准通过,还探讨了清算过程中的方案强制通过问题。这两者都涉及司法权的行使。前者指当重整计划被提交债权人会议进行表决后,未被各表决组一致通过时,但重整计划草案符合下列原则,即重整价值保障原则、可行性原则、绝对优先原则,公平对待原则、最低限度接受原则等 5 项原则,债务人或者管理人可以申请人民法院批准重整计划草案,如富贵鸟股份第一次债权人会议同意票债权人 137 家,占到会有表决权债权人人数的 39.48%,代表的债权金额为 213,194,223.32 元,占有表决权普通债权总额的 6.92%。第二次会议同意该方案的普通债权人 235 家,占到会有表决权债权人人数的 67.53%,代表的债权金额为 766,758,608.55 元,占有表决权普通债权总额的 24.88%。管理人申请强制批准通过,根据权力自我节制和内敛的谦抑性原则,①泉州中院充分审查了重整计划草案,认为债权人的通过债权额过低,违背了大部分普通债权人的意思表示,有违意思自治原则。泉州中院审慎地行使司法权力,驳回富贵鸟股份管理人的申请,终止富贵鸟股份重整程序、宣告富贵鸟股份破产。

在破产案件中,在坚持债权人利益最大化原则,对债权人权利施以严格保护的同时,也要限制权利的滥用与恣意。传统上破产法是保护私权的商事法律,而现代破产法则因破产案件引发大量劳动者失业、地区经济衰退、行业不景气,甚至危及社会稳定等问题,逐渐超越债权人和债务人的团体利益平衡的理念,更新为维护社会整体利益的理念,因而具备了经济法理念的性质。② 破产法既要追求商事效率,也要平衡各冲突利益,保证社会公共利益如社会资源配置的效率。因此,应当对债权人的权利恣意加以限制,如在锦绣庄系清算案审理中,泉州中院对于该案资产的变价及处置方案经过 3 次债权人会议都没有获得通过,资产如迟迟没有处置将导致贬值,从而损害大部分债权人的利益,基于资产变现效率考虑,为尽快将破产资产出售,法院强制通过了认可资产变价及处置方案的裁定,避免资产变现遥遥无期,体现了司法权的担当。

---

① 参见刘大洪、段宏磊:《谦抑性视野中经济理论体系的重构》,载《法商研究》2014 年第 6 期。

② 参见王欣新:《“僵尸企业”治理与破产法的实施》,载《破产法前沿问题思辨》,法律出版社 2017 年版,第 11 页。

四、以公平效率为视角的理论检视与完善

在富贵鸟股份和锦绣庄系清算案审理过程中，法院面对诸多破产难题和挑战，这些难题与挑战说明破产审判工作还有不足之处，破产审判仍有较大提升空间。正如习近平总书记所言，“人民对美好生活的向往就是我们的奋斗目标”。破产法必须提供符合保护大多数人利益，更能够体现公平与效率的原则和规则。否则破产制度不但不能成为汰劣选优，维护市场健康秩序的利器，反而可能成为某些人逃债的避风港，成为侵蚀市场经济秩序的利器。对这一问题的回答需要深入破产制度的内部机理，寻找破产制度内在的逻辑和规律，提出改革与完善破产法的建议，为人民法院妥善处置“僵尸企业”提供理论与实证支撑，这一点也正是本书研究的任务。

公平与正义是法律制度的核心价值，是法律研究永恒的话题。古代大贤亚里士多德认为，公平与正义应涵括“分配的正义”与“矫正的正义”，正义最为基本的形式是比例平等，按照个体的价值获得相应比例的分配。① 这也是破产制度的历史使命与存在价值。破产制度是公平偿债制度，公平主要体现为债务清偿的实质公平，如禁止个别清偿行为、禁止特定期限内的不公正交易行为、对抵销的特别规定和对待履行合同的特别规定等。同时，在不同种类债权中设计特定的清偿顺序，与金融机构、劳动群体、税务机关等特殊债权主体达成利益平衡，追求社会公平。首先，要坚持破产法的私法本质，塑造尊重商事主体私权的观念，要认识到破产法既是市场经济法律的一部分，也是综合法律体系的一部分，建立相应的与公司法、物权法、证券法、税法等法律相互配合的市场配套机制。其次，坚持破产法保护债权人利益的最大原则，加强债权人权利保护，赋予其确实的程序权利和实体权利。最后，要保障程序的公正。谎言与暗箱操作必将催生利益独占与各种丑恶现象，也让人们不愿意服从与接受破产法的规制。阳光是最好的杀病毒剂。破产程序的公开性、透明性、正当性对于保障破产参与人的权利，防止破产中的次生损害具有非常重要的作用。同时，程序的正当性能为结果赋

---

① 参见[古希腊]亚里士多德：《政治学》，吴寿彭译，商务印书馆1996年版，第148页。

予合理性和正义性，从而为人们所接受。①

承认社会资源的稀缺性是研究效率命题的前提。正因为无论是国家之间，还是企业之间，都存在激烈的资源竞争，所以要求我们建立优化资源配置的法律机制，以促进资源配置高效优化，以促进社会经济的健康发展与质量提升。否则，一个错配资源或资源低配的社会是不具有竞争力和可持续性的，是向下沉沦的社会，民族复兴与崛起也无从谈起。在个案效率上，相较于其他国家审判制度，我国的破产审判制度比较重视效率，为破产审判的各个时间节点设置了长短不一的时间限制，这固然是值得称道的一面，也有利于推进破产审判工作，如富贵鸟股份重整转清算案在短短的16个月时间内分配清偿。然而，从破产审判实践运行情况来看，破产程序被适用的比例低，②说明破产制度并没有被市场认可和选择成为市场主体推出市场的主要法律机制。

现代制度经济学理论认为，制度能增进效率，促进经济增长，是配置资源的最有效工具，从某种意义上可以说，制度是最大生产力。当企业进入破产状态时，企业处于严重亏损或其经营收入不能弥补生产成本，说明资产效率极其低下，资产的用途价值成为负数。此时不论从社会还是私人的角度讲，将这些资产转向其他用途都是“帕累托改进”。在此前提下，对破产参与人来说，将破产企业清算、重组是一个更优的选择。例如，在锦绣庄系清算案中，锦绣庄债权人会议对于资产变价与处置方案迟迟不愿意通过，先后召开3次债权人会议都不能通过，导致案件审理时间过长，原因当然是多方面的，主要原因是债权人因制度原因对于方案有错误的预期，这种错误的预期来自制度既不能给予利益的诱导，也不能给予他们刚性的惩罚，还有不能正确认知案件投入成本。今后的破产法改革要注重制度效率，要从扩大意思自治空间，保护债权人权利给予利益诱导，提升制度效率增长空间；明确破产中各项民事、行政、刑事责任，减少阻碍因素和寻租空间，减少制度效率阻碍因素，要根据案件特点积极探索庭外重组、预重整制

① 参见［日］谷口安平：《程序的正义与诉讼》，王亚新、刘荣军译，中国政法大学出版社1996年版，第1～18页。

② 以2014年企业退出市场方式的数据统计为例，全国企业注销数量为505,866户，吊销数量为214,130户，而全国法院一共审结的破产案件为2059件。转引自高翔：《破产制度能有效清理市场经济中的信用垃圾——访中国政法大学法学教授、破产法与企业重组研究中心主任李曙光》，载《上海证券报》2016年6月2日，第12版。

度和简易破产程序建设,降低整体管理费用与成本,以创新促进效率,全方位提升破产制度效率。

第二节 执行转破产程序的衔接

"执行转破产"(以下简称"执转破")制度通过将执行案件导入破产程序,打通执行案件转入破产的通道,实现解决执行难和破产程序启动难引发的制度运行不畅、功能难以发挥的破产法困境之双重目的。[①] 2017 年 1 月 20 日,最高人民法院出台《执转破指导意见》,对"执转破"的具体程序规则予以规范。

一、执行与破产的功能作用与衔接

从我国的司法实践来看,可以说,执行程序在历史上长期承担着破产制度的部分功能。一方面,由于国家对破产的控制,破产制度进入门槛高、当事人使用制度成本高,因此导致对破产制度的需求低;另一方面,国家从 20 世纪 90 年代起对执行制度大力投入,使执行程序进入门槛低、效率相对较高,并且许多协调和组织及制度运行的成本由法院承担而不是由当事人承担,这些特点大大降低了当事人使用执行程序的成本,刺激了当事人通过执行程序解决事实上是破产问题的动机。[②]

就制度功能而言,执行是国家机关依债权人的申请,以生效法律文书为依据,运用国家强制力,强制债务人履行义务以实现债权人权利的活动。[③] 而破产程序具有执行程序所不具备的关于债务清理"概括性"和"终局性"的特点。执行程序对于清偿不能案件,反复查询财产和反复恢复执行,陷入"执行难"的困境,破坏了司法公信力;破产程序则可以终局性地清偿债务,彻底消化掉"终结本次执行程序"前执行分配的个别清偿风险和"终结本次执行程序"后司法程序的

---

① 参见丁海湖、田飞:《"执转破"操作模式及相关实务问题研究》,载《法律适用》2017 年第 11 期。

② 参见唐兴茂:《为什么执行程序处理破产问题?》,载《北京大学学报(哲学社会科学版)》2008 年第 6 期。

③ 参见江必新主编:《强制执行法理论与实务》,中国法制出版社 2014 年版,第 3 页。

后续资源消耗。[①] 即便如此,执行制度与破产制度具有天然的内在衔接需求,破产程序总是在执行的尽头默默等待。[②] 执行与破产虽功能各有不同,但通过"执转破"程序,可兼顾公正与效率,并力求在实现全体债权人公平清偿的同时,兼顾社会公共利益的维护。

二、"执转破"的现实困境

《执转破指导意见》出台后,各地法院运行效果并不如制度设计的效果。以泉州法院为例,泉州法院的"执转破"案件受理数量处于逐年稳步上升状态。2018 年 6 月起至 2020 年 7 月,两级人民法院执行移送破产审查案件共计 142 件,完成审查 124 件,裁定受理 74 件。泉州法院在开展"执转破"工作的过程中,深切体会到破产程序在处置债务人财产方面具有执行程序所不可比拟的优势,即由于破产程序对债务人所承担的债权债务等法律关系进行一体化处理,以及破产管理人主导了破产程序中的主要工作,破产程序更能实现债务人财产价值的最大化,提高财产处置效率。但就泉州法院系统"执转破"的实践运行功效而言,并未达到制度设计所预想的效果,"执转破"案件受理数量仍然占比不高,大量事实上具备了破产原因的执行不能案件尚未顺畅地实现向破产程序的转化。

综合各地的运行状况,我们可以看到因各地区发展不平衡,"执转破"程序在各地的运行中,尚存在以下现实障碍:(1)程序启动偏难。申请执行人因其身份是可执行财产的最大受益主体,被执行人因怕其企业真实财务、资产状况等被曝光导致追责等原因,均对同意启动"执转破"程序的积极性不高,而执行案件因同案仍有其他未破产的被执行人而无法结案,导致执行法官移送的积极性亦不高。(2)"执转破"启动的"当事人主义"原则一定程度上限制了"执转破"工作成效的取得。(3)配套制度不够完善。执行向破产程序转换过程中未实现无缝对接,协作联动力度不够,两者之间尚未建立资源共享、优势互补关系。

---

① 参见刘旭东、陆晓燕:《效益法则框架下"执转破"之功能透视及其制度建构》,载《法律适用》2017 年第 11 期。

② 参见徐阳光:《执行与破产之功能界分与制度衔接》,载《法律适用》2017 年第 11 期。

三、"执转破"衔接的实践探索与完善

(一)探索执行申请转立破产申请

为解决"执转破"程序启动难问题,泉州中院出台《关于执行申请转立破产申请的流程指引(试行)》,要求泉州两级法院收到被申请人涉企业法人的强制执行申请的,对被申请企业应先查询涉执行案件情况,经查询,被申请企业涉执行案件10件以上(含10件)或所涉执行案件已经终本的,由负责立案审查的工作人员引导执行申请人直接提起破产清算申请。关于告知的内容,主要包括:涉该企业的执行案件基本情况(案件数、申请执行标的额、企业财产查控情况、案件终本情况)以及申请破产清算文书样本。如果申请人对申请破产清算需进一步了解的,由破产审判团队人员予以说明。泉州中院在这份流程指引中还指出诉讼服务中心、破产审判团队和执行局应指派专人负责对接,从而优化部门间的协作机制。

(二)"执转破"启动模式的完善

"执转破"启动的"当事人主义"模式对应的是破产立法中破产启动的"申请主义"模式,是破产启动"申请主义"模式立法在执行案件移送破产领域的反映。[①]《执转破指导意见》对当事人启动"执转破"的申请权进行了规定,明确了执行法院在当事人行权过程中的告知和征询当事人意见的义务。[②] 破产程序应以全体债权人利益最大化与不同债权人群体间清偿利益的公平化为"执转破"程序启动模式的设置原则,[③]由此,需要坚持当事人同意的"当事人主义"的优先启动模式。但也正是由于现有"执转破"制度启动采用的是"当事人申请主义"。在实践中,由于执行案件当事人申请启动程序的积极性不高,在其缺位情况下,则凸显"执转破"的"当事人主义"启动模式在司法实践中过于单一,因此,有必

---

① 参见丁海湖、田飞:《"执转破"操作模式及相关实务问题研究》,载《法律适用》2017年第11期。

② 《执转破指导意见》规定:"执行法院在执行程序中应加强对执行案件移送破产审查有关事宜的告知和征询工作。执行法院采取财产调查措施后,发现作为被执行人的企业法人符合破产法第二条规定的,应当及时询问申请执行人、被执行人是否同意将案件移送破产审查。申请执行人、被执行人均不同意移送且无人申请破产的,执行法院应当按照《最高人民法院关于适用〈民事诉讼法〉的解释》第五百一十六条的规定处理,企业法人的其他已经取得执行依据的债权人申请参与分配的,人民法院不予支持。"

③ 被执行人同意转破产的情形下,主要着眼于债权人群体间受偿的公平性。

要以“法院职权主义”的启动模式作为特例下的补充。

经过梳理“执转破”案件的案情，建议在下列类型的案件中，执行法院有权力启动“执转破”程序：

第一，对于“无产可破”的案件，即经过执行机关充分查索，被执行人财产不足以清偿模拟破产场景下的资产评估费用、管理人费用等破产费用的，又存在无被执行人或申请执行人之一申请“执转破”的，基于市场出清的社会公共利益考虑，建议法律明确规定在此情况下，执行机关有权采取职权主义的程序转换方式，可依职权启动“执转破”程序。

第二，对于已经解散而没有清算的企业，如被依法撤销或者被吊销营业执照的企业，因已丧失经营资格，且本就应强制清算，王欣新老师认为，可以考虑由法院依职权启动“执转破”程序。① 笔者也赞同这个观点，这是因为，对于在民事执行程序中“当破而不破”的被执行人企业，最大的潜在风险是躲在法人企业之后的股东很可能利用“当破而不破”的时间差和股东有限责任的制度设计，继续从事明知不可能完成的经济交易活动，这种活动就是经济欺诈活动，由此诱发企业的道德风险，不仅侵犯交易相对人的经济利益，更会损害整个社会的信用体系。②

（三）完善配套，建立执行与破产的协作机制

除“执转破”启动模式外，“执转破”工作的有效开展有赖于二者程序间的无缝衔接。对此，有必要采纳执行双阶段理论，以便使执行与破产程序的配合更为顺畅。

一般就执行措施角度而言，执行程序可以分为财产查控与财产分配两个阶段，即控制性执行与处分性执行。在“执转破”程序中有必要区分这两个阶段，并赋予不同的规制规则。针对第一个阶段，完全可以视具体情况为破产程序所吸收。按照《民事诉讼法解释》第 513 条、第 515 条规定，经申请执行人之一或者被执行人同意，执行法院应当裁定中止对该被执行人的执行；被执行人住所地人民法院裁定受理破产案件的，执行法院应当解除对被执行人财产的保全措

---

① 参见王欣新：《破产与执行程序的合理衔接与转换》，载王欣新、郑志斌主编：《破产法论坛》（第九辑），法律出版社 2015 年版，第 8 ~ 9 页。

② 参见李帅：《论执行案件中法院职权主义破产启动程序的构建》，载《法律适用》2015 年第 3 期。

施。上述规范因为未区分执行程序的两个阶段，一并进行中止与解除，影响了财产查控措施与破产程序的衔接，不利于破产程序最大化地吸收执行财产查控的成果。

尽管《执转破指导意见》在第9条中规定“执行法院决定移送后、受移送法院裁定受理破产案件之前，对被执行人的查封、扣押、冻结措施不解除。查封、扣押、冻结期限在破产审查期间届满的，申请执行人可以向执行法院申请延长期限，由执行法院负责办理。”但依现有法律规范，破产法院作出受理破产案件的裁定，并不意味着破产法院即时掌控了债务人财产，执行法院向破产法院移交执行财产也需要一定时间。根据《执转破指导意见》第16条的规定，①执行扣划、扣押财产的移转期限为执行法院收到破产法院的受理裁定后7天，立法并未明确执行法院解除执行财产查控措施的期限。事实上，如果执行法院先行解除了扣划、扣押措施，则无法完成7日内移转执行查控财产的义务。在现有规范下，仍存在因执行法院的过错，执行法院先解除查控措施，之后移转不能的可能。若破产程序中出现了“断档”的时间段，接管执行查控的财产与解除查封、冻结等执行措施之间并未实现绝对的“无缝对接”，不诚信的债务人可能自行或勾结恶意债权人利用法院查控措施解除的空隙转移破产财产，或做出偏颇性清偿等实质性的财产处分行为。虽然转入破产程序后，管理人可以通过撤销权、无效行为等制度予以追偿，但经常会面临着事实追偿不能的局面。

由此，笔者认为，“执转破”程序涉及执行与破产两大环节，需要建立两者间的协作机制，建议运用类型化思维，在执行与破产的程序衔接中采纳执行双阶段理论，当“执转破”启动后，财产分配阶段的处分执行程序规则不变，而为了债务人财产的最大化，财产查控，包括各项财产控制、保全措施自动延续，执行法院不予裁定中止，在破产法院受理破产案件后，由破产法院决定是否解除财产查控阶段的执行措施或者决定是否直接接收执行法院查控的债务人财产或者续行执行

---

① 最高人民法院《执转破指导意见》第16条规定：“执行法院收到受移送法院受理裁定后，应当于七日内将已经扣划到账的银行存款、实际扣押的动产、有价证券等被执行人财产移交给受理破产案件的法院或管理人。”

查控措施,[①]破产法院决定直接接收的,在执行法院移送执行财产完毕之时,执行财产查控措施自动解除,管理人可以向破产法院提出相关的解除、续行查控措施或者接收破产财产的申请。

此外,执行和破产程序均涉及对债务人财产进行查询、控制、评估和拍卖。执行程序对此已经具备了较为完备的查控和扣划系统。虽然最高人民法院已于2019年3月1日下发《关于全国企业破产重整案件法官工作平台启用财产查询功能的通知》,但这仅是可以调用查控系统查询债务人的财产信息,其他的信息和功能并没有共享,破产法官并不具备与执行法官一样的权限,无法充分利用执行优势应对破产案件的处理。笔者认为,应当实现执行与破产系统的互联互通,最理想的状态是以全国破产重整信息网为基准,依托最高人民法院执行办案系统、执行查控系统,如"总对总""点对点"网络执行查控系统,实现两者资源、查控技术的共享,赋予破产法官有权提取债务人涉诉、涉执行案件以及财产信息,并可实现网上查控、扣划其银行存款。此外,在破产财产中不动产的腾空处置上可以尝试破产案件借用强制执行手段或者破产和执行部门联合强制腾空处置不动产。

---

① 最高人民法院公布的《破产审判工作会议纪要》第42条规定了破产法院保留执行查控措施的选择权,即"根据破产受理法院的要求,出具函件将查封、扣押、冻结财产的处置权交破产受理法院。"同时,该条规定了破产法院的续行查控权,即"破产受理法院可以持执行法院的移送处置函件进行续行查封、扣押、冻结,解除查封、扣押、冻结,或者予以处置。"破产受理法院对执行查控措施的选择处置权吸收了司法实践的经验,在执行法院与破产受理法院为同一法院的情况下,有的案件为了减少查封程序的重复适用,避免查封衔接的烦琐与风险,有时也采用直接保留执行查封、不予变更查封手续的做法。参见葛洪涛:《执行程序与破产程序衔接的困难与应对——〈全国法院破产审判工作会议纪要〉解读五》,载《人民法院报》2018年4月18日,第7版。第42条一定程度上在"执转破"程序衔接部分采纳了执行双阶段区分理论,但该条仍保留了执行法院解除执行措施的义务。

第五章　破产财产的处置

第一节　破产财产处置问题

破产财产处置既是债权人最关心的问题，也是破产法能否发挥制度功能的重要标准。但是，破产财产处置在破产审判实践中遇到了不少的挑战，“立案难、处置难、协调难”并称为破产审判三大难题，极大地影响了破产审判的公平与效率，影响了破产法的制度功能发挥，值得深入研究与探讨。本章以泉州法院审理的破产清算案件为分析考察对象，对破产财产处置存在的问题展开探讨，以期规范破产财产处置工作，推进破产审判工作。

近年来，破产清算实务中债权清偿率长期徘徊于低位，绝大部分低于5%，甚至存在部分清偿率为0的破产清算案件，极大地影响了破产审判的法律效果与社会效果。企业财产清偿率低主要有以下原因：一是企业负债率高，破产企业债务远远高于破产企业财产。例如，截至2020年9月7日，泉州法院已审结破产案件182起，涉及企业资产60.9亿元，依法化解了破产企业债务635亿元。二是企业所余财产少。大部分进入破产清算程序的企业容易变现的有价值的动产已不复可见，基本上只存有不易变现的抵押不动产，有的甚至没有任何财产，在进入破产程序之前有价值、容易变卖的财产基本上被强制执行或可能被企业主自行处置转移；三是债务人进入破产程序后，产生了破产费用、共益债务、管理人报酬及诉讼费用等一系列破产成本，本已所剩无几的破产财产更被摊薄和减损；四是有的破产财产由于承载租赁权等他物权原因多次公开拍卖，在每次按20%比率递降的情况下均无人愿意购买，或远低于市场价格出售，致使破产审理过程冗长或长期无法结案，债权人利益受损。由于破产财产处置问题现状不容乐观，债权人失去参与破产程序的动力与热情，破产清算制度不但不能成为债权保护程序，反而可能成为债务人逃债的“饕餮盛宴”，侵蚀市场信用制度，严重扰乱市场秩序。因此，所谓公平偿债应该是实有破产财产的实质偿债，不应成为无财产的走过场式程序表演。破产财产处置相关制度的立法现状，不但影响破产案件的公平与效率，也会导致破产案件的社会效果不佳，可能诱发破产制度的危机，导致破产制度“破产”。

第二节　破产财产处置中的行政协助问题

现代政治经济学理论认为，政府和市场是资源配置的明暗两只手，以不同方式对资源进行配置和控制。在市场不发达的区域，政府几乎成了唯一的资源配置主体，承担着社会资源管理和控制的庞大职权。而法院在资源管控领域存在相当的局限性，法院在处置破产财产时，涉及众多的行政事务。无论是对财产权属登记、财产转移、注销登记、税款征收，还是对隐匿财产追究刑事责任等都需要政府部门的配合与协助，单凭法院难以解决破产财产处置问题。

破产审判实践中，法院与管理人无法全面掌握与还原破产企业财产。一方面，在宏观经济管理领域，征信制度建设仍处于较低的水平，企业的信息对外披露少，对企业财务监管虚化，无法获取企业真实的财务信息。实践中很多破产企业财务账册不健全，甚至存在“做假账、两套账”等财务违法乱象，以及案件受理后债务人拒不移交财务账册或提供不完善财务账册，都让法院指定的破产管理人很难获取破产企业真实的经营状况、财产负债、现金流动等情况，对破产企业财产查明、查找造成了较大困扰。另一方面，在查明财产需要政府机构协助时，有的政府机构不了解破产制度，不了解管理人制度，对于持调查令前往调查破产财产的管理人不予以配合，有的政府管理部门对于管理人文书不予认可，有的政府部门在办理权属登记等手续时,仍然要求破产企业按正常企业要求提供资料。在打击逃废债过程中,法院移交侦查机关的涉嫌犯罪线索被搁置的现象屡见不鲜。

我国改革开放以来的实践证明,市场主体的成长,市场经济的发展与市场机制的培育都离不开政府职能的有效发挥,既不能抛开政府谈市场,也不能抛开市场谈政府,只有让政府与市场发挥合力方能更让资源配置更优化,要在坚持市场的基础地位的同时发挥政府权力行为的强制性优势。①

一、不动产登记问题

鉴于上述破产审判行政协助问题,泉州中院与泉州市政府共同制定实施《关于推进企业兼并重组的十条措施》及实施方案,从财政奖励、税费优惠、金融服务、司法保障等方面加强保障,构建了政策支持机制、联席会议机制、风险预警机制,财政保障机制、打击逃废债机制等六大破产配套机制。对于破产财产的处置,泉州中院联合市政府十部门共同出台《关于加快推进企业破产处置工作措施》,从不动产登记、税收、工商注销等多个方面制定了可操作性强的处置规范,推进了破产财产处置的法治化。如在焕辉公司破产清算案件中,焕辉公司 30 亩土地及约 3 万平方米厂房已缴交土地预约款 270 万元,但尚未签订《国有建设用地使用权出让合同》,尚欠款 264 万元,未办理不动产权登记,无法变现处置,经过启动泉州府院联动机制,在法院的沟通和协商下,政府允许焕辉公司到相关单位补办立项、环评、地灾、使用林地审核等手续,补签《国有建设用地使用权出让合同》,缴清土地出让金及相关税费后申请办理国有土地使用权和房屋所有权登记,经管理人向社会融资约人民币 300 万元缴纳国有土地使用权出让金以及土地增值税、契税等相关税费的共益债务,并在相关政府部门大力支持下,焕辉公司土地证已经办理完毕,为焕辉公司破产财产处置扫清了障碍。

---

① See Lawrence J. Lau, Yingyi Qian, Gerard Roland, *Pareto-improving Economic Reforms through Dual-track Liberalization*, Economic Letters, Vol. 55:2, p. 285 – 292(1997).

二、抵押登记问题

由于在破产之前企业经营状况恶化,破产企业财产被抵债、被转移,破产企业有价值的动产和现金几乎为零,担保物特别是不动产往往因无法快速变现成为破产企业唯一的财产,成为担保债权人和普通债权人共同依赖的责任财产,破产清算程序沦为实现担保权程序的案件所在多有。实践中有的造成有的产权重复登记,如三益钢铁有限公司破产清算案中,涉及厂区多处土地重叠颁证事宜。有的政府部门在不动产登记时缺乏统一的登记系统,登记内容要求不一,登记记载不准确,有的房产或地产单独抵押登记或分别抵押登记。对于优先受偿权范围及债权确认造成困难,并由此引发新的争议,导致处置担保物的过程冗长。如在惠安老爸公司破产清算案中,因某信用社对于该土地使用权没有办理抵押登记,惠安老爸公司管理人审查认定某信用社对惠安老爸公司提供的抵押物享有优先受偿权的范围仅限于房产及该房屋占用范围以内的国有土地使用权,对房屋占用范围以外的国有土地使用权不享有优先受偿权。某信用社因此提起破产债权确认之诉,经法院查明,某信用社与惠安老爸公司签订《最高额抵押合同》,对国有土地使用权及房屋抵押担保作出约定,虽然涉案土地没有专门办理抵押他项权证,但在房产抵押他项权证附记中载明抵押期限与涉案国有土地使用证号,且在登记机关抵押登记审批表中载明房屋评估价值 380.4 万元,土地评估价值为 4316.41 万元,抵押权利状况一栏载明抵押房屋面积为 2848.5 平方米,土地抵押面积 10,618 平方米。这表明登记机关已将土地抵押登记于不动产登记簿。且登记机关出具工作说明:在 2017 年 7 月 1 日前,房屋和土地抵押登记的,登记机关只在房屋他项权证附记载明土地证号,视为土地已经办理抵押登记,不再另行颁发土地他项权证。因此,法院确认登记机关已经将案涉土地在不动产登记簿作了抵押登记,具有登记效力。

第三节　破产财产的保值与增值问题

破产保全是为了预防财产流失,避免债务人转移财产或个别清偿,保障破产企业财产安全与破产审判进程顺利而进行的制度。

一、破产财产保全问题

然而，由于破产保全制度的不完善，未发挥应有的财产冻结作用，审判实践中利用破产保全制度漏洞转移、隐藏、偏颇性清偿、不配合义务、不解封等违法现象屡见不鲜，损害了破产制度的公平清偿性。

（一）破产保全时间不确定

《企业破产法》采用破产受理主义，[①]破产企业财产在受理破产案件之日起接管，对是否采取破产保全措施及采取时间缺乏规定，容易形成破产财产监管漏洞。

（二）破产保全范围狭窄

在我国现有的破产法律中，破产保全的范围仅限于银行存款、不动产、股权动产等财产，对公司财务账册、债务人行为、关联公司的财产的保全，缺乏明确法律规定。

（三）破产保全措施工具缺乏

近些年来，法院执行措施逐渐趋于完善，与银行、不动产登记部门等建立了相对完善的网络查控系统，提高了执行效率。尽管破产审判在理论上是概括执行，但破产实务部门在采取保全措施时，仍然无法使用执行网络查控系统等现成的制度红利，仍需要到现场人工查控，导致破产审判效率低下。

（四）债务人行为保全缺乏规范

债务人对于自身的经营状况和财产状况最为了解和熟悉，应承担相应的法律义务。虽然《企业破产法》对债务人也规定了相应的义务，破产程序立案前有申请义务，立案后应当配合法庭如实陈述其企业财产状况等义务，但对于债务人不遵守破产义务缺乏法律后果规定。例如，《企业破产法》第 7 条规定了债务人有提出破产申请的义务，但对不履行义务缺乏责任规制，也可以说违反破产法义务不用承担任何法律责任，债务人也几乎无人提出申请破产。据统计，我国自

---

① 《企业破产法》第 16 条、第 17 条、第 19 条、第 20 条、第 21 条规定的对债务人财产禁止个别清偿、有关程序中止、只能通过破产程序行使债权等，都是从“人民法院受理破产申请后”开始。

2004 年至 2008 年由债务人申请的破产案占案件总数的 1.5%。[①] 尽管《企业破产法》规定了债务人的移交财务账册、财产、印章以及列席债务人会议等配合义务，同样缺乏相应的责任规定。如此宽松的法律造成审判实践中债务人拒不配合，甚至“人去楼空”、玩“失踪”等破产乱象也不足为奇。要从财产保全扩大到行为、资料保全，特别是对于债务人法人代表、实际控制股东实施行为保全，不止于债务人对财产管理和处分行为，应包括限制居住旅行等行动自由、遵守法庭命令、交出财务账册等破产义务，对破产企业账簿要予以查扣、封存。[②]

（五）执行保全措施解除不能

依据《企业破产法》的有关规定，人民法院受理破产申请后，有关破产企业财产的执行程序应当中止，针对破产财产的一切保全措施均应予解除，这有利于管理人接管该财产并及时处置。然而，《企业破产法》并未对具体解除方式与时间作出规定，[③]法律后果规制缺乏，制度激励与制度惩罚机制皆不足，破产违法行为有了更大的制度空间，导致某些查封机构既不中止执行程序，也不及时解除查封、扣押、冻结等措施。有的查封机构在破产程序进行中仍然对债务人财产实施新的保全，甚至某些法院在接到中止执行通知书后仍擅自拍卖、变卖，分配破产财产行为，破坏了债务人财产的完整性，威胁债务人财产的安全。实践中解封问题因地方利益或个人利益令解封复杂化，如果依靠共同上级法院或最高人民法院协调，将耗时耗力，由受理法院到全国各地与执行查封机构协调，既付出了较大的破产财务与时间成本，也拖延了破产审判的进程，导致财产处置过程冗长，影响全体债权人利益。如先创电子破产清算案，先创电子是国内通讯行业的高新技术企业，国内 4G 标准的制定者之一，其母公司星辰通信在中国香港特别行政区上市。与其他债务人不同的是，其破产时资产较多，有大量的设备、资金、厂房、土地，在银行的 10 多个账户被全国 30 多个法院查封，银行账户现金有 2000

---

① 参见威海市中级人民法院本书组：《关于审理破产案件情况的调查报告》，载《山东审判》2009 年第 1 期。

② See Grant W. Newton, *Bankruptcy and Insolvency Accounting*, Practice and Procedure, Vol. 1, John Wiley & Sons, Inc., p. 118 (2007).

③ 全国人大法工委就此问题向最高人民法院复函指出，相关法院或行政机关未依据企业破产法第 19 条规定解除保全的，受理破产案件的法院可以径行作出解除对债务人财产的所有保全措施的裁定。但仍需出台解释对此问题作出明确规定。参见《最高人民法院关于企业破产法司法解释理解与适用——破产法解释（一）·破产法解释（二）》，人民法院出版社 2013 年版，第 173 页。

多万元,并有1亿多元应收账款。法院在立案之初,就对所有的银行账户、厂房、土地、设备进行了保护性查封,向全国各地法院发出了中止执行、解除查封通知函,对债务人法定代表人进行行为保全,限制其行动自由,确保债务人配合法院破产审判工作。对于各地法院不予以解封的,除了到当地法院协调解封,还积极利用回收应收款的机会动员已经申报债权的债权人自愿申请解封,解除了所有银行账户的查封,扣划了企业账户2000多万元现金到先创电子管理人账户。

二、破产财产追索问题

为了增加破产财产,保障债权人的权益。《企业破产法》规定了破产管理人对涉及债务人财产处分行为的未履行完毕合同选择权、撤销权、抵销权、代理诉讼等制度,制度目的在于防止和纠正债务人财产移转、不当清偿、无偿赠与等减少财产行为,以及通过诉讼等方式催收债务人怠于回收的应收款等维护破产财产的行为,最大努力追回本属于破产企业的财产,实现破产企业对第三人的债权,对破产企业的不当追索进行抗辩,追回债务人隐匿或转移的财产,甚至剥夺在破产受理前半年或一年已转让给第三人的财产,以保持和增加破产企业财产总量。然而,在破产审判实践中,由于债务人不配合履行义务,财务账册不健全,财产状况不明,合同及往来证据缺失,管理人激励与监督机制不足等原因,管理人无法或者不愿意行使上述权利,即使行使上述权利也不能得到支持,上述制度财产追加功能价值不能得到充分发挥。泉州法院为了促进破产企业债权回收,充分调动债权人的积极性,协调债权人积极参与。如在先创通信破产清算案中,鉴于先创通信在全国有31个办事处,与243家施工队签订承包合同,合作模式多元,主要工作是代理商或施工队负责,从业务洽谈、工程施工、工程验收、申请工程款、售后保修等均由其负责,先创通信仅提供资质、签订合同、收取工程款,根据承包性质及工作量收取3%~60%的管理费,其他款项返还给代理商、办事处或施工队。法院在签订合同有效的前提下,根据破产企业实际情况以及通信施工合同特点,考虑债权回收涉及全国243家施工队数万名农民工权益,同时代理商或施工队的施工维护及配合对于应收账款的回收起到至关重要的作用,如果无代理商或施工队的协助与配合,后续收款根本无法进行,制定了回收应收账款的方案,对于已收回的工程款,按普通债权对待,统一进行分配;对于尚未回收的工程款，按共有债权对待，由债务人与各代理商、办事处、施工队（各债权申报人）按承包合同约定的比例分割共有债权；同时，对于分割后属于债务人的债权权益，各办事处对于该类债权权益不享有分配权，由其他债权人分配。该方案实施后，法院积极协调税务机关开具税务发票，与全国各地的中国移动、中国电信、中国联通、中国铁塔等电信四大运营商联系协商，在多方努力下，截至 2020 年 4 月 9 日，先创通信已经回收应收账款 44，942，790.95 元。

三、破产财产腾空处置问题

破产不动产如何腾空处置是破产财产处置的一大“拦路虎”。以亿威公司破产清算案为例。该案中，在破产程序对其不动产处置之前，亿威公司的不动产大部分已对外出租，其中有 5 家租户与债务人企业签有房屋租赁协议，且该协议仍处于履行阶段。此外，宿舍楼中有职工占用职工宿舍的情况。因为不动产被承租与被占用情况的存在，执行工作对该不动产的处置陷入了僵局。破产管理人接手债务人企业后，积极与占用宿舍的职工与租户进行沟通，采取市场化的合法手段与其达成腾空协议，不动产拍卖前，为使破产财产可快速处置及后续买受人无障碍接收，管理人再次与占用人协商腾空事宜。房屋处置期间内，管理人不仅有效地防止了矛盾激化，增加了亿威公司的财产，也保障了占用使用人的生产经营，实现了多方利益的共赢。

四、破产财产中的股权处置问题

截至 2020 年 7 月，泉州中院共受理 84 件破产清算案件（其中 74 件“执转破”案件），其中涉及无产可破的 27 件，涉及有产可破的 52 件，另有 5 件撤回。有产可破的案件中，涉及股权处置的 13 件，不动产处置的 29 件。

关于股权处置，在破产案件审理中的焦点问题是债务人企业对外投资的股权如何确定价值并上网拍卖。在泉州中院上述涉及股权处置的破产案件中，已经拍卖成交的有 5 件，具体处置情况详见下表 4。

表 4　泉州中院审理破产案件涉及股权处置的概况

案件名称	股权是否已处置完毕	已处置股权的处置方式	处置股权价值确定方式	是否经过债权人会议表决通过
江南制冷破产清算案	处置完毕	网络拍卖	询价（参照同类股权拍卖最高成交价，交债权人表决）	是
亿威公司破产清算案	处置完毕	网络拍卖	询价（管理人拟定起拍价交债权人表决）	是
祥鸿集团公司破产清算案	尚未处置	网络拍卖均流拍	按祥鸿公司对外投资额为起拍价，交债权人表决	是
金迈王鞋服破产清算案	尚未处置	—	—	—
威兰西服饰破产清算案	尚未处置	—	管理人询价	是
佐岸服饰破产清算案	尚未处置	—	—	—
鑫盛达公司破产清算案	处置完毕	网络拍卖	管理人调查询价	是
意利王制衣破产清算案	尚未处置	—	管理人调查询价	是
丰顺公司破产清算案	尚未处置	—	—	—
红门鹰时装破产清算案	处置完毕	网络拍卖	网络询价	是
鑫宇建设破产清算案	尚未处置	—	—	—
富贵鸟股份破产重整转清算案	处置完毕	网络拍卖（连其他资产一并处置）	评估（含其他资产一并评估）	是
鑫华股份破产清算案	尚未处置	—	—	—

以江南制冷破产清算案为例，该案为泉州市第一例“执转破”案件，由泉州中院院长亲自担任审判长。2018 年 7 月 5 日，泉州中院裁定受理，2019 年 7 月 5 日裁定终结程序。江南制冷的主要资产为对外投资的 3 家公司的股权，即泉州农村商业银行股份有限公司若干法人股、福建石狮农村商业银行股份有限公司若干法人股及石狮市长城电器贸易有限公司若干股份。执行程序在公司股权处置方面的市场化方式有限，且在梳理清晰债务人的债权债务关系之前，难以消除潜在买受人对或有风险的顾虑。在破产程序中，由于江南制冷的银行存款仅有 4.76 万元，为减少破产费用支出，管理人将通过综合调查（主要通过网络公开交易平台）核定的股权价值写入破产财产变价方案并经债权人会议表决通过。上述股权经网络平台公开处置，顺利成交，普通债权清偿率约 20.49%，执行程序中股权处置的“老大难”问题得以解决。

江南制冷解决的是可网上调查核定股权价值的情况，但更多的是债务人对外持有的股权无法通过网络公开交易平台调查其拍卖成交或流拍情况确定，而需要管理人以层层剥茧的方式进行调查确定。在鑫盛达公司破产清算案中，鑫盛达公司属于无场地、无经营管理人员或员工、无实物资产的“三无”企业，且其法定代表人等均失联，而鑫盛达公司存在对外持有 5 家企业各 51% 的股份的情况。经管理人调查，鑫盛达公司对上述 5 家企业的出资均未到位，该 5 家企业注册地址均无企业经营痕迹，税务登记已注销，名下查无财产，无涉诉、涉执行情况，也无法获取企业财务信息。管理人依据调查结果提出以 2500 元作为鑫盛达所持的上述 5 家股权的整体打包起拍，并设置一拍不成交即放弃处置的变价方案提交债权人会议表决通过后进行网络公开拍卖，最终以 10，500 元拍卖成交。这里需要注意的是，债务人企业对外持有的长期股权若因流拍被放弃处置或因显著无价值经债权人会议表决通过放弃处置予以核销的，可能会影响债务人企业的破产注销进程，这种情况在破产企业中并不少见，但是不是都需要对被投资企业提起强制清算申请；如果不提起，则对外持有股权的破产企业无法注销，这些如何处理都需要法律或司法解释给予明确的规定。

第四节　破产财产中的知识产权资产处置问题

很多破产企业在前期经营过程中，积累了一定的知识产权资产，包括商标专用权、专利权、著作权、商业秘密（经营性秘密、技术秘密）等。由于知识产权无形性，以及处于破产阶段企业的知识产权资产价值一般已严重贬损，故传统的破产企业财产处置，主要关注对传统财产如动产、不动产、股权、对外债权等的查明、控制、追收、变现、分配，极少关注对知识产权资产的处置。但是，不可否认，知识产权是企业的核心资产，具有巨大的经济价值，尤其是对于研发型、创新型企业而言，知识产权是其在竞争激烈市场中的立足之基。在强调保护知识产权、激励创新的社会环境下，破产财产处置过程中，重视并加强对破产企业知识产权资产的查明、保护、变现，达到破产企业财产价值最大化，进而实现对债权人最大限度的清偿，是妥善处理破产财产的关键一环。

一、破产企业知识产权资产的处置原则

（一）资产价值最大化原则

知识产权资产价值最大化，应着眼于从点到面的全面考量。首先，变现价值的最大化。无论是破产重整还是破产清算，其程序目的均是通过破产企业财产价值的最大化，实现企业减负重生，重新出发并参与市场经营；或是实现对债权人进行最大比例清偿，企业清算退出并豁免剩余未结债务。因此，破产企业知识产权资产的处置，应当采取对破产企业、全体债权人最为有利的变现方式，并以提高被处置财产的价值为目标。

其次，运营效益的最大化。不同于传统的破产财产，知识产权因其无形性，难以用传统的手段、方法对其进行直观量化，其价值主要依附于企业经营状况，相关经济效益、市场价值需要在运营过程中体现。运营良好、经营正常的企业，其知识产权的价值肯定高于破产企业的知识产权价值。企业进入破产阶段后，与企业商誉相关的商标、商号价值会极度贬损，但不可否认，专利、技术秘密等技术类与企业商誉相对独立的知识产权，受破产因素的负面影响较低。即便企业破产，相关知识产权仍可通过后续转让、转换应用，产生持续、稳定的经济效应。对该类知识产权资产而言，因企业破产被处置仅产生运营主体的变更，其本身负载的技术方案、市场价值并不遭受直接的贬损。故应本着实现知识产权效益最大化的理念，从持续经营的角度出发，制定切实可行的处置方案，实现知识产权运营价值最大化。

（二）效率优先原则

破产企业属特殊的、非完整权能的市场主体。进入破产程序后，企业经营处于非正常运营状态。破产管理人行使管理权，进行相关资产处置行为的首要目的，在于尽快厘清资产状况，提出切实可行的重整再生或清算退出方案。破产制度的功能在于通过特殊的债权债务清理，实现有存续价值的企业减负重生、无存续价值的企业清算退市。迅速了结因破产事由产生的各类债权债务关系，是破产程序的核心工作。因此，对各类破产资产的处置，均以效率为首要追求目标，快速清查、变现、清偿，快速了结各项破产事务。

（三）多方利益平衡原则

企业破产除涉及债权债务清理外，还涉及职工、社会公众（其他无辜合同相对人等），影响面广，牵一发动全身。与传统的“债权人中心主义”不同，现代破产法目标更加多元，更加强调破产的损失分担功能。凡是受到破产企业消极影响的相关主体均应在破产制度设计的考虑范畴。[①] 破产程序的推进，必须兼顾破产企业、债权人、职工、社会公众各方需求，因此，破产财产价值的确定、变现手段的选择，要兼顾破产企业、债权人、社会公众的利益，在追求效率的基础上兼顾公平，兼及平衡多方利益。

二、破产企业知识产权资产处置的难题

（一）查找固定难

进入破产阶段，企业的经营陷入停顿，包括管理层在内的员工均处于待遣散状态，管理混乱。财产信息缺失或不完整，线索不清晰，财产清理工作量大。由于对企业经营前景缺乏信心，留守人员对财产调查工作配合度低。

与传统财产清理不同，知识产权类的资产主要记载于权利证书、原始的研发文件、实验数据、企业经营档案等文字性资料，其权利有效性的证明更多依托于规范的档案管理。如企业陷入停滞状态，对相关知识产权资产的查明，难度极高。除非能够确保完整高效的文件、书证交接，新进入的破产管理人面对陌生的工作环境，混乱的文书档案，几乎无从下手，难以有效进行权利清理。对于依登

① 参见杨忠孝：《破产法上的利益平衡问题研究》，北京大学出版社2008年版，第46页。

记产生的知识产权，如专利、商标等，可以通过向相关行政主管部门查询，获知相关权利的有无、数量、状态，但对无须登记产生的知识产权，如著作权、技术秘密等，则无从有效查清。破产初期的混乱状态，也极容易导致知识产权的不当流失。

（二）价值确定难

高效、公正的估价，是财产变现的基础。但是，如上所述，知识产权属无形财产权，且破产事实本身也会对知识产权的市场价值产生负面影响。在企业破产阶段，破产管理人、中介机构均难以依据传统的手段、方法对知识产权的价值进行有效评估，需依托专业中介机构进行评估。但是，有关知识产权资产的评估理论、市场运作体系、评估标准以及评估专业机构和人员的执业标准，均仍在发展过程中，致使产权的价值评估更加艰难。

当前，破产中介机构的从业人员以律师事务所、会计师事务所等中介机构的从业人员为主，且主要工作内容是对传统企业、传统类别财产的破产出清。为此，需改善管理人团队的结构，在具体破产个案中，如涉及较大规模的知识产权资产管理、处置、变现的，法院有必要根据实际情况，指导破产管理人吸收熟悉知识产权运营特点，具有专业知识、经验能力的人员参与破产管理团队，确保团队成员组成合理、运作高效、解决问题及时。健全知识产权评估体系，可以助推知识产权交易的顺利进行，盘活知识产权资产，优化资源配置，维护破产企业、债权人的合法权益。

（三）变现受益难

如前所述，至破产阶段，知识产权财产本身因企业的破产事宜而贬损，变现成本高，变价难度大。

企业商标、商号等人身性的知识产权，属其个性化资产，不具有通用性，市场流通度低。以商标为例，除区分商品的来源外，通常还和企业的商号连接，承载企业的经营信誉。进入破产阶段的企业，其商誉已极度贬损，相关商标、商誉已基本不具备变现价值，基本不存在愿意承接该些资产的其他主体。对该些资产的处置，极易成为无益管理行为。

对于专利等技术类知识产权，虽受企业破产的直接冲击相对较少，但因技术领域划分，其流通仍主要限于特定市场领域，承接对象也主要限于同行等特定经营主体。与传统资产变现相比，其在流通领域、承接对象方面，仍受较大限制。

三、知识产权资产处置实践

如上述，专利因其所负载技术信息、转换应用的独立性，其价值受破产的影响较低，是破产阶段可处理的核心资产，具有典型性，故下文对知识产权资产的变现实践分析以专利为对象展开。

（一）待履行合同的处置——以专利许可合同为对象的考察

依据《企业破产法》第 18 条，①进入破产程序后，以破产企业为许可人的专利许可合同，破产管理人可采取的处置方式有解除合同或继续履行。

1. 明确通知解除合同

通知解除合同的，包括明确通知解除，自破产受理日起 2 个月内未通知对方当事人解除默示解除，以及收到对方催告日起 30 日内未答复或者对方当事人要求管理人提供担保但管理人未能提供担保的推定解除，是法律赋予破产企业的法定解除权。合同解除的，未履行部分不再履行。

预期收益：获得对作为合同标的物的所授权专利的完整处分权，可通过对专利权的完整变现，作为破产财产对破产债权人进行清偿。

预期风险：合同未履行部分的预期许可费收益落空；有可能面临合同相对方发动的违约诉讼，产生新的破产债务。

2. 继续履行合同

合同继续履行，包括明确通知继续履行，以及经相对方要求提供适格担保后的继续履行。

预期收益：维持合同关系稳定，不会面临违约诉讼；原定合同期内许可费收益，可作为破产财产进行分配。

预期风险：一是被许可方可基于不安履行抗辩，要求管理人提供合适担保，如无法提供合适担保，视为解除。被许可方要求提供担保，产生额外的担保责

---

① 《企业破产法》第 18 条规定："人民法院受理破产申请后，管理人对破产申请受理前成立而债务人和对方当事人均未履行完毕的合同有权决定解除或者继续履行，并通知对方当事人。管理人自破产申请受理之日起二个月内未通知对方当事人，或者自收到对方当事人催告之日起三十日内未答复的，视为解除合同。管理人决定继续履行合同的，对方当事人应当履行；但是，对方当事人有权要求管理人提供担保。管理人不提供担保的，视为解除合同。"

任。在企业已处于破产的情况下，担保人、担保形式、担保责任的确定，尤为艰难。二是合同期内以及期满之后，对专利的持续改进，增进效益，需要持续投入。三是许可合同期满后，实现持续运营，实现专利价值的综合成本问题。许可合同期满后，其余财产均已处理完毕，除非专利价值巨大，否则，作为一个单独事项，重新要求破产管理人、债权人会议、破产法院专就此事项重启运作，会产生额外的巨大社会成本，不符合实际情况。

可见，无论是解除合同还是继续履行，均伴随收益与风险，需要破产管理人基于破产企业、债权人利益最大化考虑，审慎抉择。笔者认为，鉴于专利许可合同的特殊性，可以尝试以下途径。

一是赋予被许可方更大的选择权。专利是否具有市场价值，合同应否继续履行，作为合同主体的当事双方最有发言权。在许可方因故破产的情况下，被许可方是被动带入破产程序，被迫要求进行合同解除还是继续履行的选择。在此情况下，应适当照顾被许可方利益，尊重其选择权。如其选择按原合同履行并分期支付许可费，或要求提前交纳许可期内的全部费用，获得原合同期内的使用权的，管理人应予准许。破产企业对外转让专利权的，受让人取得完整专利权，但运营收益方面，则须承受允许被许可方按原合同正常使用的权利负担。

二是创新此类资产的变现方式，允许专利权带许可合同转让变现。类似不动产带租约拍卖，经释明权利负担后，受让人仍愿意受让专利权的，其需继受原合同主体地位，履行对被许可人的各项义务。至于破产企业依原合同可取得的许可费预期收益，可作为价值估量因素，涵括进价值评估中，作为受让人受让报价参考。

（二）知识产权资产的变现

原则上采非竞价方式。破产财产的变现以有利于破产财产价值最大化为原则，方式包括竞价与非竞价。按我国现行《企业破产法》及司法解释的规定，破产财产的变现以竞价为原则，非竞价为例外。如前所述，基于知识产权资产的无形性，有限流通性，应以非公开竞价为主。可通过经债权人会议事先授权，或事后表决追认的方式，赋权有破产管理人在非公开市场寻找合适买家，以议价方式确定转让价格。

单独出售为原则。传统破产财产的变现,以整体出售为原则,单独出售为例外。但是,基于知识产权资产的特殊性,其价值确定、受让对象与传统财产均有较大区别,因此,对其处置应单独进行,分别进行估价、议价、转让。

第六章　小额债权人破产保护与劣后债权的实践运用

第一节　小额债权人的破产保护[①]

一、小额债权人破产保护的实践

(一)小额债权人破产保护的模式

对小额债权人的破产保护有两种模式:一种模式是对小额债权即时清偿,例如,《法国商法典》第621－78条第2款规定,在固定的债务的5%的限额内,按债权数额由小到大的顺序排列,金额最小的债权,既不减免也不延期,即可得到偿还,但每笔债务不得超过法令确定的数额。[②] 另一种模式是在重整计划表决时将小额债权人作为特别的一组。例如,《美国破产法》第1122条(b)款规定,重整计划可以设计一种单独的债权分类,只包括法庭出于管理的方便而确认的少于或被缩减到特定数额的未担保债权。[③]《德国破产法》第222条第3款也规定,小额

---

① 小额债权人破产保护有很多方式,本部分仅从债权清偿方案设定的角度进行研究。

② 参见李飞主编:《当代外国破产法》,中国法制出版社2006年版,第385页。

③ 参见李飞主编:《当代外国破产法》,中国法制出版社2006年版,第656页。

债权人可以建立特别小组。① 我国采用第二种模式，《企业破产法》规定人民法院在必要时可以决定在普通债权组中设小额债权组对重整计划草案进行表决。

（二）小额债权人破产保护的泉州实践

泉州法院着重从债权清偿方案的设计上，加强对小额债权人的保护，取得了良好的实践效果。

安溪茶厂重整案件中，在重整计划草案提交债权人会议表决之时，共有财产担保债权人 2 家，债权额合计 65,501,812.90 元（由于抵押物估值不足以覆盖财产担保债权人申报的债权，其中 26,519,987.10 元债权转为普通债权），普通债权人 132 家，债权金额合计 279,800,315.42 元（含前述 26,519,987.10 元）。经过对债权人进行进一步分析，从债权人的身份看，普通债权人中有 83 名茶农债权人，是普通债权人中最多的一类；从债权金额看，债权金额最小的不足 1000 元，债权金额 10 万元以下的债权人有 77 家，这些小额债权人与茶农债权人重合度很高。经评估，重整计划草案提交时，安溪茶厂用以清偿普通债权的财产价值为 41,541,260.70 元，铁观音集团拨付给安溪茶厂用以提高普通债权清偿率的金额为 5,864,014.38 元。如果以 10 万元为分界线，债权金额 10 万元以下的部分按照 40% 的清偿率清偿，债权金额 10 万元以上的部分按照 16% 的清偿率清偿，仅需多支付不足 130 万元对小额债权进行倾斜保护，这与用于清偿普通债权的债务人财产金额（约 4700 万元，包括了铁观音集团另行提供用于提高普通债权清偿率的 5,864,014.38 元）相比，几乎不值一提，但却让安溪茶厂的重整计划草案获得了 94.44% 的普通债权人支持。②

旗牌王服饰、旗牌王制衣、宝龙制衣合并重整案中，基于对债权金额分布、债权人人数的考虑，侧重保护小额债权人利益，对金额在 5 万元以下的债权按 100% 的清偿率进行清偿，获得了 88.68% 的普通债权人的支持。③

---

① 参见李飞主编：《当代外国破产法》，中国法制出版社 2006 年版，第 86 页。

② 参见福建省泉州市中级人民法院民事裁定书，（2016）闽 05 民破 2-4 号。

③ 参见福建省泉州市洛江区人民法院民事裁定书，（2016）闽 0504 破 2 号之五。

二、小额债权人利益保护的必要性

(一)小额债权的特殊性

破产实践中,小额债权性质上与其他普通债权一样都是债权,但从债权产生的源头及功能看,小额债权有其特殊性,例如,茶农债权人因种植茶树出售茶青享有债权;人身损害赔偿债权人,由于受人身侵权行为而享有债权。这与通过资金流通获利而形成的大额民间借贷、金融借款等债权从权利的产生、功能看应该是有区别的,对其倾斜保护也体现了对劳动权、生存权、健康权的保障。根据《企业破产法》的规定,这些小额债权人只能在担保债权、劳动债权、税收债权清偿后才能作为普通债权之一按比例获得清偿,对小额债权人极为不利,有必要通过债权清偿方案的调整给予倾斜保护。

(二)小额债权立法保护的不足

《企业破产法》第 64 条、第 84 条、第 97 条对债权人会议表决方式进行规定,表面上兼顾了债权人的人数和债权额两方面,但前述规定中"债权人人数过半"均是以出席债权人会议的债权人为基数的,"破产程序既是一个经济过程,也是一个政治过程,确保全体债权人的共同利益基础上的民主参与至关重要。民主的过程需要大量的成本,而破产财产已经远远不足以支付这些费用,因此,债权人都参与债权人会议不是一个最好的选择"。[①] 小额债权人由于其债权金额小、参加债权人会议成本过高(尤其是异地召开的债权人会议),最有可能不参加债权人会议,该部分债权人的意志就被忽略了。《企业破产法》第 82 条虽然规定人民法院在必要时可以决定在普通债权组中设小额债权组对重整计划草案进行表决,但实践中小额债权组的设立目的往往仅是确保重整计划草案通过,小额债权人利益保护仅是小额债权组设定的附带效果而非追求目标之一了。

(三)表决事项通过的现实考虑

破产所涉及的债权清偿方案,不论是破产财产分配方案、重整计划草案还是和解计划草案,都需要以债权人表决通过为基础,因此如何合理制定债权清偿方案,平衡债权人之间、债权人和股东、投资人的利益,获得更多债权人的支持是债

---

① 贺丹:《破产重整控制权的法律配置》,中国检察出版社 2010 年版,第 33 页。

权清偿方案拟定方所要考虑的核心问题。基于《企业破产法》对表决人数的限制性规定，争取人数最多的普通债权人，尤其是小额债权人的支持是管理人的首要工作。从时间上、受偿金额上给予小额债权人倾向保护，所需占用的破产财产较小，但却能获得大量小额债权人的支持，因此基于表决事项通过的现实考虑，债权清偿方案的拟定方也有内在驱动力对小额债权人予以倾向保护。

三、小额债权人保护的模式

破产实践中，法院可以通过对债权清偿方案进行调整的方式实现对小额债权人的倾斜保护，有普通债权分段递减清偿和小额债权分组优惠清偿两种方案，①前者虽然缺乏破产立法的明确规定，但在破产实践中运用更多。②

（一）普通债权分段清偿的依据

选择普通债权分段递减清偿而非小额债权分组优惠清偿的依据在于，前者对于债权平等性的维护更优、更有助于重整计划表决通过。

1. 债权平等性的维护

债权的平等性是债的基本属性，《企业破产法》规定重整计划草案采取分组表决的方式，原因在于参加表决的人不限于债权人，还包括了股东，且享有表决权的担保债权人、劳动债权人、税收债权人、普通债权人等，这些主体在清偿顺位、清偿可能、利益需求方面也迥然有别，③对同等权利给予同等对待，不同权利按顺位公平清偿，是《企业破产法》分组表决的立法初衷，是对债的平等性和公平原则的贯彻。《企业破产法》第 82 条规定的小额债权组则违背了该立法初衷，最

---

① 普通债权分组优惠清偿是指小额债权作为独立的一组获得高于其他普通债权受偿比例的清偿；普通债权分段递减清偿指的是小额债权不单独分组，而是纳入普通债权组，并采取分段按比例递减的清偿方式，小额债权整体上获得大于其他普通债权的受偿比例。参见韩长印：《从分组到分段：重整程序中的小额债权清偿机制问题》，载《法学》2019 年第 12 期。

② 参见韩长印：《从分组到分段：重整程序中的小额债权清偿机制问题》，载《法学》2019 年第 12 期。

③ 有财产担保的债权人，其债权已经有财产担保实现，由于根据《企业破产法》第 75 条第 1 款的规定，重整程序的存在反而会在一定时间内阻碍担保物权的实现，其并无动力积极追求重整成功；劳动债权人清偿顺位在先，一般都能得到全额清偿，但重整成功可能为职工保留现有劳动岗位，因此劳动债权人对重整不会持反对意见；普通债权人对重整的态度则取决于清偿率，实践中由于清偿率低，小额债权人容易对重整采取对抗的态度。股东是最渴望重整成功的表决主体，因为重整成功后可能保留一小部分股权，获得一定的企业控制权，即使没有也不会比清算的情况更糟。

终结果是小额债权人获得了优于同类其他普通债权人的清偿，相当于为小额债权创设了一个优先级顺位。[①] 普通债权分段递减的债权清偿方案可以实现小额债权分组优惠清偿的功能，虽然也可能存在损害大额普通债权人的部分利益，但债权分段清偿是在同一普通债权组下的统一安排，大额债权人的小额债权部分也享有相同的优惠清偿率，这对债的平等性冲击较小。

2. 重整计划草案表决通过的现实考虑

财产分配方案、重整计划草案、和解计划草案的通过均源于债权人表决，虽然法院有强制裁定通过的权利，[②]但强制裁定往往受到更多法定条件的约束，[③]更容易引发债权人的责难和社会的非议，[④]因此法院更倾向于要求管理人或债务人妥善拟定财产分配方案、重整计划草案、和解计划草案，平衡各方主体利益，通过债权人会议表决通过相关决议而非启动强制裁定程序。小额债权优惠清偿的方案将普通债权人为以金额为线进行分组，更容易引发大额债权人的对抗心理；债权分段递减清偿的方案对于所有普通债权的小额部分都给予优惠清偿，可以减少大额债权人的对抗心理，更有利于普通债权组的表决通过。事实上，只有在所有表决组都可能反对重整计划草案，而《企业破产法》第 82 条又规定至少一个表决组表决通过的情况下重整计划草案才具备强制裁定批准的法定条件，此时设定小额债权组才有现实意义，但以此为目的的小额债权分组并非立法的初衷，也难以获得法院的强裁认可。

（二）分段清偿标准界定的考量因素

对普通债权进行分段清偿，应兼顾小额债权人利益保护和大、小债权人利益平衡两个方面。一方面，应考虑个案中小额债权的种类、金额、人数、大额债权人数、金额等因素，合理界定分段标准和优惠清偿率，实现对小额债权人的利益的保护；另一方面，应注意到，不论是债权分段清偿还是小额债权分组优惠清偿，小

---

① 参见张钦昱：《论公平原则在重整计划强制批准中的适用》，载《法商研究》2018 年第 35 期。

② 《企业破产法》第 65 条第 2 款规定，破产财产的分配方案经债权人会议二次表决仍未通过的，由人民法院裁定；第 87 条规定，法院在一定条件下可以强制批准重整计划草案。对于和解计划草案，《企业破产法》没有赋予法院强制批准的权力。

③ 《企业破产法》第 87 条规定了严格的强制裁定的条件。

④ 法院强制裁定批准江西赛维重整计划草案时便在网上引发大量的讨论，参见奇奇：《江西赛维重整计划草案被法院强裁 12 家债权银行成冤大头》，载新浪财经网，https://finance. sina, cn/bank/yhgd/2016 - 10 - 09/detail-ifxwrhpm2717413, d, html? form = singlemessage。

额债权人获得倾向保护都以大额债权人的清偿金额减少为对价，因此管理人或债务人在拟定分段清偿方案时把握几个原则：

第一，大额债权人的受偿金额与没有分段清偿情况下的受偿金额仅是适当且可能被接受的减少；

第二，意向投资人的投资以及重整企业继续经营获利的存在，大额债权人受偿金额仍高于清算条件的受偿金额；

第三，大债权人和小债权人的实际清偿率的差别是可能被接受的；

第四，采取债权分段清偿方案后可能获得小额债权人的支持情况以及对待表决事项顺利通过的作用。

为了让大额债权人、小额债权人支持重整计划草案，重整计划草案应当披露债权分段清偿对大、小债权人的影响程度以及重整成功与否对全体普通债权人的影响程度、意向投资人因重整用以提高普通债权清偿率的金额，以便于全体普通债权人更明晰重整以及债权分段清偿对其清偿比例的影响，更理性地行使债权人的表决权。

第二节　劣后债权的实践运用

债务人资不抵债时，众多债权人将就债务人有限的财产进行受偿，不可避免地形成了债权人的权利之争。虽然债权具有平等性，但从权利产生原因、权利性质等方面而言，债权客观上存在差别，不加区分地按比例清偿是不合理、不科学的，因此基于实质平等的考虑，世界各国的破产立法大多对破产债权进行类型化区分，不同位阶的债权按不同顺位进行清偿。

一、劣后债权和除斥债权的选择

（一）我国有关劣后债权、除斥债权的规定

《企业破产法》对破产债权类型的规定较简陋。2002 年 9 月 1 日施行的《破产案件若干问题规定》曾列举了不属于破产债权的类型，但并没有被吸纳在现行《企业破产法》中。《企业破产法》明确规定了优先债权和普通债权两个债权类

型及顺位,[1]对于劣后债权、除斥债权这个世界各国破产法普遍规定的债权类型却没有涉及,仿佛破产债权除了优先债权之外,都是普通债权。2018年3月4日最高人民法院印发的《破产审判工作会议纪要》首次规定劣后债权及债权清偿基本原则。

从司法实践角度出发,除斥债权是不认定为破产债权的债权,劣后债权是清偿顺位在普通债权人之后的债权。结合《企业破产法》《破产案件若干问题规定》《破产审判工作会议纪要》等零散规定,劣后债权类型如下:[2](1)破产案件受理后产生但不能纳入破产费用、共益债务范围内的债权,例如破产案件受理后的债务计息、[3]欠缴款项的滞纳金(包括债务人未执行生效法律文书应当加倍支付的迟延利息和劳动保险金的滞纳金);[4](2)股权或类似股权的债权,例如债务人开办单位应收的管理费、承包费;(3)债权人实现债权的费用,例如参加破产程序支出的费用;(4)丧失胜诉权的债权。我国现行破产法规定的劣后债权类型如下:(1)公法债权;[5](2)惩罚性债权;[6](3)关联不当债权。[7]

(二)劣后债权模式的选择理由

劣后债权和除斥债权反映了破产法的选择。债务人资不抵债时,一些特别债权人不宜与普通债权人放在同等顺位清偿,否则有违公平原则。对此,有两种

---

① 优先债权包括有财产担保的债权、法定优先债权、劳动债权、税收债权。

② 《破产案件若干问题规定》第61条第1款第(一)(三)(六)项规定除斥债权已经被《企业破产法》及其司法解释所修改,即根据《破产审判工作会议纪要》的规定,破产案件受理前的行政、刑事惩罚性赔偿可以劣后于普通债权清偿;债务利息的止付时间是破产案件受理日而非破产宣告日;债权人在财产分配开始后申报债权并非不能获得确认和清偿,而是不能对已经分配的部分主张权利。

③ 《企业破产法》第46条第2款规定,附利息的债权自破产申请受理时起停止计息。

④ 《企业破产法司法解释三》第3条规定,破产申请受理后,债务人欠缴款项产生的滞纳金,包括债务人未履行生效法律文书应当加倍支付的迟延利息和劳动保险金的滞纳金,债权人作为破产债权申报的,人民法院不予确认。

⑤ 《破产审判工作会议纪要》第28条规定:"对于法律没有明确规定清偿顺序的债权,人民法院可以按照人身损害赔偿债权优先于财产性债权、私法债权优先于公法债权、补偿性债权优先于惩罚性债权的原则合理确定清偿顺序。……破产财产依照企业破产法第一百一十三条规定的顺序清偿后仍有剩余的,可依次用于清偿破产受理前产生的民事惩罚性赔偿金、行政罚款、刑事罚金等惩罚性债权。"

⑥ 同上书。

⑦ 《破产审判会议纪要》第39条规定:"……关联企业成员之间不当利用关联关系形成的债权,应当劣后于其他普通债权顺序清偿,且该劣后债权人不得就其他关联企业成员提供的特定财产优先受偿。"

立法选择，一是选择除斥债权制度，将这些债权排斥在破产债权之外；二是选择劣后债权制度，即将这些债权劣后于普通债权清偿，但该债权人仍享有一定破产程序、实体权利。笔者认为，《企业破产法》应选择劣后债权的立法模式，并对劣后债权的内涵、类型、权利、限制予以规定，以适应破产审判的需要。理由如下：

1. 有利于保护债权人合法权益

无论是劣后债权还是除斥债权，其设立的目的都在于，当企业资不抵债时实现公平清偿，避免公法债权人“与民争利”、避免对债务人的惩罚转移至普通债权人、避免关联债权人进一步损害普通债权人的利益。为了实现这一制度价值，将这些债权的清偿顺位置于普通债权之后即可，没有必要否认债权的实体存在。惩罚性债权、公法债权等债权虽比较特殊，但是依法成立的债权，应当给予受偿机会，因此该等债权有进行保护的必要性和合理性。① 劣后债权制度相比之完全否认债权存在的除斥债权制度，更能实现保护债权人利益的破产法立法目标。

2. 有助于促使债务人依法经营

破产企业通常是无法清偿全部债务的，但也存在某些特殊的情况，如土地、房屋、股权价值暴涨，导致清偿完毕普通债权后，企业财产尚有剩余。如果将前述特殊的债权列为除斥债权，即使企业有剩余财产，这些特殊债权人也无法获得清偿，如果将剩余财产分配给对违法行为可能负有责任的股东，而不交纳罚款等惩罚性债权，显然会放纵违法行为，是不公平的。② 因此将惩罚性债权、公法债权、关联不当债权等列为劣后债权，更有助于敦促债务人的股东、高级管理人依法经营，制约违法行为，维护国家机关的权威。

3. 与管理人法定职责相符

直接界定除斥债权，与管理人审查债权的这一破产法规定的职责相悖。对申报人申报的债权进行审查，是管理人的法定职责，破产法不宜仅因债务人具备破产原因便将债务人依法应承担的债务免除，而应考虑到企业资不抵债的现状以及权利冲突解决的客观需要，设定合理的权利顺位，通过劣后债权制度，既认可依法存在的债权，又不对普通债权的清偿造成不合理的影响。至于债权应否确认，应交管理人审查认定，破产法不宜径行通过立法否认实体债权，仅宜对债

① 参见李永军：《破产法律制度》，中国法制出版社2000年版，第187～188页。

② 参见王欣新：《论破产程序中劣后债权的清偿》，载《人民法院报》2018年7月4日，第7版。

权清偿顺位进行立法安排。

二、劣后债权类型化分析

劣后债权内部存在不同类型，为了实现“同种权利同样对待”的公平清偿目标，基于补偿性债权优于惩罚性债权、私法债权优于公法债权这一普遍认同的权利顺位，可以从补偿性债权、惩罚性债权的角度对破产债权进行类型化区分，每个类型内部再区分为私法补偿性债权、公法补偿性债权、私法惩罚性债权、公法惩罚性债权。

（一）补偿性债权

1. 私法补偿性债权

（1）受理后的利息

《企业破产法》第 46 条第 2 款规定，附利息的债权自破产申请受理时起停止计息。该规定的立法目的在于，为了破产程序的顺利推进，有必要在债权人申报债权时确定债权的具体金额。这在债务人资不抵债，普通债权尚无法全额清偿的情况下，优先保证债权人本金和破产案件受理前的利息具有合理性。这是在普通债权尚无法全额清偿的情况下的立法选择，并非破产案件受理后产生的利息不具备受法律保护的正当性。如果清偿普通债权后仍有剩余破产财产，在没有清偿破产案件受理后的合法利息前，将破产财产用于清偿惩罚性债权、公法债权或分配给股东，便失去前述合理性、正当性基础。因此，如果存在普通债权人清偿完毕后尚有剩余财产的，破产案件受理后的债务利息宜界定为劣后债权，如此既可以实现破产债权的确定性，又可以在特殊情况下保护债权人的合法权利。

（2）关联不当债权

根据《破产审判工作会议纪要》第 39 条的规定，关联企业成员之间不当利用关联关系在破产案件受理前形成的债权为劣后债权。该中劣后债权，从主体上一般是企业的股东、兄弟公司、对企业有控制权的人，该债权的形成一般有以下几种情形：

第一，出资不实，抽逃出资。股东对公司的债权应从两个层面分析，如果股东的债权是合法形成的债权，不存在其他不公平、不诚信的行为，则该债权依法确认为普通债权，但股东补缴出资之前，其债权不受清偿，不得主张债务抵销；如果股东对公司的债权系股东利用其控制地位不当形成,则即使股东补足出资,该债权也应认定为劣后债权。例如,孙某某与刘某某、力通公司破产债权确认纠纷一案中,山东省威海经济技术开发区人民法院认为刘某某作为公司股东,在抽逃出资而对公司负有债务的情况下对公司形成的债权,如果直接抵销履行补充抽逃出资的义务,将侵害其他债权人的利益。①

第二,股东出资虽然到位,但明显无法满足公司正常经营的资金需求,公司经营需要依靠股东借款维持。股东借款给公司的情况应根据个案具体分析,区分公司设立之初便通过贷款维系公司运营,或是公司运营出现困难,股东为帮助公司脱困而借款。前者债权应被确认为劣后债权,后者债权则不能被确认为劣后债权。例如,四川省广安市前锋区人民法院认为,在公司注册资本远小于公司正常经营所需资金时,为保障公司正常经营,公司向股东筹集资金,在公司破产清算时,股东对公司所享有的债权,属劣后债权,其清偿顺序在普通债权之后。②

第三,股东或其他控制人利用控制地位,违反诚实信用原则,利用其与公司的关联关系,作出损害被控制公司利益的行为并因此对被控制公司享有债权。《公司法》第 20 条、第 21 条、第 147 条规定了股东及董事、监事、高级管理人员的忠实义务。如果股东或其他控制人利用其控制地位,违反诚信义务并因此获得对公司的债权,则该债权劣后于公司普通债权人。例如,联建中国公司与联建香港公司破产债权确认纠纷一案,生效判决认为联建香港公司利用关联交易损害联建中国公司利益,不当减少了联建中国公司的交易所得,联建中国公司借款亦发生于上述交易年度之后,损害联建中国公司利益的行为与借款必要性存在关联。若允许联建香港公司对联建中国公司的债权与其他普通债权人同一顺位清偿,对公司外部债权人明显不公平,也与权利不得滥用的法律原则相违背。③

(3)约定劣后债权

劣后债权具有金融工具属性,广泛应用于金融行业。《证券公司次级债管理规定》规定的"证券公司向股东或机构投资者定向借入的清偿顺序在普通债之后

---

① 参见山东省威海经济技术开发区人民法院民事判决书,(2019)鲁 1092 民初 1201 号。

② 参见四川省广安市前锋区人民法院民事判决书,(2017)川 1603 民初 1308 号;四川省广安市前锋区人民法院民事判决书,(2017)川 1603 民初 1309 号。

③ 参见江苏省苏州市中级人民法院民事判决书,(2017)苏 05 民终 5795 号。

的次级债务”就是劣后债权的一种。如果破产案件受理前,债权人和债务人约定债权在特定情况下劣后清偿,那么应尊重当事人的意思自治,认定该债权是劣后债权。

2. 公法补偿性债权

破产案件的公法补偿性债权主要体现为,破产案件受理前债务人应付未付的案件受理费、申请费、执行费。《破产法司法解释三》明确规定该债权属于破产债权,但未明确该债权清偿顺位。实践中,对该类型债权性质如何界定存在争议。笔者认为,根据《民事诉讼法解释》第 207 条的规定,判决生效后,胜诉方预交但不应负担的诉讼费用,人民法院应当退还,由败诉方向人民法院交纳,但胜诉方自愿承担或者同意败诉方直接向其支付的除外。当事人拒不交纳诉讼费用的,人民法院可以强制执行。当事人在企业破产受理之前协商确认败诉方直接向胜诉方支付诉讼费,那么当败诉方进入破产程序时,胜诉方可以申报诉讼费债权,该债权具备私法补偿性债权的性质,应认定为普通债权。[①] 除此情况外,根据前述规定,人民法院应当向胜诉方预交但不应负担的诉讼费退还给胜诉方,并要求败诉方负担诉讼费,如果败诉方进入破产程序,由于个别清偿的限制,人民法院应向破产管理申报该诉讼费债权。此时的诉讼费债权具有公法补偿性债权的性质,根据《破产审判工作会议纪要》第 28 条有关“私法债权优先于公法债权”清偿原则的规定,该债权应认定为劣后债权。

(二)惩罚性债权

惩罚性债权不仅包括破产案件受理前产生的惩罚性债权,还应拓展到债务人的违法事实发生在破产案件受理前,但破产程序启动后才针对上述违法事实作出惩罚而产生的惩罚性债权。破产程序启动后才发生的违法事实导致的惩罚性债权不属于劣后债权,而应作为公益债务,并且追究违法责任人的法律责任。[②] 惩罚性债权可以区分为私法惩罚性债权和公法惩罚性债权。行政罚款、刑事罚金等公法惩罚性债权基本上有相关文书佐证,性质比较明确,不再赘述。下文仅

---

① 参见江苏省南通市中级人民法院民事判决书,(2021)苏 06 民终 221 号。该判决认定债权人申报的诉讼费是普通债权,企业进入破产程序前,当事人在民事调解书确认由破产企业直接支付该诉讼费给债权人。

② 参见王欣新:《论破产程序中劣后债权的清偿》,载《人民法院报》2018 年 7 月 4 日,第 7 版。

就私法惩罚性债权展开论述。结合我国现行立法,私法惩罚性债权主要有加倍支付的迟延履行期间债务利息、欺诈普通消费者的赔偿金、劳动法中的赔偿金几种类型。

1. 加倍支付的迟延履行期间债务利息

根据《最高人民法院关于执行程序中计算迟延履行期间的债务利息适用法律若干问题的解释》第1条的规定,迟延履行期间的债务利息包括,迟延履行期间的一般债务利息和加倍部分的债务利息,加倍部分的债务利息是对迟延履行行为和妨碍民事诉讼行为的制裁和惩罚,敦促被执行人自觉履行法律文书确定的义务,属于民事惩罚性债权。我国在破产实践中,也认定加倍支付的迟延履行期间债务利息属于劣后债权。①

2. 欺诈普通消费者的赔偿金

根据《消费者权益保护法》第55条、《食品安全法》第148条第2款的规定,经营者欺诈消费者所承担的增加的赔偿金、生产不符合食品安全标准的食品或者经营明知是不符合食品安全标准的食品的生产者、经营者向消费者承担的增加的赔偿金均属于惩罚性赔偿,应劣后于普通债权获得清偿。

3. 劳动法中的赔偿金

《劳动合同法》第82条规定的未签订劳动合同的另一倍工资是不以劳动者付出劳动为前提,而以用人单位未与劳动者签订劳动合同的违法性为前提,其实质是对用人单位的惩罚性措施,②不属于劳动报酬。重庆市高级人民法院在实践中支持这一观点。③《劳动合同法》第87条规定的违法解除劳动合同时,用人单位应当支付相当于经济补偿金两倍的赔偿金。通过提高用人单位违法解除劳动

---

① 参见中国建设银行杭州吴山支行诉浙江新世管道股份有限公司案,浙江省长兴县人民法院(2018)浙0522民初8445号民事判决书;浙江省长兴县人民法院认为"新世管道公司未履行上述生效判决加倍支付的迟延履行利息属于民事惩罚性赔偿金,应劣后普通债权进行清偿"。山东乳山农商行诉乳山海润丝业有限公司案,山东省乳山市人民法院(2019)鲁1083民初220号民事判决书;山东省乳山市人民法院认为:"迟延履行期间的债务利息是对迟延履行行为和妨碍民事诉讼行为的制裁和惩罚,其在债权性质上属于民事惩罚性债权。而破产法的立法精神是平等保护所有的债权人,同一顺序的债权人应获得同一比例的清偿。如将迟延履行期间的加倍利息与一般利息作为同一顺位清偿,会后者显失公平。"

② 参见吴高盛编:《〈中华人民共和国劳动合同法〉释义及实用指南》,中国民主法制出版社2013年版,第150~153页。

③ 参见重庆市高级人民法院民事裁定书,(2017)渝民申2413号。

合同的成本,可以在一定程度上遏制用人单位违法解除或者终止劳动合同的行为,同时也是对用人单位违反法律规定侵犯劳动者权益的一种惩罚性赔偿。①

三、劣后债权人的权利限制

根据《企业破产法》的规定,债权人在破产程序中享有参会权、知情权、异议权、复核权、上诉权、表决权等程序权利以及受偿权、抵销权、优先受偿权等实体权利。

从权利的功能划分,程序性权利可以分为 3 种类型:一是基于自身债权的确认而享有的程序性权利,例如债权申报权、异议权、复核权、起诉权;二是为了自身债权受偿而享有的程序性权利,例如破产财产、管理、变价、分配方案、重整计划草案、和解计划草案的表决权及相应的撤销权、复议权等;三是为了便于债权人对破产程序的监督而赋予债权人的程序性权利,例如参会权、知情权,对他人债权的异议权、复核权、起诉权、债权人会议表决规则、债委会成员选举的表决权等。对第一类型的和第三类型的程序性权利是劣后债权人作为破产债权人应有权利,第二类型的程序权利是以最终实现实体清偿为目标,如果没有清偿可能,则有必要对该权利进行限制,以免影响能够获得实体清偿的债权人的权利。对破产程序中的实体性权利限制主要是受偿权(清偿的顺位)限制,以及为了实现受偿而享有的别除权、抵销权的限制等。

(一)程序性权利限制

1. 表决权及相应权利的限制

对于破产财产的管理、变价、分配方案、重整计划草案、和解计划草案的表决,当劣后债权人不可能获得清偿的情况下,不宜赋予其表决权,否则相当于赋予其影响其他可以获得实体清偿的债权人的权利,损害现有的其他债权人的权益。在劣后债权人不能获得清偿的重整案件中,重整计划草案不设定劣后债权人组,只有具备清偿可能的情况下,才设定劣后债权人组进行表决。仅有劣后债权组表决不通过重整计划草案,人民法院才可以酌情作出强制批准的裁定。② 由

① 参见吴高盛编:《〈中华人民共和国劳动合同法〉释义及实用指南》,中国民主法制出版社 2013 年版,第 164 页。

② 参见王欣新:《论破产程序中劣后债权的清偿》,载《人民法院报》2018 年 7 月 4 日,第 7 版。

于前述表决权的限制，基于前述债权人会议决议而产生的撤销权、复议权，[①]劣后债权人的权利也一并受到限制。

2. 资格权的限制

根据《企业破产法》的规定，债权人会议主席由人民法院从有表决权的债权人中指定。债权人会议主席享有债权人会议主持权、召开债权人会议提议权等；债权人委员会由债权人代表和职工代表或工会代表组成，享有召开债权人会议的提议权、监督权等。债权人会议主席是债权人委员会的当然成员，因此不论是债权人会议主席或债权人委员会成员均应具备普遍代表性，而劣后债权人不具备普遍代表性，不宜担任债权人会议主席和债权人委员会成员。

（二）实体性权利限制

1. 内部清偿顺位的限制

劣后债权内部之间存在清偿顺位的问题。根据《破产审判工作会议纪要》规定的补偿性债权优于惩罚性债权的原则，受理后的债务利息、约定劣后债权、关联不当债权，属于补偿性债权，应优于惩罚性债权受偿。考虑到关联不当债权存在不正当性，其清偿顺位上劣后于其他合法成立的私法补偿性债权；根据私法债权优于公法债权的清偿原则，私法惩罚性债权优先于公法惩罚性债权。故劣后债权内部清偿顺位为：(1)正当的私法补偿性债权，例如约定劣后债权、受理后的债务利息；(2)关联不当债权；(3)公法补偿性债权；(4)私法惩罚性债权以及(5)公法惩罚性债权。

2. 抵销权的限制

劣后债权人能否享有抵销权，我国破产法及相关司法解释没有明确规定。但抵销权的行使，使得劣后债权人的债权实际上获得优先清偿的后果，如果允许抵消，必然不当减少债务人财产，损害其他债权人的利益，有悖于劣后债权的性质和立法本意。我国部分地方法院支持劣后债权不得行使抵销权，例如《重庆市

---

① 《企业破产法》第64条第2款规定，债权人认为债权人会议的决议违反法律规定，损害其利益的，可以自债权人会议作出决议之日起15日内，请求人民法院裁定撤销该决议，责令债权人会议依法重新作出决议。第66条规定，债权人对人民法院依照本法第65条第1款作出的裁定不服的，债权额占无财产担保债权总额1/2以上的债权人对人民法院依照本法第65条第2款作出的裁定不服的，可以自裁定宣布之日或者收到通知之日起15日内向该人民法院申请复议。复议期间不停止裁定的执行。

高级人民法院〈关于审理破产案件法律适用问题的解答〉》(渝高法〔2017〕207号)将公司股东或实际控制人对公司债权确定为劣后债权,并明确劣后债权不得行使抵销权。《北京市高级人民法院企业破产案件审理规程》(京高法发〔2013〕242号)规定,清偿顺序在普通债权之后的劣后债权不得与对债务人的债务抵销,如行政、刑事罚款、罚金和没收违法所得等债权。《广东省高级人民法院关于审理企业破产案件若干问题的指引》(粤高法发〔2019〕6号)也作类似规定。笔者认为该规定是合理的,应当扩展适用于所有的劣后债权。

3. 担保权的限制

《破产审判工作会议纪要》第39条规定,关联债权不能行使担保权。该规定是为了避免债务人财产不当转移、内部清偿,侵害债权人的合法权益、损害破产法的公平清偿的制度价值。该规定可以推及全部劣后债权。

值得注意的是,如果当事人约定担保范围包括了民事惩罚性赔偿、迟延履行期间的债务利息等劣后债权,那么该劣后债权是否属于担保覆盖的范围?对此司法实践中有不同的理解,有的法院认为,如果认定属于担保物权的担保范围,将会导致债权人之间利益失衡,有违破产公平清偿的原则;①也有的法院认为应根据当事人的约定处理。② 笔者认为,之所以要将劣后债权的清偿顺位安排在普通债权之后,系因为如果和普通债权人一并清偿,将不利于实现破产法公平清偿的立法目标。如果根据当事人的约定使得劣后债权获得担保权的庇护,无疑将劣后债权人置于破产法保护的首位,将使得公平清偿原则遭受更大的破坏,因此即使当事人约定担保范围包括了劣后债权,当债务人资不抵债时,该约定也不能发生法律效力。

---

① 参见绍兴方诚精密机械有限公司诉王某飚案,绍兴市中级人民法院(2019)浙06民终2823号民事判决书;绍兴市中级人民法院认为,即使迟延履行期间加倍部分债务利息约定纳入抵押财产范围,现绍兴方诚精密机械有限公司已经进入破产程序,在破产财产不足以清偿全部债务的情况下,将迟延履行期间的加倍部分债务利息作为优先债权或者普通债权予以清偿时,不仅致债权人之间利益明显失衡,而且有将债务人所受之惩罚转嫁全体债权人之嫌,明显违反破产分配公平清偿的原则,因此应当劣后清偿。

② 参见厦门象屿资产管理运营有限公司诉山东省济南医疗器械采购供应站案,济南市中级人民法院(2018)鲁01民初1154号民事判决书;济南市中级人民法院认为,迟延履行债务期间所产生的利息,系基于主债权所产生的从义务……系有特定财产担保的破产债权……对抵押的房产所得的价款享有优先受偿权的诉讼请求,符合法律规定,予以支持。

四、劣后债权的泉州审判实践

对于劣后债权的审查、确认、清偿,《破产审判工作会议纪要》没有规定。《重庆市高级人民法院〈关于审理破产案件法律适用问题的解答〉》第6条规定了劣后债权及审核、确认的程序,[①]体现了我国部分法院在破产审理实践中对劣后债权的探索及总结。泉州在破产审判实践中,对于劣后债权的确认、清偿的做法如下:

(一)劣后债权的确认

1. 债权申报通知

对于劣后债权的确认,泉州法院一般出具调查令给管理人,由管理人向涉诉、涉执行法院、税务机关等调查是否存在拖欠诉讼费、执行费、行政罚金等劣后债权的情形。并根据调查结果,向相关法院、行政机关发出债权申报通知,通知其申报债权。

2. 劣后债权审查、释明

基于现行破产法没有规定劣后债权,管理人没有单独制定劣后债权表,而是在审查时判断是否属于劣后于普通债权清偿的情形。如果认定是,则将该债权列入普通债权表中,并备注说明该债权劣后于普通债权清偿的情形。债权人对其债权金额、性质、清偿顺位的认定有异议的,享有异议权、复核权、起诉权。

特别注意的是,关联不当债权具有一定的隐秘性,法院应主动提示管理人着重对企业的内部债权进行审查,如果存在股东债权人或其他内部债权人,应在编制债权中对内部债权人的债权进行详细披露,披露的内容应包括债权人、债务人的关系、债权形成的过程,是否确认为劣后债权及原因、法律后果。通过在债权表中充分的信息披露,确保债权人的知情权和异议权的行使。

3. 劣后债权的确认

劣后债权经全体债权人、债务人表决后,债权人、债务人均没有异议,人民法

---

① 《重庆市高级人民法院〈关于审理破产案件法律适用问题的解答〉》(渝高法〔2017〕207号)第6条规定,管理人在拟定债权表时,应当对公司股东或实际控制人债权是否属于劣后债权作出认定,并提交债权人会议核查。债务人、债权人无异议的,人民法院应裁定确认。债务人、债权人有异议的,可以向人民法院提起破产债权确认诉讼。

院裁定予以确认。例如凯尔制衣公司破产清算案件中,经全体债权人、债务人表决无异议后,人民法院裁定确认劣后债权的债权人、债权金额、劣后债权类型以及清偿顺位。①

(二)劣后债权的清偿

目前,泉州法院所审理的破产案件中,债务人均无法全额清偿普通债权,因此尚不存在对劣后债权进行实体清偿的案例。在破产实践中,破产财产分配之前,破产财产的总额一般能够确定或大部分可以确定,此时管理人应对劣后债权是否有清偿可能进行再次判断,以确认劣后债权的清偿可能。在劣后债权有清偿可能的情况下,管理人应在破产财产分配方案中确定每一类型的劣后债权金额、清偿顺位、比例、金额,并根据《企业破产法》的规定提交给债权人表决。此时,劣后债权人对前述破产财产分配方案享有表决权、对相关债权人会议决议享有撤销权、对法院有关批准财产分配方案的裁定享有复议权。当破产财产分配方案发生法律效力后,劣后债权人即可以根据破产财产分配方案获得清偿。

① 详见福建省泉州市中级人民法院民事裁定书,(2020)闽05破23号之二。

第七章　破产企业法定代表人责任追究与破产涉刑问题处置

第一节　破产企业法定代表人责任追究——以公司治理为视角

责任是制度得以存在的现实保障力量。就公司治理而言，我国公司法定代表人缺乏制衡，“内部人控制”问题突出，损害公司债权，形成公司破产原因行为。就破产后法律责任追究而言，仍然失之以宽，下文以法定代表人制度为分析基础，分析与探讨破产企业法定代表人法律责任追究存在的问题，以公司民主化、法治化为路径，提出完善破产法律责任建议。

一、我国的法定代表人制度概况

根据法律规定，法定代表人是法人登记的必备事项，也是法人章程的必要记载事项。经过多年的制度发展与积累，我国的法定代表人制度已经在《公司法》等基础上发展成为一个涵盖民法、商法、诉讼法、行政法以及行政法规和刑法的庞大制度集群。经查询北大法宝软件，我国现行有专门规定法定代表人的行政法规 3 项、司法解释 1 项、规章 9 项、文件 17 项，共 30 个规章文件，与众多法律法规一起构成了我国的法定代表人权利与责任义务体系。这些法规规章主要解决法人在不同领域和场合的“责任人”问题,然而由于治理结构内部权能基础的薄弱,却异化成了对法定代表人赋权规定,强化了法定代表人的法律地位。法定代表人对内是法人“行使职权的负责人”,对外是法人意思表示代表机关。

法定代表人不但在经营过程中对于企业具有重要作用,在破产过程中也具有重要作用。法定代表人作为公司经营的主要负责人,对公司的营业状况、盈亏情况、清偿能力最为了解,如达到破产界限,可及时提出破产申请,债权人则很难适时提出。[①] 在破产过程中,通过法定代表人可以直接了解公司的行为能力,对破产方案的制定具有重要作用。法定代表人通常对公司具有支配力。法定代表人为公司章程规定的董事长、破产董事或者经理,通常对公司经营具有直接掌控力。如法定代表人配合法院破产工作,则法定代表人的指令可促使公司相关人员按照法院要求履行法律文书确定的义务。法定代表人配合法院破产工作可以减少司法成本。在破产案件中,部分公司法定代表人逃避债务,下落不明,无法送达。法院花费大量人力物力查询公司财产线索、法定代表人行踪等。如公司法定代表人配合法院破产工作,在案多人少的困境下,可大大减轻法院破产审判人员及管理人的工作压力。

二、问责式权力:法定代表人责任与权力

法律责任具有两层含义:一层含义是指责任关系,即某主体应当对另一个主体负有责任,其实就是法律义务;另一层含义是责任方式,即因违反义务而应受到制裁,承受法定的不利后果。法律责任可以分为私法责任和公法责任,私法责任主要是指民事责任,公法责任主要是指行政责任、刑事责任、诉讼责任等。[②] 为了更好地管理好法定代表人这个管理者,我国的法律法规以惯有直线性管理模式,对法定代表人科以了很多的责任,以否定性责任的问责权作为法律规制手段,即公司法定代表人因为没有履行好“分内之事”而应该承担的相应“不利后果”,这同时也意味着法定代表人的“分内之事”被明确。[③] 公司法定代表人的权

① 参见王延川:《破产法理论与实务》,中国政法大学出版社2009年版,第86页。

② 参见张文显:《法理学》,法律出版社1997年版,第147页。

③ 参见王平:《问责权法治化研究》,苏州大学2010年博士学位论文,第6页。

力与责任就是以这样的方式被法律明确下来。

三、完善法定代表人责任追究

（一）追究法定代表人民事责任

对于法定代表人的责任追究只有建立在清晰的行为边界上，权责明确，罪罚对应，才能真正形成制度性的威慑。

一是明确法定代表人公司法律义务。《公司法》和《企业破产法》的重要基础性义务“忠实与注意义务”，不妨作为今后公司立法的参考与借鉴。明确义务标准，对于规范公司法定代表人行为，追究法定代表人民事责任，防范与打击公司不法行为，限制行政权力与司法权力的恣意，都具有较强的针对性与现实性。

二是保障债权人及小股东诉权。严格有效的民事责任承担机制不仅能够使被害人受损害的权利得以恢复，具有良好的法律效果，节约国家刑事资源，减少举证难度，降低社会交易成本和安全成本，营造社会诚信氛围，也对违反《公司法》《企业破产法》的不法行为有良好的威慑和修正效果。因此，应改变现行法律给予债权人和小股东种种诉权限制，赋予当事人更为便捷有效司法诉讼途径，一方面以高额司法赔偿给予债权人和小股东更多激励，另一方面通过较刑事排除合理怀疑要求低的民事盖然性证据认定，让不法者受到制裁的难度降低。实践中包括股东代表诉讼在内的民事责任承担机制对企业及其管理者违法行为的明显抑制和威慑作用就是一个典型的例子。股东代表诉讼，是指为了加强对公司管理者的责任追究，允许股东代表公司对董事、监事追究责任的制度。

（二）建立多层次的法定代表人破产惩戒制度

1. 明确处罚前提条件

公司与法定代表人是相互独立的民事主体，二者在公司经营活动中在意志、行为、信用、责任等方面存在重叠。在公司经营中，公司法定代表人一般是公司的直接决策者与实施者。但公司违法行为并不当然为法定代表人主导，故对法定代表人适用惩戒须进一步明确惩戒的范围、条件及时限，只有公司法定代表人构成违法方能追究其责任。公司法定代表人的违法须有主观、行为、违法性、身份等要件，须明知行为违法仍故意为之或放纵其发生，存在直接或授意他人隐藏或转移公司财产行为，违反法律义务，如拒绝配合破产工作的法定代表人就违反了该义务。要分清对公司具有控制力的法定代表人,对公司经营具有一定管理职责的法定代表人,对公司经营无管理能力的法定代表人。实际控制人主要指控股股东或有一定管理职责的法人代表,对公司决策和业务破产活动有影响力,不仅对其他股东有诚信义务,而且对公司清偿债务、履行法院判决具有不可推卸的责任。①

2. 实行双罚制

法定代表人在破产程序中具有提供会计账簿等经营资料,积极配合法院了解公司经营状况的义务,这项工作对于解决破产难题至关重要。对于法定代表人逃债下落不明,或者拒不提供账本,或者拒绝履行配合义务,导致破产工作无法顺利进行等在破产工作中拒不履行相关义务的行为,可对负有责任的法定代表人或其他责任人员严格采取拘留措施,只有违法成本大于其违法的收益时才能限制违法行为。

3. 加大刑罚打击力度

破产犯罪行为不但严重侵害他人财产法益,形同公然盗窃抢劫,社会危害性严重,也将损害公司制度得以存在的基础,对市场经济秩序造成严重破坏。应将破产法规定的不法行为纳入刑法规制之视野中,由刑法加以规制。虽然当今主流刑法理念提倡宽严相济,不轻易运用刑罚手段调整经济秩序,但由于破产犯罪是新生事物,追诉少,实则失之于宽,建议修改刑法相关规定,加强打击破产犯罪。唯有如此,才能有效遏制破产过程中越来越猖狂的破产不法行为,使不法行为人不至于心存侥幸,也可以维护公司制度安全,维护市场经济秩序与健康。

第二节 破产涉刑问题的处置

由于破产企业本身可能存在违法违规经营情形,或者破产企业的股东、高管涉嫌刑事犯罪,故各类刑民交叉问题在破产程序适用过程中不断涌现,破产案件涉刑问题层出不穷。② 目前,《企业破产法》及其司法解释对刑民交叉问题中诸多程序问题和实体问题如何处理没有明文规定,理论界与实务界也仅有零星讨

① 参见刘俊海:《现代公司法》(上册)(第三版),法律出版社2015年版,第342页。

② 参见吴一波:《破产案件中刑民交叉问题研究》,载《运城学院学报》2018年第2期。

论。传统意义上的刑民交叉司法规则存在较大争议，破解破产程序与刑事程序交织而产生的诸多难题，是民营企业破产审判的一项重要内容。

一、破产案件涉刑事问题的理论基础

（一）破产案件涉刑事问题的处理原则

根据《民事诉讼法》第 150 条及最高人民法院、最高人民检察院、公安部《关于办理非法集资刑事案件适用法律若干问题的意见》第 7 条的规定，当民事案件审理过程中出现涉刑问题时，应遵循"先刑后民"原则。2019 年《全国民商事审判会议纪要》第 12 章关于民刑交叉案件的程序处理，规定了同一当事人因不同事实分别发生民商事纠纷与刑事犯罪应当分别审理的情形，涉众型经济犯罪与民商事案件交叉的处理程序以及民刑交叉案件中民商事案件中止审理的条件，规范了"民刑并行""先刑后民"的程序处理。我国有关刑民交叉相关规定从一开始的"先刑后民"，逐渐地演变出"刑民并行""先民后刑"等。

破产程序有别于一般的民事程序，是一种概括性执行程序。我国《企业破产法》兼具私法和公法的双重属性，既要解决债权债务清偿的民商事法律问题，还要解决企业破产时的社会公平问题，亦即其追求高效与公平这两项目标。[①] 破产程序的运行涉及众多债权人，涉及对破产财产清资核产、追收、取回等，当破产程序启动后，如因某一刑事程序而导致破产程序发生中止或终结，将影响到广大债权人、破产企业等各方重大利益。特别是刑事程序往往过于冗长，一拖少则数个月，多则数年，如果一味地适用"先刑后民"，当刑事程序终结后再来处理破产程序，可能会导致破产财产流失殆尽，债权人通过各种法律、非法律手段哄抢企业财产，甚至引发债权人集体上访、闹访等社会问题，造成破产法无法实现自身价值，名存实亡。因此，破产案件审理过程涉及刑事问题时，应当以"刑民并行"为一般原则，以"先刑后民"为补充原则，坚持原则与灵活相结合来处理破产案件涉刑遇到的相关法律问题。

（二）破产案件刑民衔接机制的运行机理

厘清刑民交错关系的关键在于建立刑民两大法域之间的有机衔接制度。如何

---

① 参见王欣新：《破产法前沿问题思辨》（上册），法律出版社 2017 年版，第 29 页。

协调处理涉刑破产案件的程序选择、程序衔接、实体衔接等一系列问题，建立有效的破产案件刑民衔接工作机制，是近年来破产法司法实践探索发展的一项重要内容。

破产案件刑民衔接机制的关键在于实现刑民衔接犯罪线索立案监督、审查逮捕、审查起诉、审判等各个阶段的流程畅通无阻。为了加强破产案件刑民衔接，畅通线索移送和查办通道，形成企业破产工作合力和打击金融犯罪合力，公检法、银监、金融局、税务局、经信局等相关主体应充分发挥府院联动的工作思路，建立金融刑民互涉线索流转的绿色通道，及时移送工作中发现的可能涉嫌刑事犯罪的线索，并协调处理涉刑破产案件可能出现的各类问题。2016 年泉州中院、泉州市检察院、泉州市金融局联合出台《关于加强刑民衔接维护金融生态的意见》，建立刑民交叉案件信息共享、疑难问题会商、线索排查、业务互助、工作巡查及联络等机制，提升了涉刑破产案件的审判质效，加强了打逃追赃的多方合力，是各地探索建立破产案件刑民衔接机制的一次有益尝试。

（三）破产案件涉刑事问题的类型展开

1. 存在恶意逃废债行为

破产中的逃废债是指破产案件受理前后，债务人及相关人员违反法律规定，逃避应履行债务的行为。2020 年，最高人民法院在印发的《关于推进破产案件依法高效审理的意见》中指出，人民法院要准确把握违法行为入刑标准，严厉打击恶意逃废债行为，企业法定代表人、出资人、实际控制人等有恶意侵占、挪用、隐匿企业财产，或者隐匿、故意销毁依法应当保存的会计凭证、会计账簿、财务会计报告等违法行为，涉嫌犯罪的，人民法院应当根据管理人的提请或者依职权及时移送有关机关依法处理。该意见为打击破产案件审理过程中发现的恶意逃废债行为提供了方向性的指引。通过梳理各地打击逃废债的相关文件、案例，并结合泉州当地的审判实践，可将恶意逃废债行为的主要手段归结为以下几个方面：

（1）通过藏匿、转移资产等方式恶意逃避偿债责任

一是“金蝉脱壳”式，即注册一家新公司，但仍是原套人马、同一场所，通过品牌代持等形式把所有业务移花接木至新企业，架空旧企业，再通过申请旧企业破产的方式，让旧企业“背锅”债务。二是“另起炉灶”式，通过清空企业，搬离财产，注册新企，换地重生的方式，将企业直接搬离到外省，给债权人追索和法院执行制造障碍。三是“瞒天过海”式，采取承包、承租原企业的方式，明为租赁企业厂房设备，实则通

过长期租赁的形式,全盘承接原企业机台设备、供应渠道等,挖空原企业。

上述几种逃废债方式,实际是利用各种途径,巧立名目,以合法形式掩盖非法目的,意图达到逃废债的目的。如闽发模具破产案,在破产申请前,企业将所有的债务都以闽发模具的名义出具,但该企业名下除机台外,无任何有价值的资产,主要的不动产及房产都在另外两家关联企业明发模具、闽发鞋材名下,明显地意图通过将债务和资产剥离,使负债企业破产,洗白有资关联企业。后经管理人申请并经法院审查,认定3家企业资产混同、场所、经营者统一,系关联企业,将未申请破产的两家关联企业裁定合并破产,实现资产的统一处置,公平分配。后闽发模具及其负责人陈某民被以骗取贷款罪提起公诉并被判处3年有期徒刑。

(2)拒不配合管理人履职

按照《企业破产法》的规定,企业在进入破产程序后,所有的营业事务、企业资料账册、公章等都应移交给法院指定的管理人,但部分企业以各种方式不配合管理人履职,甚至制造障碍,"分庭抗礼",以达到逃废债的目的。一是百般推诿,拒不移交资料营业事务,使得管理人进驻企业后无从下手。二是"明修栈道,暗度陈仓",隐匿反映企业真实资产状况的账本,而向管理人提供虚假的账本,并以原财务离职,无法核查等原因推脱责任。

在闽超公司破产案中,法院及管理人多次书面与口头通知闽超公司独资股东陈某富向管理人移交历年的财务账册和报表等资料,但陈某富屡屡拒绝提供,且对管理人陈述的资金去向、厂房占用等情况的说法前后不一,法院审查认为闽超公司不能提供完整账册,对其控制的有效资产私下出租收租,拒不向管理人说明和解释,且拒不移交债权债务凭证,导致清资核产受阻,不能查清公司真实的财务状况和履行能力,存在明显的逃废债嫌疑。法院裁定驳回破产申请,并将涉嫌隐匿财务账册的犯罪线索移送公安机关。后法院对被告单位闽超公司及其直接负责的主管人员陈某富均以骗取贷款罪、隐匿会计凭证、会计账簿、财务会计报告罪数罪并罚,并对陈某富决定执行有期徒刑3年9个月。

(3)串通虚构债权,向关系人单方偿债

主要是指债务人与第三人串通,通过诉讼或者仲裁的方式伪造借款凭证,虚构债务,参与破产企业财产的分配,在企业进入破产程序后隐瞒事实,向管理人申报债权。另一种是在企业破产前,向特定关系人或者供应商个别偿债,清空企业有效资产。虽然《企业破产法》第32条对该类个别偿债行为有一定规制，即人民法院受理破产申请前6个月内，债务人有本法第2条第1款规定的情形，仍对个别债权人进行清偿的，管理人有权请求人民法院予以撤销。① 6个月的可撤销期间，从制定的初衷来看，是为了维护交易及合同的稳定性，但在司法实践中也存在规定时限过短、管理人有力难出的问题。从泉州企业的破产情况分析，企业从出现危机到实际进入破产往往需要两到三年的过程，破产前6个月，企业早已进入"僵尸"期，已无任何资金往来。

(4)其他逃废债手段

主要包括以下几类：一是为逃避债务出逃国(境)外或者不知去向的；二是恶意注销企业，以虚假破产等形式逃废债务；三是以伪造证据、暴力、威胁等方法妨碍、抗拒司法机关执行的；四是虚构隐瞒事实，擅自处置抵押物的；五是恶意为他人提供担保，影响其自身偿债能力的；六是诉讼中变更法人、转让股份，变换名称，企图设置"防火墙"，规避执行的。

2. 存在非法集资行为

非法集资行为，是指单位或者个人未依照法定程序经有关部门批准，以发行股票、债券、彩票、投资基金证券或者其他债券凭证的方式向社会公众筹集资金，并承诺在一定期限内以货币、实物以及其他方式向出资人还本付息或给予回报的犯罪行为，主要包括的罪名有非法吸收公共存款、集资诈骗罪等。非法吸收公众存款罪，是指违反国家金融管理法规，非法吸收公众存款或变相吸收公众存款，扰乱金融秩序的行为。集资诈骗罪，是指以非法占有为目的，违反有关金融法律、法规的规定，使用诈骗方法进行非法集资，扰乱国家正常金融秩序，侵犯公私财产所有权，且数额较大的行为。

存在非法集资行为的企业在进入破产程序前，常以高息为诱饵广泛吸纳存款，最终导致债台高筑，走向破产。在锦绣庄系列破产案件中，锦绣庄系企业的实际经营人曾某强在2007年至2013年间以高额月利息为诱饵，通过借款形式，承诺在一定期限内还本付息，向社会公众非法吸收资金用于锦绣庄民间艺术园基建及支付高额利息。2013年11月，曾某强资金链断裂，无法继续偿还债务。

① 参见李翔：《我国刑法上之破产犯罪研究——兼评〈刑法〉第162条之二》，载《法学论坛》2007年第5期。

2016 年 5 月锦绣庄系列案件进入破产清算程序。2016 年 12 月曾某强被刑事拘留。针对曾某强非法吸收公众存款部分的犯罪行为,法院判处其有期徒刑 4 年 10 个月,并处罚金人民币 30 万元。

3. 存在职务侵占行为

在破产中,职务侵占罪主要涉及的是企业股东或者实际控制人对企业资产的侵占。特别是一些民营家族企业,家企不分问题突出,企业资产和个人、家庭资产无法划定明显界限,甚至无法分割。这些企业在公司正常生产经营期间,公私财产混同,企业与个人的财产是双向流动的,企业资产可能变为个人财产,个人财产亦会投入作为公司资本,因此较难认定企业经营者的职务侵占行为。但在企业经营遇到困难甚至陷入破产困境之时,企业经营者将企业财产转移隐匿,其侵占的虽然仍是公司的财产,但其损害的是广大债权人的利益。意图将企业的财产转移为个人财产逃避债务,财产的流动变为单向的,不仅侵害了企业作为市场经济主体的财产权益,更使得债权人不能顺利实现债权,具有社会危险性,应受刑罚的规制。因此,对于此类罪与非罪的界限比较模糊的行为,司法机关在刑罚裁决上,仍应立足于社会的普遍认知和当地的经营特点以及社会公众的接受程度,坚持宽严相济的刑事政策。

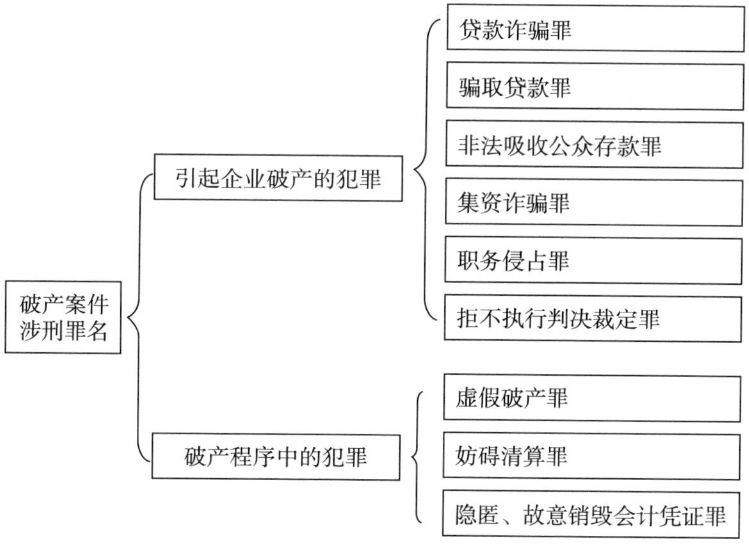

图 5　破产案件涉刑的主要罪名

除了上述几种常见的犯罪行为，破产企业在审理过程中还可能与洗钱罪，拒不执行判决、裁定罪，非法处置查封、扣押、冻结的财产罪，虚假诉讼罪和公司股东、实际控制人、董事、监事、高级管理人等挪用资金罪，虚假出资罪，抽逃出资罪，妨害清算罪等以及银行从业人员受贿罪，贪污罪，违法发放贷款罪等各种罪名中的一种或多种交织在一起，从而产生各类刑民交叉上的问题和难点，使得本就复杂的破产程序更加举步维艰。

二、破产案件涉刑事问题的财产处置

破产程序与刑事程序对于财产处置的冲突，本质上是由于我国法律规定犯罪分子对“违法所得”无法取得所有权，通过犯罪手段获取的财物视为赃款赃物，即使赃款赃物进入其他交易环节，据此形成的其他财物形态或收益仍然被视为赃款赃物予以追缴，除非被善意第三人制度所隔断。毫无疑问，刑法这种“一追到底”的认定方式，当面对民商事交易的复杂性时，就容易出现刑民认定的冲突。

（一）刑事判处追缴赃款赃物问题

根据最高人民法院《关于刑事裁判涉财产部分执行的若干规定》的规定，刑事裁判涉财产是指刑事裁判主文确定的事项：(1)罚金、没收财产；(2)责令退赔；(3)处置随案移送的赃款赃物；(4)没收随案移送的供犯罪所用的本人财物；(5)其他应当由人民法院执行的相关事项。其中，追缴赃物赃款在刑事程序中表现为刑事部门对该赃物赃款采取查封、扣押、冻结的刑事强制措施，在落实追缴时，会产生哪一些属于赃款赃物与哪一些属于其他破产财产的冲突，有时候很难区分。泉州的广盛公司破产清算案中，广盛公司合法取得的国有土地使用权被北京市朝阳区人民法院作出刑事判决认定为赃物，而在刑事追赃中要求变价退赔刑事案件受害人，然而该国有土地使用权并非由刑事追赃所涉及的被告人享有，而属于破产企业的财产。破产企业与该刑事追赃程序的被执行人签订了抵押担保合同，但并未办理抵押登记，抵押权未能依法设立，所涉债权也无法享有优先受偿权，该案中破产财产的认定与刑事案件的赃款赃物的认定存在冲突。由于存在争议，即使破产财产分配方案已经通过并经破产案件受理法院裁定认定，还是存在无法顺利执行的问题。为了顺利完成资产过户，保障广大债权人的利益，泉州法院在管理人申请解封未果的情况下，积极与当地不动产登记中心沟通，最终以破产案件受理法院的协助执行通知书，解除了保全措施，确保了资产的顺利过户和资金的到位。

从本质上说，刑事追缴的对象是"赃款赃物"，企业破产处置的对象是"债务人的财产"，两者的范围并不相同。我国《刑法》第64条规定："犯罪分子违法所得的一切财物，应当予以追缴或者责令退赔。"最高人民法院在《刑事裁判涉财产部分执行的若干规定》（2014年10月30日发布）第10条规定，对赃款赃物及其收益，人民法院应当一并追缴。被执行人将赃款赃物投资或者置业，对因此形成的财产及其收益，人民法院应予追缴。被执行人将赃款赃物与其他合法财产共同投资或者置业，对因此形成的财产中与赃款赃物对应的份额及其收益，人民法院应予追缴。对于被害人的损失，应当按照刑事裁判认定的实际损失予以发还或者赔偿。而《企业破产法》处理的对象是"债务人的财产"，该法第30条对"债务人财产"做了说明："破产申请受理时属于债务人的全部财产，以及破产申请受理后至破产程序终结前债务人取得的财产，为债务人财产。"这里所称的"债务人财产"，指的应该是债务人的合法财产。根据刑事法律规范，违法所得既然不是债务人的合法财产，自然不应放入破产程序中处理。

由于赃款赃物在实践中存续状态以及流转充满复杂性，判断赃款赃物的标准应考虑能否"特定化"，只有特定化的财物、供犯罪所用的本人财物才是赃款赃物，除此之外，不能认定。这里的"特定化"不是一般意义上的"特定物"与"种类物"的概念，而是能够直接锁定。追赃本质上是刑事判决使得被害人的损失得以恢复原状或者说是得到补偿，实际上是通过公权力的直接、强制救济。① 追赃会形成两种情况，一种情况是将追回的赃款赃物发还给被害人，另一种是追缴的赃款赃物，无法指向特定的被害人。

在涉刑破产案件中，对破产企业或其法定代表人、实际控制人追缴到的赃款赃物如何处置存在争议。2009年5月26日，最高人民法院《关于依法审理和执行被风险处置证券公司相关案件的通知》规定，证券公司进入破产程序后，人民法院作出的刑事附带民事赔偿或者涉及追缴赃款赃物的判决应当中止执行，由相关权利人在破产程序中以申报债权等方式行使权利。当追缴的赃款赃物可以

① 参见关峰、曹熙、戴书晖：《破产程序中刑民交叉的选择》，载《贸大法律评论》2016年第1期。

指向特定被害人时，参照该条规定由被害人在破产程序中进行债权申报；当追缴的赃款赃物无法指向特定被害人时，此时该部分赃款赃物可以纳入破产财产的范围，由全体债权人分配共享。

（二）刑事判处退赔被害人损失问题

在泉州企业破产案例中，出现许多被害人在企业进入破产程序之前，通过诉讼调解、仲裁调解方式取得生效的裁判文书；在进入破产程序之后，他们向管理人申报债权；在后来的刑事程序中，他们又以被害人身份主张赔偿损失，刑事判决以被骗本金扣除已收回的本金、利息的余额作为赔偿经济损失的数额。在3个程序中，产生了3种债权（权利）金额：一是在诉讼、仲裁程序中产生的本金、利息金额，该金额最多；二是在破产程序中认定的债权金额，该金额由本金加上截止破产受理日计算的利息组成，该金额居中；三是刑事程序中刑事判决认定退赔损失的金额，该金额最少，由本金扣除历史上被害人已收回的部分本金加上已收回的利息后的余额。在破产分配程序中，到底应当执行哪一个标准来认定债权人债权，是管理人面临的棘手问题。

根据目前刑事规范，认定被害人损失是对刑事被告人定罪处刑的重要依据，当人民法院认定被害人经济损失后，应当同时判处退赔，这是法律上的强制性规范。因此，有人认为在目前缺乏相关法律规范的情况下，受理破产申请的人民法院，以及管理人在刑事判决下达之前，加强与刑事审判的人民法院沟通协调，在作出刑事判决中不对被害人的损失金额进行退赔，这在法理上是说不通的，也与现行法相悖。也有人认为"破产程序与刑事程序的衔接，原则上以刑事程序能够基本清理完毕刑事受害人债权为原则"，[①]笔者认为，从被害人实现债权的角度来看，此说法有一定道理，但两个程序的衔接应有更大的外延，故而，该说法有一定的局限性。

笔者认为，基于破产程序是特别程序，在债权人（含被害人）债权审查认定问题上，应当优先适用破产程序，与其他未列为被害人的债权人享有同等待遇、公平对待，既不能劣后，也不能优先。执行债权审查认定金额，实质上是依据法律规则，基于公平合理原则，对被害人的经济损失进行一定幅度的调整，将刑事认

① 唐华：《破产案件中的刑民交叉问题——从解读破产法的目的与功能出发》，载王欣新、郑志斌主编：《破产法论坛》（第十三辑），法律出版社2018年版，第689页。

定金额调整至破产程序认定的债权金额,这在法理上是说得通的,也符合逻辑。实践中,经过诉讼、仲裁程序所形成的生效裁判文书是债权人申报债权的重要依据,也是管理人初步审查债权的主要依据,管理人依据债权人申报情况、申报证明材料形成初步审查意见,可以对照刑事判决书认定进行比对,但不以刑事判决书认定为依据,而是形成一个独立的初审结论,从而同等保护刑事被害人的债权权利。以锦绣庄系案例为例,锦绣庄系的债权人与锦绣庄系实际控制人曾某强犯非法吸收公众存款罪的被害人存在部分重合的人员,该部分债权人申报债权在先,且提供的确认债权依据基本为已经生效的民事裁判文书或仲裁文书,而关于曾某强的刑事判决生效在后,该案被害人的退赔损失明显少于上述生效裁判文书或仲裁文书判决的金额。为同等保护刑事被害人的债权权利,经多方探讨,管理人在该破产案件中,对债权人申报的债权按照民事生效文书或仲裁文书进行依法认定,取得了较好的效果。

(三)刑事判处罚金、没收财产问题

罚金是刑事诉讼中的财产刑,是指人民法院判处犯罪人向国家缴交一定数额金钱的刑罚方法。没收财产是剥夺犯罪人个人财产,无偿收国有的刑罚方法。《关于刑事裁判涉财产部分执行的若干规定》第 16 条规定的执行顺位:(1)人身损害的医疗费用;(2)退赔被害人的损失;(3)其他民事债务;(4)罚金;(5)没收财产。而根据《企业破产法》规定,除担保债权、破产费用与公益债务外,可供分配破产财产的分配顺位是:(1)职工债权;(2)其他社保费用和税收债权;(3)普通债权。当刑事判处罚金、没收财产时,如何处理可供分配的破产财产,实践中存在争议。2009 年 5 月 26 日,最高人民法院《关于依法审理和执行被风险处置证券公司相关案件的通知》规定,刑事判决中罚金、没收财产等处罚,应当在破产程序债权人获得全额清偿后的剩余财产中执行,体现了民事责任优先原则。参照该条规定,在民事责任与刑事责任无法兼顾时,首先应当优先保证债权人的民事权利,罚金、没收财产劣后。

三、破产案件涉刑事问题的程序衔接

理论上,破产案件在“刑民交叉”处置原则下可能出现的程序冲突情形多而复杂,但从实践观察来看,破产案件中刑民交叉的程序冲突大体可以分为两种情

况:一是破产企业涉嫌刑事犯罪被刑事立案在先,法院受理破产案件在后;二是法院受理破产案件在先,发现涉案企业存在刑事犯罪在后。前文已论及破产案件审理过程涉及刑事问题时,应当确立以“刑民并行”为一般原则,以“先刑后民”为补充原则,即破产程序的启动由法院依据《企业破产法》独立进行判断,不受破产企业或其经营者被刑事立案的影响;同时,在破产案件办理过程中,亦不因发现刑事犯罪线索而中止破产程序。目前,关于破产程序与刑事程序之间的协调问题尚缺乏明确的法律规范指引,[①]主要依赖于具体个案的协调。既然谈及“并行”,必然涉及具体程序的衔接与协调。

(一)犯罪线索移送的主体责任问题

在破产程序中,当发现刑事犯罪事实或线索时,由谁移送公安机关立案侦查?对此,法律、司法解释或规范性文件并无明文规定。从目前司法实践来看,破产案件中移送犯罪线索的主体主要是存在以下3类:

一是债权人,依照《刑法》《刑事诉讼法》和《关于公安机关办理经济犯罪案件的若干规定》,任何公民和单位遭受经济侵害或者发现涉嫌经济犯罪的,均可采取来人、来函、来电的方式向经侦部门进行报案、举报或者扭送、动员涉案犯罪嫌疑人主动到公安机关投案自首。因此,债权人如发现债务人企业存在逃废债行为可能涉嫌犯罪的,可收集相关证据后直接向经侦部门报案,也可以把线索和证据反映给管理人或法院。

二是管理人,管理人在履职过程中,应尽到勤勉尽责,对于债权人反映的债务人相关逃废债行为,应做好核实调查,对涉嫌犯罪的,可向公安经侦部门报案或向法院汇报。

三是法院,在犯罪举报和线索移送问题上,法院作为行使审判职权的公权力机关,并不属于《刑事诉讼法》第108条所提及的单位或个人。因而对法院而言,

---

① 部分地区省级人民法院以《指引》的方式做出过一些概括式规定,例如广东省高级人民法院制定了《关于审理企业破产案件若干问题的指引》,其中第120条、第121条、第122条涉及破案程序与刑事程序的协调问题。第120条规定:“债务人涉嫌犯罪,申请人申请该企业法人破产,符合企业破产法第二条规定的,人民法院应当受理。犯罪行为所涉财产可以暂缓处置,待刑事诉讼终结后再行恢复;其他权益、财产处理继续进行。破产案件受理后,有关主体以债务人涉嫌虚假破产罪为由,申请终结或中止破产程序的,人民法院不予支持。经审查发现债务人不存在《企业破产法》第2条规定情形的,驳回破产申请。”

举报犯罪、移送线索并非权利，而是责无旁贷的义务。

在泉州地区司法实践中，对于犯罪线索的反映，一般为"债权人→管理人→法院"，法院为最后的移送主体。法院可根据债权人或管理人反映，并结合管理人出具的审查报告，综合判断是否移送相应的犯罪线索。除前述的闽超公司破产案、闽发公司破产案外，泉州地区由法院向公安机关直接移送犯罪线索的还有宝驰公司破产案，该案中法院受理破产清算申请后，发现宝驰公司及其法定代表人吴某勇涉嫌隐匿撕毁公司账册和贷款诈骗，经合议庭评议将该犯罪线索移送公安机关。后法院依法判决吴某勇犯骗取贷款、票据承兑罪，判处其有期徒刑一年，并处罚金人民币10万元。债权人则根据破产法院出具的终结破产程序裁定请求法院判令吴某勇承担在公司法上应负的相应民事责任，该诉求已获得法院支持。

下文探讨由管理人移送犯罪线索所涉及的相关问题。根据《企业破产法》的规定，管理人肩负着调查、追收、管理、估价、处分、分配债务人破产财产之职责，管理人在工作中发现相关犯罪事实或线索，接到相关举报、控告而获得相关犯罪事实或线索，或者相关机构、部门向其移送相关犯罪事实或线索，管理人负有筛查、初查、复核的权限和职能，并根据调查情况提出专项报告，包括对犯罪事实或线索获取情况的调查、对照《刑法》和《刑事诉讼法》提出初步意见和建议等，报告于债权人会议或债委会，并报告破产法院，这是启动刑事程序的前期工作。破产法院接到管理人专项报告后，如果经过审查判断认为涉嫌构成犯罪需要移送刑事立案侦查的，是否需要听取债权人会议或债委会意见？当法院作出移送决定时，由管理人直接向公安机关移送犯罪事实和线索，还是由破产法院直接向公安机关移送？法律对此未作出直接规定，司法实践也存在不同做法。

笔者认为，当法院作出移送决定之后应由法院直接移送，由管理人承担直接移送缺乏法律依据，实践中的实际效果也不理想。实操中遇到管理人向公安机关移送刑事材料时，公安机关不予接收，甚至破产法官向公安机关移送刑事材料时，公安机关也不予接收的情况，除通过府院联运机制协调解决之外，管理人可以向人民检察院申请法律监督。在闽超公司破产重整案中，闽超公司实际控制人陈某经法院多次释明，拒不向管理人移交会计账册，不仅严重阻碍了案件审理进程，造成司法资源的巨大浪费；另外，在社会上产生了恶劣的影响，债权人反映强烈,合议庭经评议并报送审委会讨论后,以涉嫌隐匿毁弃财务账册移送公安机关进行立案侦查,并最终以隐匿账册罪追究其刑事责任。

(二)破产程序与刑事财产强制措施的衔接

破产程序启动前,涉案企业的部分财产可能已经因涉嫌属于"违法所得"在刑事诉讼中被侦查机关采取查封、扣押、冻结等刑事财产强制措施。由于刑事案件办理的期限从一年到两三年不等,部分特殊案件期限甚至更长。根据现行司法解释以及刑事诉讼实践的主流做法,被采取刑事强制措施的"暂扣财产"往往要到判决结案时才会作出发还被害人、没收违法所得等实质性处理,对没有证据证明属于赃款赃物、违法所得的,则须发还给财产持有者。当前刑事案件办理中,由于执法尺度难以精准,或者出于对涉众案件维稳的需要,刑事查封等财产强制措施不规范的现象也常常发生,"过度查封""一扣到底"的现象较为严重,这就难免会对破产程序带来巨大的影响。

对此,破产程序启动后如何处理和衔接在此之前已经发生的刑事财产强制措施?对此实务当中分歧很大。从事刑事案件办理的公检法工作人员普遍认为,即便涉案企业进入了破产程序,刑事查封等强制措施依然不受影响,应当待刑事案件有审理结论后,才能对财产进行追缴或者清算处置。但依据我国《企业破产法》第19条的规定:"人民法院受理破产申请后,有关债务人财产的保全措施应当解除,执行程序应当中止。"据此,有观点认为刑事财产强制措施本质上也是一种保全措施,在破产程序启动之后,也应当予以解除。《企业破产法》中"有关债务人的保全措施"是否包括刑事诉讼中查封、扣押、冻结等刑事财产强制措施?理解上的确存在争议,但主张应当予以解除的观点并非主流,且实践中很难做到。

最高人民检察院、公安部联合发布的《公安机关办理经济犯罪案件的若干规定》中明确如果"涉嫌犯罪事实查证属实后,对有证据证明权属关系明确的被害人合法财产及其孳息,及时返还不损害其他被害人或者利害关系人的利益、不影响诉讼正常进行的,可以在登记、拍照或者录像、估价后,经县级以上公安机关负责人批准,开具发还清单,在诉讼程序终结之前返还被害人。"

但最高人民法院在2009年5月26日颁布的《关于依法审理和执行被风险处置证券公司相关案件的通知》提出了不同的认定:"证券公司进入破产程序后,人民法院作出的刑事附带民事赔偿或者涉及追缴赃款赃物的判决应当中止执行，由相关权利人在破产程序中以申报债权等方式行使权利；刑事判决中罚金、没收财产等处罚，应当在破产程序债权人获得全额清偿后的剩余财产中执行。”该规定将“追缴赃款赃物”视为破产企业的一般债权，统一纳入程序中予以处置。应当说，这样的处置有利于认定的统一和简化，但该通知性质属于规范性文件，且明确限定在“证券公司进入破产程序”，对其他类型案件的办理尚不具有指导意义。

解决这一问题的可行路径，在于在实体上按照“财产能否特定化”的原则对违法所得与破产企业的财产进行区分，将刑事财产强制措施规范在能够特定化的违法所得上，对于不能特定化的企业财产则严格限制刑事财产强制措施的适用。同时，坚持破产程序与刑事案件的处理“刑民并进”原则，对于不能特定化为违法所得的财产、混同财产等原则上在破产程序启动后，侦查机关采取的刑事财产强制措施适时解除，转由受理破产案件的法院依法采取必要的保全措施。

四、破产案件涉刑事问题的实践难题

（一）破产管理人自身涉刑的监管

我国《企业破产法》对于管理人的责任体系，已有基本规定。对于破产过程中发现涉刑线索的移送，也已有较为完备的法条依据，初步可形成“债权人—管理人—法院”的刑事线索移送体系。但对于破产管理人在履职过程中，或单独或勾结其他企业管理人员、债权债务人实施犯罪活动的问题，《企业破产法》第27条规定：“管理人应当勤勉尽责，忠实执行职责”。《企业破产法》第130条进一步规定：“管理人未依照本法规定勤勉尽责，忠实执行职务的，人民法院可以依法处以罚款；给债权人、债务人或者第三人造成损失的，依法承担赔偿责任。”《企业破产法》第131条规定：“违反本法规定，构成犯罪的，依法追究刑事责任。”在破产实务中，随着债权人法律意识的崛起，债权人起诉管理人并天价索赔的案例屡见不鲜，这些案例揭示了破产管理人诸多的失职之处，使得解决破产管理人自身涉刑监管的问题日益迫切。

虽然《企业破产法》第131条对管理人的行为作了可以追究刑事责任兜底性的规定，但该条规定并未列举可能追究刑事责任的情形，但从其所处的排列顺位可以判断,《企业破产法》第125条至第130条所列举的各类情形均具有被追究刑事责任的可能。据此可能涉及债权人和债务人的罪名包括隐匿、故意销毁会计凭证、会计账簿、财务会计报告罪,虚假诉讼罪,拒不执行判决、裁定罪,虚假破产罪等。管理人如存在犯罪行为,可能与其他人员成立共犯,亦可能单独涉及掩饰、隐瞒犯罪所得罪,帮助伪造证据罪等。

(二)破产程序与"涉众型经济犯罪案件"的协调处理

近年来,一些新兴经济领域如网络借贷、投资理财、养老服务、消费返利、虚拟货币、金融互助等,成为"涉众型经济犯罪"的"重灾区",以P2P为代表的涉众型经济犯罪案件呈现高发态势。这些"涉众型经济犯罪案件"往往涉及集资诈骗、非法吸收公众存款、组织领导传销等罪名,一般具有以下几个特点:涉案的"被害人"众多;"非吸"赃款难以界定和追缴;"非吸"和民间借贷相互交织;社会维稳压力突出。

由于所涉人数众多、当事人分布地域广、标的额特别巨大、影响范围广,严重影响社会稳定,在刑事领域"两高"先后多次颁布司法解释对此类案件办理的程序和实体性问题专门作出规定,如2014年最高人民法院、最高人民检察院、公安部颁布实施的《关于办理非法集资刑事案件适用法律若干问题的意见》和2019年1月最高人民法院、最高人民检察院、公安部颁布实施的《关于办理非法集资刑事案件若干问题的意见》,其中大量的规定都是针对"非吸"资产的处置。

但"涉众型经济犯罪案件"中,财产问题性命交织,难以处断,且单一的刑事打击不足以解决"非吸"带来的社会性问题。实践中有很多非法集资案件的被害人为了能够挽回损失、拿到赔偿,联名要求办案机关释放犯罪嫌疑人,甚至出现群体性上访甚至闹庭的事件。可以说,刑事手段对化解因"非吸"所产生的社会矛盾的努力显得力不从心,其原因在于以"非吸"为代表的"涉众型经济犯罪案件"不仅仅要实现刑事惩罚功能,更多的还需要考虑追赃挽损、退赔等资产的处置问题。

涉及财产问题,显然民商事手段尤其是破产程序对于综合解决"涉众型经济犯罪案件"的社会矛盾具有特殊作用。破产程序的一个最大特点就是公平和概括偿债,在这个程序中通过债权申报、审查、确认和破产财产的归集,以及破产财产的变价和分配可以最大限度地对所有债权人的债权做出公平的清偿。因此,积极研究通过破产程序与刑事程序的兼容推进，在解决“涉众型经济犯罪案件”定罪处刑的同时，利用破产法在资产处置、债权债务清理方面的制度优势，一并解决善后资产处置，对社会发展大有裨益。实践中须具体协调处理好以下问题：

一是打破破产案件与刑事案件在办理过程中的信息壁垒，对于涉刑部分被害人清单、查封扣押冻结财产的情况及时予以通报。“非吸”案件中，刑事案件里的部分被害人可能会在刑事报案与破产债权申报这两种维权方式中选择一种，部分被害人则可能既进行了刑事报案，又同时进行了民事维权，比如提起民事诉讼或者参加破产债权申报。同时，刑事案件中查封扣押冻结的财产与破产企业的债权债务亦会存在不同程度的交叉，在案件办理程序中协调做好相关的数据共享，特别是利用破产法对于债权申报、登记、确认等事项迅速查清集资参与人或被害人的人数与金额，缩短案件处置周期，有利于对非法资金的清退处置。

二是引入破产制度处理与刑事案件关联的资产处置，多种手段配合运用提高涉案资产转化效率。“涉众型经济犯罪”简单的“一封到底”处置模式，弊端日益明显，很多刑事案件中一般也会督促涉案企业尽快回收资金，对集资人资金进行清退，然而在企业负责人在逃或者在押情况下，该措施即会失效。引入破产制度后，管理人则可以代表债务人通过诉讼、函告催收、支付令等多种方式对该等相关财产予以追索，当破产财产与刑事涉案财产无法“特定化”时，利用管理人对财产管理处置的专业化优势，可实现资产转化的最大价值。最终通过在经济犯罪刑事案件中引入破产程序解决资产处置问题，真正实现“刑民同步”这一创新法治理念，解决司法实践中刑民交叉的法律适用难题。

三是妥善处理破产程序中的集资人债权申报，进行灵活债权审核。刑民交叉难题的本质在于由于经济犯罪、经济行为的复杂性，民商事法律规范的调整规则不尽一致导致的，反映在办案程序上，应尽力对刑民处置规范不一、认定模糊争议的问题进行专门性处理。对于集资参与人、集资财产的利害关系人，由于最终的财产处置会受到刑事判决的极大影响，可在破产程序中先接受申报登记，予以专门性处理，同时利用破产制度中管理人这一客观中立角色的设定，实现资产处置过程的公开、透明及高效沟通，保障集资参与人或其他被害人的知情权、监督权。

第八章　破产跨境问题的处理

第一节　破产企业跨境因素分析

改革开放以来,跨国投资和跨境交易逐渐成为企业经营发展中的常态现象。借助资本市场的力量,泉州的企业在过往的发展历程中有着诸多成功境外上市的典型案例。根据相关数据显示,截至2018年,泉州市共计103家企业在境内外上市成功,企业数量居全省首位,在全国的地级市中也位居前位。[①] 但是,境外上市并非一把"万能钥匙",经济发展的周期性、资本市场所带有的高风险和投机性强的特点以及自身经营不善等问题均可能导致一家企业陷入债务危机和经营困境,甚至走向破产。经济全球化带来的巨大机遇与并存的风险让跨境企业在分享机会的同时也亟须寻求法律的保护,跨境破产作为一种特殊的保护机制成为不少跨境企业化解风险的重要选择。

全球经济一体化背景下,各国之间的经济交往愈加频繁,跨境破产已成为一项重要议题。当一个国家的企业破产时,如果这个企业在境外上市或者有位于外国的

---

① 参见泉州晚报:《泉州上市企业达103家 "泉州板块"总市值近4500亿元》,载闽南网2017年8月22日,http://www.mnw.cn/quanzhou/qiye/1824920.html。

财产和债权人,在企业破产中就存在跨境因素并可能出现跨境破产问题。[①] 近年来,诺奇股份、富贵鸟股份、喜得龙公司、先创电子等一批带有跨境因素的泉州企业向泉州法院申请破产重整或清算,这些公司因其兼具跨境企业的特征以及特殊的跨境因素而受到了广泛关注。依据上市方式不同,境外上市可分为境外直接上市和境外间接上市。境外直接上市是指直接以境内企业的名义向国外证券主管部门申请发行登记注册、发行股票,并向当地证券交易所申请挂牌上市交易。诺奇股份与富贵鸟股份便属于典型的境外直接上市模式。境外间接上市是指境内企业不直接在境外发行股票挂牌上市,而是利用在境外注册公司的名义在境外上市。境外间接上市又可进一步划分为买壳上市和造壳上市。造壳上市又称红筹上市,在我国境外间接上市方式中占主导地位,即境内企业以在百慕大群岛、开曼群岛等地新注册成立的公司,或并购当地已经存续的未上市公司,通过现金或股权置换等方式使境外企业控股境内企业,境内企业将相应比例的权益及利润并入境外企业后推动该境外企业上市。先创电子便是红筹上市模式的典型。

表 5　泉州破产企业跨境因素与跨境问题处理

公司名称	股票类型	上市方式	我国启动的破产程序	他国有无启动破产程序	有无境外债权人	境外股东占比	资产处置涉境外因素
诺奇股份	H 股	境外直接上市	破产重整程序	无	无	H 股股票数为 160,794,000 股,占股份总数的 26.33%	诺奇股份持有的香港子公司的股权与其他子公司的股权一并公开拍卖处置
富贵鸟股份	H 股	境外直接上市	破产重整转破产清算	无	无	H 股股票数为 1,215,273,000 股,占股份总数 90.88%	富贵鸟股份持有的香港子公司的股权与富贵鸟股份持有的其他子公司的股权一并公开拍卖处置;对境外单位的应收账款与其他应收账户一并公开拍卖处置。均未单独处置

① 参见王卫国:《破产法精义》,法律出版社 2007 年版,第 12 页。

续表

公司名称	股票类型	上市方式	我国启动的破产程序	他国有无启动破产程序	有无境外债权人	境外股东占比	资产处置涉境外因素
喜得龙公司	美股	境外直接上市	破产重整转破产清算	无	无	无	无
先创电子	H股	境外间接上市	破产清算程序	有	无	无	无

第二节　破产企业跨境问题处理司法实践

一、跨境破产债权申报与审查

（一）债权申报

一般而言，申报债权的通知会通过公开途径例如报纸或全国破产重整信息网等予以公告。而后，根据债务人管理层提供的债务清册与债权人的联系方式，管理人通常会协助法院以邮寄的方式将债权申报相关材料邮寄至债权人处。但是考虑到境外债权人语言、国境、法域等存在巨大差异的客观情况，为了最大程度上保护境外债权人的知情权，泉州地区的破产实践采取了针对性措施，例如在诺奇股份、富贵鸟股份等案中，管理人首先会要求债务人就法院裁定受理境外上市H股公司破产事宜以及债权申报等相关信息，根据香港联合交易所有限公司（以下简称联交所）的相关规定予以公开披露，而后于债务人公司官网上发布同样信息。对于债务人提供了线索与联系方式的境外债权人，管理人则采取电话联系与电子邮件相结合的方式告知债权申报信息。

鉴于境外上市H股公司破产程序为境内开展的司法程序，境外债权人向管理人申报债权的要求与境内债权人一致，其提交的债权申报资料应当符合管理人制定的统一标准。在泉州跨境破产的实践中，管理人通常会制定了统一的《债权申报指引》并送达全体债权人。《债权申报指引》一般载明：(1)境外债权人申报债权的文件格式与各项要求。(2)根据实践经验，我国香港特别行政区的债权人的主体资格文书包括香港公司注册证书、商业登记证、授权一名董事作为法定代表人的董事会决议、授权债权申报的授权委托书等。(3)为了保证境外债权人申报债权的真实准确,参照《最高人民法院关于民事诉讼证据的若干规定》第11条,境外债权人提交的所有资料均还须经过有公证资质的公证机构进行公证和认证后才可拿回境内向管理人申报债权。(4)参照《民事诉讼法》第70条的规定,债权人还应就其提交的所有资料准备中文译本,仅提供外文的债权申报材料,将不能视为债权人进行了有效的债权申报。

(二)债权审查

境外债权的债权审查原则与境内债权一致,管理人应坚持从合法合规、实体与程序并重、保障实质公平的角度出发审查债权。目前,泉州境外上市企业破产实践中两种类型的债权较为明显:

第一种为给债务人提供担保而以将来求偿权为依据申报的债权,该种情况常见于境外间接上市模式中,境内金融机构与境内外商投资企业会先签订融资协议,而后由境外上市主体(境内外商投资企业的母公司或母公司的母公司)提供连带责任担保。

第二种类型为境外主体与债务人往来所产生的债权。

泉州的跨境破产实践就该两种不同类型债权总结出了不同的审查方式:第一种债权在审查时应注意与境内金融机构提交的债权申报材料进行仔细地比对,核实该笔融资的真实性与准确性,并核实是否存在境外主体已经清偿部分债权的情况。若境外担保方并未先行清偿部分债权,则根据《企业破产法》第51条的规定,对该笔债权不予确认。若境外担保方申报债权涉及的融资并未由境内金融机构申报的,则应积极敦促该金融机构及时申报债权。对于第二种因境外主体与债务人往来形成的债权,应对双方是否有真实的交易背景与交易事实、相关交易的合理性、相关证据是否充分并足以证明债权成立等方面进行严格审查,防止通过境外关联关系虚构债务或转移资产的情况。

泉州跨境破产实践对于境外债权申报与申报的统一管理模式保证了境外债权人主张与实现权利的途径的同时,还能够有效地排除存在虚构或伪造情况的债权,从而维护全体债权人的合法权益。

二、境外资产调查与追回

境外上市公司因其在境外的投资、交易等行为而可能在境外拥有相关资产,如果能将境外资产纳入境内的破产程序,债权人的利益能得到更为充分的保护。虽然《企业破产法》第 5 条规定了“破产程序对债务人在中华人民共和国领域外的财产发生效力”,但是在司法实践中,这种法律效力的实现,往往需依赖于境外立法中有相应规定,或取得其法院的承认。但是在我国香港特别行政区当前的法律制度中,并未以成文的方式对破产程序的域外效力作出明确规定。根据我国香港特别行政区的相关判例,香港特别行政区法院基于普遍性原则,在一定的情况下愿意承认境外破产程序的效力。① 但是该种司法承认在实践中仍属于个别例外而并未形成有效的制度。

在此背景之下,泉州跨境破产实践总结出以债务人自身的主动配合为切入点的做法。管理人应要求债务人提供其名下全部的财产状况说明及项下的各类财产明细并与债务人管理层、主要财务人员及关键业务部门人员进行访谈,便于管理人对债务人的境外各类财产线索进行把握。对于长期股权投资,管理人可以要求债务人前往当地公司登记部门调取相关档案,对于其他类型的资产,管理人可以要求债务人提供对应的财产权属资料、相关合同与协议、财产情况说明及附表、相关证书及相关财务资料。但是在目前泉州的境外上市公司破产案件中,几乎未有涉及境外资产的案例,缺乏启动相关境外资产追回程序的前提条件,例如,富贵鸟股份名下拥有一家香港子公司,但是该子公司没有任何资产,其本身也不具备任何价值。假若该前提条件在以后的实践中得以满足,境外资产如何纳入境内的破产程序有待进一步的探索。

三、出资人权益的调整

根据《香港联合交易所有限公司证券上市规则》第 8.08 条的规定,按照具体情况,香港上市公司的公众股东的持股量应占境外上市公司股份总数的 10% 至

---

① 我国香港特别行政区在普通法的框架下倾向于对在境外司法管辖区展开的类似香港特别行政区破产清盘程序提供司法协助,使在境外其他司法管辖区受委任的清盘人在香港特别行政区也能够行使其他司法管辖区法律下及香港特别行政区法律下均可行使的相应权力。

25%。出于对公众股东权益的保护,联交所并不认可对于公众股东权益的直接调整。因此,为了达到出资人权益调整的目标,泉州破产实践对存量内资股调整、增发新股以及混合存量内资股调整和增发新股等3种方式进行归纳总结,并对该3种方式的利弊进行了系统的分析。

(一)调整方案

1. 存量内资股调整

存量内资股的调整即在重整计划草案中安排内资股以一定比例调整给重组方,重组方取得控股权。存量内资股调整的方案从整体上说操作相对简单,重组方所需要支付的对价也相对较低。由于未涉及股份增发,H股公众股东的权益亦不会受到影响,进而无须证监会与联交所的审批。例如在诺奇股份重整案中,已公开发行的H股占公司股份总数的26.33%,直接调整该部分股权无法获得香港联交所的同意。于是诺奇股份重整计划中便规定了内资股按一定比例调整给重组方,调整后重组方取得公司的控股权,其他内资股股东的持股比例相应减少,H股公众股东的持股比例不变。通过前述存量内资股调整,诺奇股份成功地实现了重组方的引入以及对出资人权益的调整。

但是在实践中,境外上市公司的股份经常存在质押情形,例如富贵鸟股份除H股公众股东外,超过90%的股份均存在着质押的情形。通过对股份调整的可行性分析后发现,即使重整计划通过了调整内资股股东持股比例的方案,但重整计划无法在香港特别行政区直接获得承认并具有强制力,[①]股份变更登记手续须经质押权人同意后方可办理。质押权人通常会提出全额清偿其债权或提供同等价值的其他担保作为释放股权的前提条件。由于相关债权的金额之巨,重组方将承担巨大的财务压力,重组方亦表示难以接受该种方案,因此存量内资股调整的方案无法适用于境外上市公股份存在质押的情形。

---

① 2016年3月,时任最高人民法院常务副院长沈德咏访港期间与袁国强司长分别代表两地签署了《会谈纪要》,提出了全面构建两地民商事司法协助机制的共同愿景,确定了2016年年底前签署相互委托取证安排、2017年6月底前签署相互认可和执行婚姻家庭案件判决安排、2017年年底前签署相互认可和执行非协议管辖民商事案件判决安排的“三步走”目标。目前内地与香港特别行政区于2017年6月签署《内地与香港相互认可和执行婚姻家庭民事案件判决的安排》,但是尚无破产相关司法协助机制的安排。

2. 增资扩股

增资扩股即在重整计划草案中安排发行新股，并由重组方和债权人进行有条件或无条件认购，使重组方成为新股东（同时可安排债权人取得新发股份用以偿债）。此种情形下原股东的所持股份数不发生变化，因增资扩股产生稀释作用，原股东在持股比例上会降低。相较于存量内资股调整，增资扩股可以有效回避因境外上市公司的股份质押而导致的重整计划执行问题。但是H股上市公司的增资扩股将要受到证监会以及联交所的审批与核准。

首先，公司申请境外发行股票和上市（包括增发）的，应向中国证监会提出申请。证监会审核时的关注要点在于此次增发是否符合外资准入与宏观调控及产业政策、发行人是否合规经营、发行人的股权结构与公司治理是否合理等多个方面，对于已经严重资不抵债且陷入困境的企业而言，获得证监会审核通过存在较大难度。

其次，即使境外上市公司增资扩股获得了证监会的行政许可，其还要面临着联交所的监管。在境外上市公司已停牌且进入破产重整程序的情况下，增资扩股方案面临着如下棘手而又亟须解决的问题：(1)香港联交所是否允许实施增资扩股。(2)发行新股须满足何种条件，破产重整程序能否构成豁免情形。(3)对于股份认购方的身份是否有特殊性规定或者限制，对于股份认购方的认购对价是否有特殊性规定或者限制，是否可以无条件认购新股。在实践中，诺奇股份管理人以及富贵鸟股份管理人曾就该些问题向联交所发函以寻求答案，但是联交所并未就该些问题进行过明确的回复。增资扩股方案存在的不确定性导致了该方案在实践中难以操作。

3. 资本公积转增股本

资本公积转增股本是指在重整计划草案中安排以现有股本为基数，按一定比例实施资本公积转增股本，转增的股份不向原股东分配，而是根据重整计划草案的规定分配给重组方。资本公积转增股本是在A股上市公司重整中普遍使用的一种方案，其因符合各方的期望而受到了普遍的欢迎。但是境外上市公司资本公积转增股本方案同样涉及股票增发的问题，亦同样要面对双重监管与行政审批的不确定性。

总结泉州跨境破产重整案件的出资人权益调整方案的实践经验，可得出如下结论:存量内资股调整的操作方式最为简单,无须证监会与联交所的审批与监管,但是无法适用于上市公司股票质押的情形。增资扩股与资本公积转增股本方案可以让重组方直接取得流通股票,相应价值较高,但由于证监会与联交所的监管,该两种方案同样存在较大的不确定性,难以具体操作。实践中,境外上市公司的出资人权益调整要根据债务人的实际情况、重组方的意愿、行政审批的规定等多方面情况综合考量。

(二)出资人组的表决机制

根据最高人民法院《审理上市公司破产重整纪要》,出资人组的表决规则可以确定为:“经参与表决的出资人所持表决权三分之二以上通过的,即为该组通过重整计划草案。”最高人民法院于 2019 年 3 月公布的《破产法司法解释三》第 11 条规定:“对重整计划草案进行分组表决时,权益未受到调整或者影响的债权人或者股东,不参加重整计划草案的表决。”该条规定吸取了域外先进的破产法立法规定,有利于明确重整程序中的谈判主体与主要矛盾。而在此之前,泉州跨境破产实践便已有类似的创新性做法。例如在诺奇股份重整案中,因其存量内资股调整方案并未影响 H 股公众股东权益,故重整计划草案规定出资人组仅由涉及出资人权益调整事项的全体内资股股东组成并行使表决权。这种实践创新除有效解决了 H 股公众股东难以进行投票的现实性障碍外,还保障了境内重整程序的有效推进。

值得注意的是,与存量内资股调整方案对应的增资扩股或资本公积转增股本方案则可能涉及 H 股公众股东表决事宜。我国 A 股上市公司出资人组表决通过中国证券登记结算有限责任公司股东大会网络投票系统(www. chinaclear. cn)进行网络投票。将来 H 股上市公司出资人组中公众股东表决方式能否参照 A 股上市公司还是借助于沪港通等两岸互通机制予以实现,都需要在未来的实践中进一步探索。

第三节　境外证券交易所监管与破产程序的衔接

一、复牌与破产重整程序的衔接

当境外上市公司出现财务困难,严重损害其持续经营能力,导致其部分或全部业务终止经营或出现资不抵债的情况时，境外的证券交易所有权根据相关证券规则决定停牌。而在限定期间内，境外上市公司若无法采取有效的措施摆脱困境进而达到复牌的要求，则境外上市公司的上市地位将被取消。[①] 例如，《香港联合交易所有限公司证券上市规则》第13.24条规定："发行人经营的业务（不论其直接或间接进行）须有足够的业务运作或拥有相当价值的资产支持其营运，其证券才得以继续上市。"一旦丧失了上市的地位，重组方参与重整的意愿和动力将大打折扣。总结泉州跨境破产相关实践操作，为了将来境外上市公司成功复牌，管理人与重组方应在如下方面积极配合：

首先，管理人应当在程序开始之后与境外的相关主管部门以及证券交易所保持良性的沟通。由于不同国家或地区的破产法律制度存在较大的差异，管理人应当介绍并解释破产重整制度的价值与意义。如果境外主管部门提出对于公司的实际经营状况、内控状况、财务状况和信息披露情况进行质询和调查，管理人与债务人应当依法予以积极配合。公司设有的相关法律顾问或合规顾问应协助管理人维护良好的沟通渠道。

其次，在具备可行性支持的前提下，向法院申请债务人在重整程序中继续经营，进而维持债务人现金流，最大程度上保护债务人的价值不受贬损。鉴于债务人复牌有赖于其核心资产的保留，管理人在公开招募重组方时应考虑将保留核心资产作为重组方的遴选条件。

最后，管理人应当向重组方清楚表明目前境外上市公司停牌的现状，以及管理人掌握的复牌的要求。管理人应当将复牌工作以及相关费用的承担作为谈判的重要内容，在详细披露相关风险与责任的前提下与重组方开展充分的讨论。

二、信息披露

信息披露制度又称信息公开制度，是指在上市公司进行证券发行与证券交易的各个环节中，由相关当事人依照法律将公司的全部相关信息资料真实、准

---

① 境外证券市场上市证券终止上市的标准大体上可以归纳为以下八个方面：(1)公众股东人数低于交易所规定标准；(2)股票交易量极度萎缩，低于交易所规定的最低标准；(3)上市公司因资产处置、冻结等因素而失去持续经营能力；(4)法院宣布公司破产清算；(5)财务状况和经营业绩欠佳；(6)不履行信息披露义务；(7)违反法律；(8)违反上市协议。

确、完整、及时地披露或公开的过程。为了保障投资者对于境外上市公司信息的及时掌握并进行决策，涉及公司破产相关程序性与实体性事项亦同样予以披露。

（一）披露主体

根据《审理上市公司破产重整纪要》，在管理人管理的模式下，由管理人履行信息披露的义务；债务人自行管理的模式下，由债务人履行信息披露的义务。该上市公司信息披露的要求和规范适用于A股上市公司，但是否同样适用于境外上市公司存在着一定争议。对于境外上市公司而言，其在进入破产重整程序后履行信息披露的义务仍须遵循境外证券交易所的要求和规则，《香港联合交易所有限公司证券上市规则》便规定了发行人的信息披露主要责任主体应为其董事或高级管理人员。与联交所沟通的过程中，其对于发行人的董事或高级管理人员继续履行信息披露义务也更为接受。因此，泉州跨境破产实践界普遍认为由在香港联交所备案的公司董事会秘书或执行董事继续负责履行有关信息披露义务应更适宜。诺奇股份、富贵鸟股份等案中，均遵循前述逻辑，由债务人董事或高级管理人员继续担任披露主体，从而保持了与联交所之间的良好沟通。

（二）披露内容

境外上市公司于破产重整程序中应当披露的信息没有相关的直接规定，但是泉州的破产从业者以实践为基础，从上市公司信息披露的目的和要求以及破产的法律概念出发，对破产程序中所有应予以披露的重要的信息、时间节点、关键收文等进行了总结，并予以披露。以富贵鸟股份破产案为例，主要披露了以下内容：(1)申请破产重整事宜的情况、申请主体的情况、申请时间、申请的事实和理由、法院受理的裁定书与决定书。(2)泉州中院公告，申报债权的实践以及第一次债权人会议的召开信息。(3)第一次债权人会议议程、表决情况、审议通过的主要内容。(4)重整过程中的重要诉讼、重大事项。(5)招募重组方公告以及相关内容。(6)泉州中院关于延长重整计划草案提交期限的裁定。(7)管理人向泉州中院提交重整计划草案的情况。(8)第二次债权人会议召开的通知。(9)第二次债权人会议的表决情况与结果。(10)重整计划草案第二次表决的时间。(11)重整计划草案第二次表决的结果。(12)取消上市地位的通知。(13)泉州中院裁定破产的裁定书。诺奇股份案中，基本上也披露了上述内容，但因为诺奇股份是重整计划草案第一次表决即通过且最终重整成功，所以少披露了最后4

项的内容,多披露了债权人会议通过重整计划以及重整计划执行情况等内容。综上,笔者认为,以破产重整程序为例,披露内容可分为程序性内容与实质性内容。程序性的内容主要包括:申请破产重整前披露董事会审议以及决议申请破产重整事宜的情况、申请主体的情况、申请时间、申请的事实和理由、法院受理或者不受理的裁定;破产重整程序进入后,有关法院裁定的具体内容、债权申报和审核的情况、债权人会议的结果、重整计划草案的制作情况、法院对重整计划的批准结果、重整执行期间执行计划情况等等。实质性的信息包括出资人权益的调整方案、债权清偿方案以及未来经营方案等。

第九章　泉州市中级人民法院破产案件线上办理平台综述

拥抱信息科技，是我国在破产审判中的一大亮点，是中国破产审判对全球营商环境治理的积极贡献。2016年8月1日，最高人民法院正式开通全国破产重整信息平台，标志着我国破产审判工作正式进入信息化时代。全国破产重整信息网由全国企业破产重整案件信息互联网、企业破产案件法官工作平台、破产管理人工作平台3部分组成。根据全国破产重整信息网查询数据显示，截至2021年5月6日，信息网共计公开4967位债务人信息，发布各类公告共计109,594件。

按照最高人民法院破产审判工作信息化的布局构思，全国破产重整信息网处于企业破产大数据的枢纽地位，在充分发挥信息网的宣传、交流功能，引导有关方面积极运用信息网，为企业破产重整创造有利条件的基础上，还要逐步健全破产企业信息网络，继续探索多形式的信息化建设，加大破产重整信息公开力度，促进资本、技术、管理能力等要素在全国乃至全球范围内自由流动和有效配置，最大程度激活中国企业的潜能。

2020年以来，随着破产案件的剧增尤其是“执转破”工作的深入推进，对破产案件办理信息化提出了新的要求。破产事务性工作烦琐，传统的线下办理和汇报，交互效率低,信息化、智能化服务不够完善,监管无法即时全面,都是制约破产审判发展的痛点。如何应对各地营商环境优化的具体实践要求,系统整合破产案件信息公开与破产企业重整价值识别、破产财产网络询价及拍卖处置、管理人监督及绩效考核等各项破产事务的线上办功能,推动前沿科技与破产审判工作深度融合,提升破产审判和审判能力现代化水平,是破产审判新形势下的必答卷,对此必须进行大胆和有远见的探索改革。

泉州中院深耕智慧法院建设多年,秉持让数据多跑路、让群众少跑腿的理念,积极打造一站式诉讼服务全系统。作为智慧法院建设的重要内容,泉州中院破产案件线上办综合云平台的建设以建立一个方便、快捷、高效的信息共享平台,搭建法院、债权人、债务人、破产管理人、管理人协会、银行、网拍机构的互通新渠道为总体目标,采取"一平台为旗舰,多平台护航"的模式,即在全国破产重整信息网的信息枢纽基础上,以阿里破产案件办理平台为主载体,建行—破产管理人账户资金监管平台及破产管理人协会公众号协同辅助,以实现规范破产流程、减少破产成本、便利破产参与、即时有效监督等目的,开拓破产审判新局面。

一、各平台概述

(一)阿里破产案件办理平台

2020 年 7 月,泉州中院作为福建省法院破产案件平台建设试点单位,开始筹备阿里破产案件办理平台(以下简称阿里平台)的全面试点工作。2020 年 7 月,泉州中院与阿里平台团队进行内外网数据交互方案可行性和安全性论证,调试数据采集、解析服务,平台接口服务,ftp 服务,业务数据库及挂接存储,实现数据的双向同步。2020 年 8 月,泉州中院与阿里平台团队进行平台各项业务功能定制,测试系统运行,配置人员权限,调整使用界面。2020 年 10 月 12 日,泉州市两级法院正式启用阿里平台,将破产案件各个流程整合到阿里平台线上办理。2020 年 11 月 14 日,泉州市两级法院、泉州市破产管理人协会与阿里平台团队举办阿里平台操作培训会,对两级法院破产办案人员、管理人协会成员进行集中培训,使各岗位人员熟悉系统各项功能操作。

1. 全线上化案件管理

通过关联破产审判案件信息,承办法官作出受理裁定和生成指定管理人决定书,同时指定破产管理人。破产管理人将自动接收到钉钉同步推送的指定案件信息,在系统确认后即可进行线上接管和关联获取案件信息。破产管理人进行案件流程节点操作并填报相关内容,承办法官可即时查看破产案件进度,查阅和督促管理人的工作进展。

2. 数据流转与审核

承办法官、破产管理人、债权人、债务人通过阿里平台参与破产程序实行全程留痕,所形成数据将通过阿里云—服务器数据存储、蚂蚁政务区块链—存证、阿里拍卖破产接管管理系统—提证的方式进行电子数据存证验证,并进入最高人民法院司法链予以存证,确保数据的真实性。破产管理人直接通过平台进行无纸化办公,线上提交申请、请示、报告,承办法官在接收后亦可直接在平台上进行查阅、审核、答复。就债权申报、通知已知债权人、执行法院、确定第一次债权人会议、债权审查、申请确认债权、申请宣告破产、拟定变价和分配方案、分配破产财产、申请终结、办理注销登记等法律明确规定的破产事务,阿里平台将自动推送交办事项任务,并要求破产管理人在法律规定的期限内办结。对于破产管理人提交的办结结果报告,承办法官通过平台查阅确认或提出意见。

3. 节点监控与预警

通过线上报告、审批、查询,为债权人、债务人提供节点公开,加强信息透明度。破产案件参与各方可全面、及时、准确获悉案件进展,全程展示破产清算、重整情况。围绕破产程序中的各个节点,法官、破产管理人、债权人、债务人可及时反馈意见,实现互联互通、监管配合。破产管理人应当主动在阿里平台填报破产案件全流程节点办理和相关事项信息。对于可能无法按照计划完成的交办事项,承办法官应当通过平台向破产管理人发出预警,要求破产管理人进行说明,督促其履职尽责。若破产管理人提出的理由正当,承办法官可允许其变更工作计划和方案,并责令其向债权人、债务人进行披露;若理由不成立,应责令破产管理人限期完成。

4. 债权申报与确认

债权人可在阿里平台中登记个人信息,在其信息通过验证确认后即可登录阅读债权申报公告、须知、指引,填写债权发生经过、债权类型、金额和计算方式、有无财产担保、有无涉及诉讼、仲裁、财产保全或强制执行等债权信息,线上提交初步债权信息及债权凭证供破产管理人审核。经破产管理人初审确认债权人身份,该债权人可在线上查看自己的债权申报审查确认进度和结果。破产管理人在债权申报期限届满后,根据审查的情况编制债权表上传至阿里平台。各个债权人可在线上查阅自己和其他债权人的债权申报信息。若对债权表记载的债权有异议,可以线上提出异议,破产管理人应当及时予以答复说明,并告知其相应救济途径。

5. 线上债权人会议

在债权人会议召开前3天,阿里会议保障团队安排专职摄像师团队进场,完成直播现场的相关调试,如画面调试、声音调试、网络调试等,确保债权人端收看到的是一场高质量的现场直播。为保障正式会议的签到与投票顺利进行,在正式会议前先行组织引导债权人在钉钉直播会议群中进行签到测试与投票测试,尽量保证债权人对于签到和投票等操作的熟练度,同时进一步验证核实债权人在申报时提供的信息是否与系统录入的信息一致,确保正式会议的签到和投票有序进行。在正式会议召开前30分钟,由摄影师做最终现场直播画面与声音状况汇报。直播通道正式开启后,直播群内的债权人都将收看到画面,同时平台也支持通过链接分享的方式观看。准备工作完毕后,破产管理人在钉钉直播会议群内发布签到链接,开启签到通道并发布通知引导债权人进行签到,破产系统后台可实时观看签到数据,包含应签到人数、已签到人数、应签到债权额、已签到债权额,已签到人数占比、已签到金额占比。及时对未签到的人员进行通知提醒,处理债权人签到过程中碰到的问题。签到时间届满后,破产管理人从阿里平台导出签到人员明细,完成签到统计,整理签到报告。

会议进展至事项表决阶段时,由破产管理人在钉钉直播会议群内发布表决链接,开启投票通道并发布通知引导债权人进行表决,破产系统后台可实时统计债权人投票数据。系统会自动根据债权人表决数据与签到数据计算出表决项金额占比,表决项人数占比。破产管理人将各表决项债权人表决明细导出,完成投票统计,整理投票报告。

会议结束后,阿里平台保存并上传会议的全程影像资料,针对所有在破产后台操作的留痕信息,如债权人数据、签到数据、投票数据等完成上链封档留存,形成会议总结报告,供破产程序参与各方存档和后续查证。破产案件相关信息自动同步录入全国破产重整信息网。截至 2021 年 5 月 7 日，泉州两级人民法院已通过阿里平台成功召开 41 次线上债权人会议，其中包括上市公司贵人鸟股份的第一次、第二次债权人会议。

6. 破产财产接管与处置

破产管理人应当在阿里平台中上传财务管理制度文件和破产财产变价方案，定期填报破产财产和管理人财务工作周报、月报。在调查并接管破产财产后，应当在阿里平台及时、准确、全面地登记填报破产财产信息。对于需要变价出售的破产财产，阿里平台自动挂接网络拍卖平台，动态获取拍卖信息和进度。在拍卖成交后，根据破产管理人的指示将拍卖款转至管理人银行账户。

7. 破产管理人绩效考评

泉州中院通过阿里平台建立破产管理人三维绩效考评机制，综合评估破产管理人的执业业绩、能力、专业水准、办理质效，激励督促破产管理人依法履职尽责，并将绩效考评结果作为确定管理人报酬的重要依据。

(1)考评内容

破产管理人考评内容由团队组成情况、管理人履职情况、整体评价 3 部分组成。团队组成情况包括：第一，人员配备方面，团队人员数量、素质、经验、能力等是否满足破产案件管理工作的需要；第二、内部管理方面，是否制定各类规章制度(如印章使用、财务收支、文件保管、保密规定、档案管理等)，是否组织团队成员参与业务培训。管理人履职情况包括：第一，企业接管方面，是否快速、全面接管破产企业的财产、营业性事务、公司印章、营业执照、财务账簿、文书等，并做好管理工作；第二，审计评估方面，是否公开招募审计评估机构工作，协调督促其及时出具相关报告，较快较好完成清产核资工作；第三，债权申报审查方面，是否及时通知已知债权人申报债权，登记造册，是否依法审查申报债权，编制债权人表交债权人会议核查、债务人核对，提请法院裁定确认债权；第四，组织召开债权人会议方面，会前准备是否做好会场布置、文件资料、维稳预案，会中表现是否抓重点、简明扼要陈述，回答债权人提问是否清楚明确，表决结果统计是否快速、准确，会后收尾是否有序清洁；第五，资产处置方面，是否合法合理、快速高效、价值最大化；第六，仲裁、诉讼方面，是否代表破产企业参加未结仲裁、诉讼或提起仲裁、诉讼；第七，相关事项处理效果，在突发事件、维稳问题、职工问题上的处理是否妥当有效，整体评价包括破产工作是否体现出相应专业水准，是否高效节约，是否勤勉尽职，忠实履职，积极配合法院工作，破产工作是否取得良好的经济效果、社会效果、法律效果。

(2)考核阶段

考核阶段由日常考核、分段考核和整体考核3部分组成。日常考核由阿里平台对破产管理人完成破产工作的情况，根据交办结任务的时长和完成度进行智能评分，该评分是即时的。分段考核主要按照接管债务人、破产财产调查管理、债权申报审核、第一次债权人会议、确定破产方案（和解、重整或清算）、方案执行阶段、宣告破产、结案、归档和遗留事项等9个阶段逐期评分。整体考核在重整计划、和解协议执行完毕之日，或者破产管理人办理注销登记完毕次日终止执行职务之日后的15天内完成。

(3)考核主体

除日常平台智能考核外，每次的考核首先由破产管理人进行自评并提交佐证材料，再由债权人委员会或债权人会议主席、破产管理人协会、破产审判合议庭分别评分，最终由破产合议庭根据上述评分情况进行综合统计，并将最终结果告知破产管理人。

8. 卷宗自动生成

破产案件办结后，承办法官、破产管理人可通过阿里平台一键生成档案功能，将破产案件办理中形成的全部记录及文书自动整理为电子档案材料进行归档。该档案数据文件形成后具有唯一的哈希值（数字指纹），可供今后对文件的完整性进行校验，以确保档案数据不被篡改。

（二）建行—破产管理人账户资金监管平台

2018年9月25日，泉州市破产管理人协会与中国建设银行股份有限公司泉州分行（以下简称建行泉州分行）签订《战略合作协议》，确定由建行泉州分行负责开发破产案件资金管理系统，便于破产案件资金的使用和监管。该破产案件资金管理系统由破产管理人资金使用端和法院资金监管平台组成。破产管理人应当将接管的破产资金存入专门开立的破产项目管理人账户，该账户仅用于破产重整、破产清算和公司强制清算案件。对于金额5万元以下的破产费用支出，由破产管理人在管理人资金使用端进行操作，承办法官可即时收到相应短信提醒;对于超出金额5万元以上的费用支出,则须由破产管理人通过阿里平台向承办法官提交报告,经承办法官审核确认后,由破产管理人在资金使用端提出用款申请,承办法官在法院资金监管平台插入U-key验证审批通过后方可支出。资金监管平台可实现全流程账户资金监管,账户交易信息实时查询和调阅,资金流水交易全流程追索,高频及大额度交易动账统计通知与推送,实现破产案件信息流和资金流的安全可靠。资金监管平台自启用至2021年5月12日,已将54个管理人账户金额合计49.8亿元的破产资金纳入监管,仅2021年2月12日至5月12日期间,平台合计对351笔、金额67,104,611.09元的资金收支进行即时监督、审批。

(三)"破产管理人协会"公众号

泉州市破产管理人协会于2017年12月9日成立,由泉州中院首批企业破产案件管理人名册的律师事务所、会计师事务所、清算公司共同组建,是具有独立法人资格的地方性、联合性、非营利性社会团体,现有29家单位管理人、8名个人管理人,共计95名会员。2017年12月28日,泉州市破产管理人协会启用协会公众号,进行案件通知、公告,招募投资人和评估审计机构,破产理论和实践经验交流、宣传和培训。作为泉州破产审判信息化的延伸,在泉州中院的推动下,泉州市破产管理人协会要求各会员在办理破产案件中的各类通知、公告,除在全国破产重整信息网发布外,还应当同时通过协会公众号进行发布。截至2021年5月6日,"泉州市破产管理人协会"公众号共计发布信息130条,阅读量53,232次。

二、平台效用

破产案件线上办综合云平台搭建以来,破产审判事务数字化、智能化办理的科技赋能作用初见成效,泉州中院的破产审判工作整体质效提升明显,发挥了破产审判在市场经济主体拯救和退出机制中的积极作用,助推泉州营商环境进一步优化。

(一)债权平等保护

当市场主体消亡时,通常会产生债权债务问题。破产制度作为破产企业债权债务公平清理的法律程序,应当同时考虑债权人、债务人、出资人(股权持有人)、劳动者等主体的利益平衡。就债权人而言,不同受偿顺位的债权人、不同债权额大小的债权人之间，往往存在利益冲突，从债权申报、事项表决到破产财产的分配，破产程序的每个环节都涉及各方债权人实体利益的争议。对于如何实现破产法上的利益平衡，传统模式主要依托于破产法律制度的设计，并通过法院的破产裁判实现一种平衡状态。在当下的互联网思维下，数字化、信息化的科技力量或许可以重构债权平等保护的新模式。

1. 债权人的知情权保护

从债权人的角度看，其参与破产程序主要分为3个阶段：一是破产债权申报阶段，二是债权人会议召开和表决阶段，三是破产财产的分配阶段。在传统的破产案件线下办理模式下，债权人在破产程序中往往由于查阅资料的不方便和不及时，对债务人的破产原因、会议程序和议题、资产处置等详细情况不甚了解，其在信息获取上天然处于弱势地位，尤其是金额较小的普通债权人，出于自身成本考虑，对参与破产程序本就缺乏积极性，更谈不上对各项破产信息进行充分了解。在破产管理人的角度，根据《企业破产法》第23条第2款规定，管理人应当列席债权人会议，向债权人会议报告职务执行情况，并回答询问。《破产法司法解释三》第10条规定，单个债权人有权查阅债务人财产状况报告、债权人会议决议、债权人委员会决议、管理人监督报告等参与破产程序所必需的债务人财务和经营信息资料。管理人无正当理由不予提供的，债权人可以请求人民法院作出决定；人民法院应当在5日内作出决定。上述信息资料涉及商业秘密的，债权人应当依法承担保密义务或者签署保密协议；涉及国家秘密的应当依照相关法律规定处理。上述法律及司法解释仅规定破产管理人应向债权人会议报告特定事项，或者在债权人的要求下提供必需的资料，并无要求破产管理人主动向债权人披露全部破产信息及资料的强制性规定。亦即，破产管理人在信息的全面、充分披露上缺乏有效的压力和动力，而要求破产管理人向全体债权人复制并送达其掌握的债务人的全部资料，将大大增加破产工作量和成本，亦不具有效率和经济性，这极大地限制了债权人知情权的充分行使。综合云平台带来的便捷和其低廉成本，以及平台规范要求的倒逼，破产重整、清算信息得以及时、全面、准确公开，债权人尤其是小债权人的知情权得以有效充分保障。

2. 债权人的表决权保护

根据《企业破产法》第64条的规定，债权人会议的决议，由出席会议的有表决权的债权人过半数通过,并且其所代表的债权额占无财产担保债权总额的1/2以上。但是,该法另有规定的除外。债权人认为债权人会议的决议违反法律规定,损害其利益的,可以自债权人会议作出决议之日起15日内,请求人民法院裁定撤销该决议,责令债权人会议依法重新作出决议。债权人会议的决议,对于全体债权人均有约束力。上述法律规定中的债权额比例要求主要从提高债权人会议的效率考虑,债权人人数比例要求则是兼顾对债权额小的债权人利益保护的制度设计。但是,出席线下债权人会议的路途时间和金钱成本,无疑是小额债权人充分行使表决权的客观障碍,也是长期以来小额债权人会议到会率低的主要原因,在可能无产可破的案件中,小额债权人的到会率更是少之又少。综合云平台的启用,可以有效化解上述难题,既便利了债权人行使表决权,减低了破产程序的参与成本,又可确保债权人会议形成的决议更客观、全面地体现全体债权人的利益诉求,更符合全体债权人的真实意思。

(二)新型监督载体

破产程序是债权人、债务人、出资人(股权持有人)、劳动者等各方利益主体之间实体权利调整和分配的集中,破产工作的顺利推进需要各方达成“最大公约数”的共识,但因其利益冲突预设了相互不信任的角色定位,需要相互制衡约束的机制和途径。人民法院掌控破产程序推进的指挥权、指导权、裁决权和监督权,破产管理人全面接管破产财产并负责对其财产和债务进行保管、清理、处理和分配,人民法院、破产管理人履行职权的公正性、中立性同样需要接受监督。债权人参与破产程序能动性、权力意识差,管理人能力和职业操守不高,承办法官职权范围不清等,都是可能引起破产程序效率低、效果差,甚至滋生违法犯罪和腐败的因素。“阳光是最好的防腐剂。”通过综合云平台的启用,可以有效增加破产程序的公开透明度,防止暗箱操作,有利于市场主体有序出清,也是完善破产案件的管理和监督机制、进一步深化司法公开有效的新型载体。

1. 债权人的监督权保护

广义的债权人的监督权,主要包括对其他债权人的异议权和对债务人、破产管理人和人民法院的监督权。对于其他人申报的债权,根据《企业破产法》第57条、第58条的规定,债权人有权查阅债权表和债权申报材料,对提交第一次债权人会议核查的债权表,若对记载内容有异议,还可提起债权确认诉讼。在相关债权申报情况及凭证资料通过线上方式向全体债权人和债务人公开后，债权人得以便捷地查阅及提出异议，这可以有效降低部分债权人企图利用信息不对称蒙混过关的道德风险。对于债务人的监督，通过破产管理人对债务人信息的充分有效披露，可以有效限制债务人的原经营者和管理人员从企业获取不当利益，并积极配合破产清算、重整工作。对于破产管理人的监督，在查阅、获取充分信息的情况下，债权人可针对性地对破产管理人的工作提出异议和意见，对于认为可能损害债权人利益的行为，债权人可要求破产管理人予以说明，亦可及时通过线上渠道向人民法院反映，要求人民法院进行监督和责令纠正。对于人民法院的监督，债权人可在线上随时查询案件节点进度，对于承办法官未依照法律规定期限拖延办案的，可向有关机关、部门提出投诉和检举。

2. 人民法院的监督权落实

根据《企业破产法》相关规定，破产管理人由人民法院指定产生，人民法院对破产管理人的履职负有法定的监督职责。人民法院的监督权主要体现在要求破产管理人向其报告工作和对破产管理人决定权的限制两方面。为了保证破产管理人能够公正、合理、勤勉地处理破产事务尤其是重大事项，人民法院应当依法充分行使监督权，对破产管理人开展破产工作的内容和进展予以密切关注，以保证破产程序的公正性，保护各利益主体的合法权益。但是，与一般诉讼程序不同，破产程序具有特有的自治性。破产管理人在接受法院指定后，是具有特殊身份和独立功能的实体，负责处理诸多破产事务，对破产事务的重大处分，亦是根据债权人会议的决议进行。人民法院作为司法机关，虽然在破产程序的进行和实体法律问题的处理中起着主导作用，但人民法院并不直接管理破产财产，一般亦不直接对涉及利益分配的事务进行处分。要求破产管理人事无巨细地向人民法院逐一报告、请示，可能导致管理人小事不决、推卸责任，降低破产效率，承办法官亦有过度进入破产管理事务之嫌，影响中立性。另外，在人民法院无法及时全面掌握破产信息的情况下，破产管理人可能进行选择性报告，使人民法院的监督处于缺位状态。这些弊端，都是传统的破产案件线下办理模式无法根除的。通过综合云平台的启用，可以加强人民法院对破产管理人的实时、全面监督，既可以防止破产管理人故意违反忠实义务，也可以在破产管理人出于疏忽或懈怠未尽到充分注意义务时，及时予以提醒纠正。

三、实践检视

破产案件线上办综合云平台的启用和建设，时间尚短，仍属于尝试和探索的阶段，在开发、拓展和完善上存在诸多有待解决的问题，需要予以正视，数字化、信息化的赋能并未完全发挥作用。

（一）各平台数据同步尚不够完善

虽已基本完成全国破产重整信息网与阿里平台之间的数据交互，实现案件信息一次录入自动多平台同步更新，但因各平台之间录入、采集数据的方式差异及内外网信息公开程度不同，现仍有部分文书同步的技术问题未解决。

（二）阿里平台的使用体验尚未达到高预期

平台预装的案件办理流程和范式须根据泉州本地破产审判实践继续进行调整，尤其在管理人选定、管理人尽职考评、任务交办反馈、线上债权人会议、资产处置与监控等方面的功能易用性上须进一步打磨。

（三）各平台之间的功能整合尚未实现

全国破产重整信息网、阿里平台与资金监管平台等平台底层架构相对独立，在管理人日常事务管理、破产财产处置、资金使用审批等功能上尚需在相应平台分别办理。

（四）部分法院与管理人对线上办的业务尚不娴熟

现泉州中院新受理及存量的破产案件均已实行线上办，原有案件已要求管理人陆续同步至阿里破产案件办理平台，但各基层法院线上办的覆盖率尚低，部分管理人对线上办业务仍不熟悉。

建立破产案件管理标准，办理方式向无纸化发展，完善和丰富流程信息公开和便民服务内容，实现互联网和法院破产审判的深度融合，具有良好的改革条件和前景。完善破产案件线上办综合云平台功能，扩展服务内容和范围，进一步深化数字化、信息化、智能化的智慧法院建设，打造公开透明、经济便民、服务营商、优化市场的破产审判信息化的泉州模式，需要具备千里之行、始于足下的魄力和韧劲，以实践促优化。

第十章　泉州法院破产审判典型案例引述

随着我国市场经济的发展,“僵尸企业”的社会危害性如对实体经济的冲击、对社会资源的浪费、对市场经济运行基本规则的破坏日益显现。加快处置“僵尸企业”,推进企业优胜劣汰的社会经济发展需求对人民法院实施市场化破产程序提出了新的更高要求。而如何稳妥地对“僵尸企业”,实施市场化、法治化的破产处置已成为目前我国破产法理论界和实务界的热点和难点之一。

在供给侧结构性改革和营商环境优化、提升的时代背景下,泉州法院充分发挥破产审判在服务改革大局、处置“僵尸企业”中的积极作用,做好分类识别和差异处置。对拥有完整生产系统、好的销售渠道、品牌价值、上市资源、好的商务模式等条件,确有重整可能的企业,及时启动重整程序,实施企业救治;对明显缺乏重整价值,解困无望的企业,依法适用破产清算程序,助推市场出清。在实践中,泉州法院针对泉州经济和破产案件自身特点,努力探索适应本地“僵尸企业”破产审判实际的做法。

为了更好地结合泉州破产审判实践归纳、提炼泉州关于“僵尸企业”破产审判的特色机制和做法,为后续“僵尸企业”的市场化、法治化破产提供可资借鉴的经验,泉州法院经过调研、筛选、梳理、讨论,编写了《泉州法院破产审判典型案例》作为本书后附的实践参考。这些破产案例,涉及企业类型多样,行业众多,既有上市公司、也有小微企业,既有鞋服、体育用品、水暖、机械制造、茶叶生产销售等传统行业,也包括通信技术、军工产品等高科技行业。泉州法院在处置这些“僵尸企业”时,有一个共同的特点,即积极探索破产府院联动机制方面的新举措。政策层面上,泉州法院积极争取地方政府及相关部门出台政策,从财政奖励、税收优惠、支持企业信用修复、加快办理变更、注销登记、金融服务等方面助力破产审判工作。具体工作层面上,泉州法院则充分发挥地方政府在行政管理和政府平台资源的优势,对一些涉及重点企业的破产案件,在受理前由当地政府成立清算组并吸收中介机构作为成员,先期对企业进行摸底调查,并协助企业开展破产前的一系列维稳和准备工作,在破产案件受理后,采取指定清算组担任破产案件管理人的模式,创造并推行破产案件例会制度,定期召集管理人及政府相关部门工作人员到会,以例会、专项会议的方式取代传统的“坐堂审理”方式,搭建起监督、沟通、协调的平台;构建并落实政、司、银、企协调联动机制,共同解决破产中的具体难题;积极发挥商会作用,针对辖区商会熟知市场规律和招商引资的优势,创新性地吸收商会、行业协会作为管理人成员,积极发挥其带动引领、利益权衡、沟通协调及在帮助引进战略投资、促进和解等方面的积极作用。这一特点在本书后附的案例中均有所体现,由于篇幅有限,在具体案例的解说中即不再展开赘述。

解决“僵尸企业”的问题,不一定都采取破产清算或关闭注销等方式使其退出市场,还可通过庭外重组、破产重整等方式使其获得新生。在处置“僵尸企业”的过程中,若发现其尚有重整价值,泉州法院坚持因地制宜,因案、因企施策,积极探索创新司法重整工作,根据企业陷入困境的成因、经营情况、资产质量和特点等选择与之相适应的重整模式,并在企业重整过程中综合运用“出售式”“存续式”“实质性合并”“非实质性合并”等重整模式。为解决破产案件的审理中涉及债权人、管理人、投资人等多方主体时如何实现高效沟通,以及如何招募到合适投资人等难题,泉州法院在具体案件的审理过程中创造性地运用了“商会介入”、“股权让渡式”权益调整方法、“挂牌式”招募投资人方法、“非现场书面表决和预表决制”、“无重组方计划草案制”等方法,促成了诺奇股份、铁观音集团、旗牌王服饰等一批本地龙头企业的重生,妥善处置了富贵鸟股份、锦绣庄系列单位等破产案件清算工作。另外，在破产案件审理过程中，泉州法院也注意加大对恶意逃废债打击力度，严格把关，发现涉嫌经济犯罪的，及时移送公安机关追究刑事责任，以增强法律威慑力。针对以上这些做法，笔者选取以下的破产案例予以解说，虽有一定的典型性，但受时间、经验所限，如有不妥之处，欢迎指正。

一、全国首宗H股企业重整成功案件：诺奇股份破产重整案

（一）基本案情

诺奇股份2004年成立，以中青年时尚休闲服饰销售为主营业务，2014年1月在香港联交所主板上市。股份总数610,794,000股，其中公开发行的流通股股票数量为160,794,000股，占公司股份总数的26.33%；非境外上市股份共450,000,000股，由诺奇股份13名内资股东持有，占公司股份总数的73.67%。公司商业模式入选哈佛大学MBA教学案例。受公司法定代表人丁某及妻子失联影响，公司股票于2014年7月23日起停牌。随后，公司的债务危机浮出水面，引起社会关注。2015年4月1日，泉州中院裁定受理债权人对诺奇股份的重整申请，并指定由泉州开发区管委会牵头成立的清算组担任管理人负责具体事务。

经评估，除对外债权和长期股权投资外，诺奇股份资产总额账面值为123,336,388.14元，在破产清算状况下该等资产评估值为104,307,659.36元。截至重整计划草案提交表决时，诺奇股份共有确定债权金额合计877,653,531.55元，其中，有财产担保债权人1家，债权金额69,122,935.68元，相应担保财产评估值为67,259,970.00元，职工债权人173人，金额合计2,729,077.82元，税收债权人2家，税款债权金额9,982,173.53元，普通债权人172家，普通债权金额800,411,388.02元，预计债权金额411,866,631.46元。经测算，在破产清算情形下，普通债权清偿率为0.256%。

案件对13名内资股东的出资人权益进行调整，其中大股东丁某调整100%，其余股东调整85%。调整出来的股份一部分由重整方受让，另一部分以债转股的方式向普通债权人清偿。经公开招募，罗马世家作为重整投资人，有条件受让公司51%的股份，支付对价约1.5亿元。经债权人及出资人表决，重整计划草案获得通过。2016年2月1日，法院裁定批准重整计划，终止诺奇股份重整程序。重整计划执行中，昊天投资取代罗马世家，成为诺奇股份最终的重整投资人。

2016 年 8 月 26 日，诺奇股份管理权正式交接，诺奇股份成为全国首家重整成功的 H 股上市公司。按照重整计划，普通债权的清偿率将不低于 11.38%，其中现金清偿率约 4.74%，股票清偿约 6.64%，远高于破产清算情形下 0.256% 的清偿比例。

（二）疑难问题及其解决办法

诺奇股份重整案是《企业破产法》实施以来，泉州地区首例破产案件，无经验可供借鉴。与此同时，鉴于相关法律规定尚不完善，全国又无 H 股企业重整成功的先例，诺奇股份重整案的审理走上了“边探索、边实践”的道路。

诺奇股份已严重资不抵债，一旦进行破产清算，不仅公司无法存续，普通债权人所能获得的清偿比例几乎为零。作为 H 股上市公司，诺奇股份的股票虽然处于停牌状态，但仍有复牌希望，壳资源是其最大的重整价值所在。但是，即便重整，若仅靠重整方投入的资金进行清偿，普通债权人所能获得的清偿比例也相当有限。考虑到对出资人权益进行调整、削减，将有助于重整方的招募，并且将调整出来的部分股份用于清偿债务，能一定程度提高普通债权的清偿比例。故，案件审理伊始就确定了对出资人权益进行调整的工作方向。

股权能否顺利让渡对重整方的引进和整个案件成功与否起着至关重要的作用。但现行《企业破产法》仅规定“重整计划草案涉及出资人权益调整事项的，应当设出资人组，对该事项进行表决。”除此之外，再无详述。因此，诺奇股份重整案的顺利推进需要着重解决好出资人权益调整的问题。

首先，及时冻结公司股份。为保证重整程序顺利进行，《企业破产法》规定受理法院可对债务人企业的资产采取保护性查封措施。考虑到诺奇股份已资不抵债，所有者权益为负数，并且经查询，所有内资股股份均未设立质押或被采取保全措施，冻结股份不会对股东个人财产带来实质上的损害，也不致损害关联方的利益，鉴于公司股份对重整程序的推进及重整计划的执行意义重大，泉州中院从维护广大债权人利益的角度出发，根据管理人申请，冻结了公司 13 家出资人持有的 4.5 亿股非境外上市股份，以此保证重整计划关于股份让渡的规定得以顺利执行。

其次，确定调整范围及调整比例。诺奇股份的股权结构由境内内资股股东和 H 股公众股股东组成。其中 H 股股份占 26.33%、境内非流通股份占 73.67%。经前期沟通，香港联交所并未赞同境内司法程序对香港股民的股份进行调整。若决定调整H股股东的股份，除须解决采用何种表决方式外，还需解决跨境法律适用的难题。即使出资人组整体表决比例通过，投反对票的H股股东仍有可能会向香港证监会、香港联交所投诉，甚至不排除依照香港特别行政区法律启动确认程序，否认大陆司法程序作出的权益调整。另外，H股股份在香港中央结算公司登记存管，将H股股份调整出来在境内进行分配，也将面临登记事项调整的障碍。这些因素都使出资人权益调整的部分陷入不可控的状态，很有可能影响整个重整程序的进程及结果。全盘考虑境内外股东的持股比例、组织表决的可行性、表决通过的可能性及可能面临的障碍等因素后，最终确定仅调整境内内资股股东的持股数。此外，审理时发现，内资股股东可能存在代持情况，名义股东与实际股东不一致。根据中国证监会《关于境外上市公司非境外上市股份集中登记存管有关事宜的通知》（证监国合字〔2007〕10号）第2条规定，境外上市公司的非境外上市股份应由中登公司集中登记存管。诺奇股份作为境外上市公司，境内内资股股东持有的系非境外上市流通股份，故在无生效法律文书确认股东资格的情况下，应以登记机关中登公司出具的股份持有状态清单为准，确定有表决权的主体。在设定调整比例时，因丁某作为公司大股东及实际控制人，对公司经营负直接责任、主要责任，并且发生弃企逃债事件，决定剥夺其持有的全部股份，以此承担其因过错给公司及债权人造成损害的责任，这也符合《公司法》关于股东过错责任的有关规定。在明确丁某让渡份额的情况下，考虑到重整方拟受让的股份数及最大限度提高普通债权人的清偿比例，进一步对大股东丁某与其余内资股股东进行利益权衡，最终确定由其他内资股股东无偿让渡持有的85%股份。至此，共计调整内资股股份约4亿股，其中约3亿股由重整方受让，另约1亿股用于债转股，按每10,000元折抵837股向债权人进行清偿，最大限度提高普通债权人的清偿率。

最后，明确出资人组表决程序。如前所述，《企业破产法》仅规定出资人组对权益调整事项进行表决，却未规定具体的表决程序。在确定该组适用何种表决程序时，泉州中院将《企业破产法》与《公司法》有机结合，原则上适用《公司法》《企业破产法》及诺奇股份公司章程关于股东大会审议事项的有关规定。鉴于调整范围未涉及H股股东，故仅召集内资股股东进行表决。在设定通过比例时，因该调整方案并非针对个别股东的个别调整，而是在公司处于非正常经营状况下，对全体内资股股东股份的整体调整，故决定参照《公司法》及诺奇股份公司章程规定，以出席会议的股东所持表决权为统计依据。考虑到《企业破产法》对重整计划草案的表决规定了较其他事项更高的通过比例，即代表2/3以上的债权额，出资人权益调整亦为重整计划草案的内容之一，因此采用《企业破产法》关于2/3以上表决权的规定，即以是否获得参与表决的2/3以上表决权通过作为判断出资人组是否表决通过权益调整方案的标准，这一设计也与最高人民法院《审理上市公司破产重整纪要》的有关规定相吻合。最终，7位内资股股东到会参与表决，5位股东同意出资人权益调整方案，赞同票所代表的表决权占出席会议全部表决权的82.14%，出资人组表决通过。

二、重视企业营运价值，充分运用重整维系有经营价值前景企业生存：铁观音集团、安溪茶厂破产重整案

（一）基本案情

福建省安溪茶厂成立于1952年，是我国历史最为悠久的三大国营茶厂之一，系铁观音集团全资子公司。铁观音集团成立后，投入大量资金启动上市计划并于2012年6月进行IPO预披露，由于国家政策及市场变动等因素，2013年铁观音集团终止上市计划。之后随着国家宏观经济下行、消费环境变化和市场调整等不利因素的影响，尤其是担保链断裂等因素，铁观音集团和安溪茶厂陷入资金和经营困境。2016年1月份，债权人分别申请铁观音集团和安溪茶厂重整，泉州中院、安溪法院分别受理两个案件。安溪法院受理后以案件疑难复杂为由将案件移送泉州中院审理。

泉州中院受理后，对两个案件采取程序合并的审理方式，督促管理人分别完成了接管企业、继续经营、继续履行合同、债权申报审查确认、评估、审计、清收对外债权、遴选战略投资人、拟定重整计划草案、召开债权人会议、重整计划执行等一系列工作。案件审理过程中，泉州中院共裁定确认铁观音集团债权人41家、合计债权约4.78亿元，安溪茶厂债权人137家、合计债权约3.32亿元；采用公开遴选的方式，引入北京和君三度投资管理有限公司向铁观音集团增资2.2亿元，持有铁观音集团股权76.2%，原股东的股权稀释为23.8%；铁观音集团普通债权

清偿率7.54%(其中10万元以下部分清偿率30%),比清算条件下的清偿率提高3倍;安溪茶厂普通债权清偿率16%(其中10万元以下部分清偿率40%),两案重整计划草案均获得高票通过。2016年11月3日,泉州中院裁定批准重整计划,终止重整程序。2017年8月31日重组方投资全部到位,2017年10月31日,泉州中院裁定确认两案的重整计划执行完毕。2018年6月,安溪茶厂对符合重整计划约定的债权人追加清偿,普通债权的清偿率增加为18.46%(其中10万元以下部分清偿率40%)。

(二)疑难问题及其解决方法

总结铁观音集团重整案和安溪茶厂重整案的审理过程,涉及的主要法律问题如下:

1.重整价值的审查、认定

重整程序具有挽救困境企业,避免企业破产,促其复兴的功能,但该功能的实现是以一定制度成本为前提的。重整的风险实际上由债权人负担,如果重整成功,债权人可以获得更高比例的清偿;一旦重整失败,不仅企业再建目标无法实现,且重整程序耗时长、费用高,会损耗原本稀少的债务人财产,债权人往往会受到比破产清算更加严重的损失。因此,在受理重整案件之前,应恰当地审查债务人的重整价值,并以此作为是否受理重整案件的重要考量因素。

重整价值的审查不仅是一个法律问题,也是一个经济问题,需要对公司业务、财务状况、公司前景、再建重生可能进行判断。法官不具备相应的商业判断能力,但却不可避免地要进行商业判断,对此本案是这样处理的:首先,要求债权人提供证据证明债务人具备重整价值。根据债权人提供的证据,铁观音集团系农业产业化国家重点龙头企业、福建省地理标志商标龙头企业,2014年9月国家科学技术部批准铁观音集团组建国家茶叶质量安全工程技术研究中心。安溪茶厂系农业农村部批准的全国农产品加工业示范企业,“凤山”商标是福建省著名商标、是原国家工商行政管理总局商标局认定的驰名商标。其次,考察铁观音集团、安溪茶厂的经营情况。经查,虽然铁观音集团门店减少,但仍进行销售,安溪茶厂也正常经营。最后,向当地政府了解企业的有关情况。经了解,铁观音集团和安溪茶厂自陷入经营困难以来,泉州市市直管理部门与安溪县人民政府牵头成立清算组,积极有效地开展了帮扶工作,帮助营造平稳的生产经营环境。综合以上情况分析，法院认为，铁观音集团和安溪茶厂在乌龙茶精制加工、技术研究、产品质量与安全检测、品牌建设等方面，一直走在行业前列，并非“僵尸企业”，确有重整可能和价值，因此裁定受理重整案件。重整过程中，多家投资人看中铁观音集团和安溪茶厂的重整价值，本案战略投资人用于额外提高清偿率的资金高达3600万元，也反证了两家企业重整价值的存在。

2. 程序合并重整模式的探索

企业之间通过股权、合同、人事安排等方式构建关联企业集团，对于节约经济成本，扩大经营规模，提高竞争能力具有明显优势。但关联企业中的控制企业也容易利用其控制权进行不正当的交易或财产转移，造成关联企业之间人格混同。针对关联企业的具体情况，理论和实践中有实质合并破产和程序合并破产两种处理模式。实质合并破产是指关联企业之间存在严重法人人格混同时，消弭各关联企业之间的债权债务关系，将企业之间的财产和负债并为一体，对债权人统一清偿；程序合并是法院把两个以上债务人破产案件进行同步审理，不影响债权人和其他利害关系人的实体利益，每个债务人的财产是分开的，各债权人只能从各自的债务人财产中获得清偿。

铁观音集团是安溪茶厂的全资母公司，两家企业具备一定关联性，但是否达到法人人格混同的情况，是采取实质合并重整还是程序合并重整的审理方式，是本案审理的难点。为此，泉州中院要求审计机构及管理人对此问题进行专项分析，并出具相应的法律意见。经审计和管理人调查，发现铁观音集团和安溪茶厂虽然是母子公司，但在人员、财务、经营范围、主要资产等方面可以区分，不存在混同的情况，因此两家企业不能采用实质合并的方式进行重整。考虑到两家企业母子公司的关系，基于充分发挥企业母子公司的优势，实现债权人利益和债务人利益最大化，程序集约以提高破产效率的考虑，泉州中院决定采用程序合并方式对两家企业进行重整，实现合中有分，分中有合，即首先分别由泉州中院和安溪法院受理两案，但指定成员相同的清算组作为管理人；其次，泉州中院组成同一个合议庭，同步进行债权申报审查确认、评估审计、债权人会议等重整程序；再次，经审计机构和管理人调查，两家企业在主要财产、交易渠道、账册等方面不存在高度混同情形，决定不采用实质性合并重整的方式；最后，由于两家企业母子公司的关系，招募同一个投资人作为重组方，最大限度整合两家企业资源，提高重整价值,实现债务人和债权人利益最大化。

3. 对管理人监督和指导方式的探索

管理人是破产案件受理后依法成立的,在法院的指导和监督下全面接管债务人并负责债务人财产的保管、清理、估价、处理和分配等事务的专门机构。法院不直接介入破产企业的管理及相关法律问题的认定,而是通过对管理人工作的监督和指导推进破产案件的审理。《企业破产法》及相关规定对法院这一角色作用仅作原则性规定,具体监督指导方式需要在个案中进行探索。为了更好地发挥管理人的作用,提高破产审理的质效、同时也监督管理人的行为,确保管理人工作公正、公平、高效。泉州中院主要做法如下:

在实体方面,泉州中院对管理人行为进行合法性和合理性审查。在不干涉管理人履职的情况下,围绕债权审查认定、财产调查、关联企业重整、破产欺诈等关键问题,通过对债权审查原则的审查、债权审查方式的指导,疑难债权审查过程的披露,总体把握管理人审核债权的合法性;出具调查令给管理人,对企业的财产进行全面调查;指导管理人公开遴选具备重整企业审计经验的审计机构对两家企业是否存在人格混同、破产欺诈的情况进行调查,要求管理人如果发现逃废债的线索,及时移送公安机关。

在程序方面,泉州中院从效率的角度出发,监督管理人的行为:督促管理人厘清清算组成员的职责分工,政府职能部门和破产律师各司其职,充分发挥市场机制在遴选评估审计机构、战略投资人的作用,避免行政对重整工作的干预;要求管理人制定重整案件倒排时间表,推动重整案件的审理进度;建立破产案件工作例会制度,讨论重整案件的困难、解决方法、需要法院协调的事项,并指定一定时间由管理人落实完成。在铁观音集团和安溪茶厂的重整过程中,泉州中院一共召开了 13 次正式例会,就评估审计、债权人会议、战略投资人招募、重整计划制定、执行过程的困难及解决等进行了充分的讨论,极大推动重整案件的进程。

4. 科学制订重整计划、平衡各方利益

制定重整计划并对各方利益主体作出合理安排,是重整制度利益平衡的关键环节。重整案涉及债权人、原股东、重组方等多方利益的博弈,主要体现在两个方面:一是小额债权人(尤其是茶农)与大债权人的利益平衡问题,安溪茶厂和铁观音集团属于农业型生产、销售企业,存在一定的小额债权人,尤其是安溪茶厂的债权人以茶农为主，涉及茶农债权人 83 名，债权金额合计约 776 万元，这些小额债权人的抗风险能力较低。为了对茶农等小债权人的利益进行倾斜保护，重整案以 10 万为限设定小额债权组，债权金额 10 万元以下的部分，清偿率分别提高至 30%、40%，同时协调公司在未来的毛茶收购时给予优先考虑，在很大程度上保障茶农的利益。这一设计获得广大小债权人的支持。二是投资人与原股东的利益平衡问题，从铁观音集团股东层面来看，原股东部分为安溪县的制茶大师，在业界具有较高的知名度与影响力，为了充分调动其对重整期间及重整后的铁观音集团发展的积极性，加之部分股东股权存在质押等限制情况，重整案不调整原股东的股权，而是通过重组方增资 2.2 亿元（每股作价 1 元）的方式对铁观音集团的股权进行稀释，原股东所持 6870 万股没有减少，但持股比例降低至 23.80%，兼顾了投资人及原股东的权益，避免股权质押产生的执行难题。这个方案也获得重组方的认可和原股东的全体支持。

5. 合理界定共益债务

重整期间，企业亏损能否认定为共益债务由企业财产优先拨付还是由重整后的企业负担，这是本案在重整计划执行过程中争议比较大的问题。争议点主要有两个：一是哪些亏损可以纳入共益债务范围，二是哪个时间段的亏损可以纳入共益债务范围。对于第一个问题，铁观音集团和安溪茶厂均列出一系列费用主张应纳入共益债务范围，法院要求管理人聘请审计机构进行审计，根据《企业破产法》规定，将折旧、摊销费用剔除在共益债务范围之外；对第二个问题，关键在于重整计划批准之后的亏损应否纳入共益债务的范围。对此，《企业破产法》并没有明确规定。该案中，泉州法院批准两家企业的重整计划之后，重组方派驻工作团队在管理人的监督下协助原经营团队开展相关工作，但是在增资款 2.2 亿元全部到位之前，管理人暂未向其移交公章。在管理人制订重整计划草案的过程中，考虑到部分资产追收可能性较大的因素，为了最大化地保障债权人的利益，重整计划中扣除重整计划基准日之前已经发生的共益债务之外，并未预留相应的资产弥补重整计划基准日之后的亏损。考虑到以上情况，管理人建议在重整计划执行完毕之前（含重整期间与重整计划执行期间）的亏损可以纳入共益债务。对于前述结论，法院均要求管理人形成报告，向全体债权人披露，听取债权人意见，在债权人没有提出反对意见的情况下，确定共益债务的范围。

经过重整,安溪铁观音这一著名商号得以保护,两家企业与茶农、茶配套生产商、茶叶营销加盟商的合作得以维持并深化,带动上下游产业的发展;随着投资方的引入,"互联网+"思维模式、合伙制商业模式、"制茶大师工作室"等创新模式随之引入,对传统农业企业从营销模式、产品定位、科研创新等方面进行升级转型。2017年10月19日,最高人民法院到铁观音集团调研时,表示铁观音集团重整成功对所有传统型农业企业发展具有重大示范意义。铁观音集团和安溪茶厂重整案件被最高人民法院评为2018年度全国法院破产典型案例。

三、营运资产整体出售,最大程度实现营业继续:旗牌王服饰及其关联企业合并破产重整案

(一)基本案情

旗牌王服饰系2005年11月28日成立的台港澳法人独资的有限公司。公司主营牛仔类服饰曾连续多年被评为全国十大主导品牌,在同类产品市场销售份额排名前列,2006年11月更是参与中国牛仔服饰行业标准制定,名下"旗牌王"商标更是被认定为中国驰名商标。此外,旗牌王服饰的实际控制人分别于1991年12月30日、1997年1月9日,成立宝龙制衣与旗牌王制衣。由于经营管理不善、高成本融资、盲目投资直营店等原因,3家公司均发生债权危机,陷入生产经营困境。2016年8月5日,经债权人申请,泉州中院裁定受理对旗牌王服饰的破产清算申请,并于2016年8月23日指定洛江法院审理,同日,洛江法院指定由政府相关组成及中介机构组成的旗牌王服饰清算组担任管理人。2016年10月12日,泉州中院又分别受理宝龙制衣、旗牌王制衣破产清算申请,并分别于2016年10月20日、10月24日指定洛江法院审理,洛江法院指定旗牌王服饰清算组为该二公司管理人。

管理人在接管财产后,认为债务人继续营业将有利于广大债权人、职工等群体的利益,采用企业留守高管人员以利润上交包干的承包经营方式继续债务人的生产经营。

审理过程中,对旗牌王服饰及其关联公司存在法人人格高度混同、财务及资金使用不独立等情形,管理人申请对前述企业进行合并破产重整。2016年11月18日,洛江法院主持召开旗牌王服饰第一次债权人会议,会上,债权人表决同意

旗牌王服饰与其关联公司合并破产重整。2016年11月24日，洛江法院裁定将旗牌王服饰及其关联公司转入破产重整。2016年12月1日，洛江法院裁定将旗牌王服饰及其关联公司合并破产重整。2016年12月2日，洛江法院主持召开旗牌王服饰及其关联公司合并破产重整后的第一次债权人会议，重点讨论重整计划草案。该草案的主要内容有：(1)对于旗牌王服饰及其关联公司股权（包括列入评估报告的机器设备、厂房、土地、办公设备、商标等营业性资产）的处理，选择以司法网拍的途径进行，并根据“转让价最高者得”的原则确定战略投资人；(2)侧重保护小额债权人利益，对金额在5万元以下的所有债权，按100%的清偿率进行清偿；(3)对重整和清算两种不同模式下的预估清偿率进行了精密测算，其中前者的预估清偿率为12.8%，后者的预估清偿率10.1%。该重整方案获得债权人的支持。2017年5月8日，洛江法院裁定批准旗牌王服饰及其关联公司合并重整计划，终止旗牌王服饰及关联公司合并重整程序。同年12月18日，旗牌王服饰100%股权和宝龙制衣100%股权通过洛江法院淘宝网司法拍卖平台进行第二次公开拍卖，泉州市达发置业投资有限公司以97,911,882元的价格竞得。2018年3月27日，经工商变更登记，泉州市达发投资公司成为旗牌王服饰新股东。管理人随即将营业性资产和事务移交给达发投资公司。重整期间，共裁定确认债权86户债权人100笔合计约5.12亿元。

根据合并破产重整后召开的第一次债权人会议上通过的债务人财产变价方案的约定，对未纳入重整范围的非营业性资产和权益，原则上采用司法网络拍卖的方式进行处置，截至2020年2月29日，已通过淘宝司法拍卖网处置车辆、房产、电话号码等资产，拍卖所得价款达5000万元以上。

2017年12月至2019年2月，管理人按照债权人会议确定的债务人财产管理和变价方案，根据股权及非营业性资产拍卖所得价款，陆续对享有特定担保债权的债权人进行债权分配。2018年7月，管理人根据重整计划确定的债权受偿方案，按照营业性和非营业性资产拍卖所得价款，对普通债权人进行第一次分配，即金额在5万以下（含5万元）的部分按100%比例清偿。2019年2月1日，管理人对普通债权人的债权进行了第二次分配。经过两次分配后，普通债权组有1/3的债权得到百分百清偿，2/3以上的债权清除率在12%以上，这也是目前审理的破产案件中比较高的清偿率。

(二)疑难问题及其解决办法

1. 实质合并破产的适用

《破产审判工作会议纪要》第 32 条规定严格限制了合并破产规则的适用,人民法院只有在审理企业法人人格高度混同、适用单体企业破产将严重损害债权人公平清偿利益时方可适用实质合并破产。

(1)严重的人格混同

关联企业人格严重混同是实质合并破产的首要条件。具体从以下因素予以考虑:

第一,资产混同。以旗牌王系公司破产重整为例,资产混同主要表现在关联企业之间存在大量的资金往来和内部债权债务关系。3 家关联企业之间资金互转频繁,2014 年期间,旗牌王服饰转账给宝龙制衣 2650.88 万元,宝龙制衣转账给旗牌王服饰 2843.6788 万元,旗牌王服饰转账给旗牌王制衣 810.18 万元,旗牌王制衣转账给旗牌王服饰 1090.31 万元,且 3 家关联企业存在统一管理、调配,财务统一记账。关联企业之间存在多重互保关系,互相担保频繁且金额巨大,利益输送和债务负担并未按各企业独立如实记载,导致关联企业内部债权、债务无法准确、公平确定。

第二,组织机构混同。以旗牌王系公司破产重整为例,组织机构混同具体表现在:一方面,实际控制人混同。企业信用信息载明,旗牌王服饰的法定代表人为同一人,股东为旗牌王(香港)有限公司,旗牌王制衣、宝龙制衣的法定代表人亦为施某体,股东均为宝龙集团(香港)有限公司,根据管理人的调查,旗牌王(香港)有限公司、宝龙集团(香港)有限公司股东及现任董事均为同一人,3 家企业的实际控制人均是同一人。另一方面,经营人员及经营场所混同情况。3 家企业财务报表的制表人、复核人、制单人均为同一人;旗牌王服饰、旗牌王制衣在缴纳水电费及税收的汇款凭证上财务经理及总经理均为同一人;从 3 家企业的员工花名册上看,3 家企业员工存在混同,属于“一套人马、三块牌子”的经营模式;从 3 家公司住所地或实际经营地上看,旗牌王服饰、宝龙制衣的住所地均为同一地址;旗牌王制衣的住所地虽然在泉州市丰泽区,但已出租给他人,生产经营及日常管理区域均全部集中在旗牌王服饰的住所地,生产设备及车间完全混同,除上述区域外,3 家公司没有任何的经营场所。

第三，业务混同。以旗牌王系公司破产重整为例，从营业执照经营范围记载可以得出，3 家企业的主要生产经营范围均是服装。旗牌王服饰的部分产品以旗牌王制衣的名义进行销售，宝龙制衣没有开展实际经营，3 家被申请人的交易活动是在旗牌王服饰的组织和调配下进行的，利润归旗牌王服饰享有，以独立法人名义经营一体化之实。

（2）破产整体利益评价

在破产利益中，债务人利益与债权人利益总是最为突出的地位，对于破产整体利益评价也是建立在对上述两种利益的判断上。债权人在关联企业实质合并破产中获得的清偿来源于对关联企业债权债务清理后的整体判断。当关联企业的财产无法区分，丧失独立人格并对债权人造成损害时，就丧失了独立承担责任的基础。以旗牌王系公司为案例，合并重整裁定前，因大部分资产都属于旗牌王中国，且主要以旗牌王中国的名义来营业，导致旗牌王制衣、宝龙制衣的债权人的清偿比例特别低，而合并重整后，小额债权人得到 100% 的清偿，偿债率高低之分清晰无比。若将 3 家企业资产进行区分，要耗费大量的人力财力，增加破产费用，从而降低债权人的收益。

合并破产除了有严格适用标准外，还需要遵循严格的启动程序。第一，启动主体。《企业破产法》及《公司法》明确规定破产清算或重整的申请人主要是债权人、债务人、注册资本 1/10 的出资人也可以提出破产重整申请，因此单数企业破产申请主体包括债务人、债权人、出资人。而由于关联企业是多个法律个体的合并，虽然债务人最了解关联企业的关联关系和财产状况，但由于关联交易可能存在诸多隐匿资产、转移财产等情形，债务人举证申请实质合并不具有可期待性。债权人由于信息不对称等原因，难以举证债务人具有实质合并破产的适用情形。在目前关联企业合并破产程序最常采用的“先独破，后合并”的模式下，管理人全面接管债务人后，对债务人的财务状况了解较为深刻，对关联企业之间人格混同的情形通常也能第一时间发现，从破产法设置管理人角色的目的而言，管理人作为实质合并破产的申请主体具有充分的理由。在旗牌王中国及其关联企业合并破产案件中，管理人在接手后，发现旗牌王服饰及其关联企业存在高度混同现象，在满足合并破产的条件下，申请对前述企业进行合并破产。

第二，合并破产的审查受理。《破产审判工作会议纪要》第 33 条规定：“人民法院收到实质合并申请后,应当及时通知相关利害关系人并组织听证,听证时间不计入审查时间。”由此可见,启动合并破产程序,要通过听证等程序听取相关利害关系人的意见。本案虽发生在《破产审判工作会议纪要》发布前,但也认真听取相关利害关系人的意见。2016 年 11 月 18 日,洛江法院主持召开旗牌王服饰第一次债权人会议,会上,债权人除对债务人财务状况、核查债权、债务人财产管理和变价方案等进行了表决外,管理人还提请对旗牌王服饰及其关联企业合并破产进行书面表决,债务人和占有表决权的债权总额的 60% 以上的债权人同意合并破产。上述做法符合《破产审判工作会议纪要》的精神。

2. 采用“再生与破产还债并存”的“清算式重整”模式挽救企业

对“旗牌王”系公司具有活力的实物资产和无形资产以股权处置的方式,使得债务人及其经营事务得以存续和继续,对战略投资人不感兴趣或要求剥离的其他资产、权益以资产转让、出售、拍卖等处置方式进行变价,以处置所得清偿系公司债务,从而实现拟存续之企业法人重生,对不具有存续重生必要的企业法人在走完破产程序后给予注销。这样既优化了企业供给结构,去除了多余产能,又为“旗牌王”品牌的东山再起创造了条件。2018 年 5 月,重整后的旗牌王公司顺利召开了“王者归来”2018 秋冬新品发布会,慢慢显露出往日的风采,并开始缴纳税金。

3. 采用企业留守高管人员以利润上交包干的承包经营方式继续债务人的生产经营

这种经营有效分流管理人接管债务人企业所需留守人员财务成本,降低了破产费用和共益债务,有助于提供破产财产的清偿率;同时,确保相关生产设备设施的运行与维护,避免停产停业引发报废、减损现象,最大限度保障破产重整财产的保值性,有利于维持企业的采购、销售渠道,从而维护了企业的品牌价值,实现“旗牌王”等中国驰名商标保值;此外,又稳定了企业职工的情绪,防范、杜绝员工因事业而产生的群访或其他群体性事件,也为债务人储备熟练的人力资源,有利于避免破产重整后企业“招工难”现象。审理过程中,已妥善安置职工 120 多人,占职工人数的 75% 以上。

4. 创新确定战略投资人,制订没有重组方的重整计划草案

充分利用淘宝网司法拍卖平台拍卖竞价的优势,以最高竞价者确定最终的战略投资人,这样既可以保证困境企业的驰名商标等资产重整价值不减损,又有

助于吸引更多意向投资人以市场化方式自由博弈，公开、公平、公正地竞拍获得投资机会，确保债权人利益最大化、最大程度地加快案件审理进度，进一步降低破产财产拍卖成本，解决破产财产变现资金回收难的问题，提高债权回收率，为困境企业复苏或出清提供便利。

与此同时，为实现债务人资产价值最大化，管理人将电话号码从重整资产中分离出来作为非营业性资产，通过洛江法院淘宝网司法拍卖平台以公开竞价方式进行拍卖。拍卖的 12 个电话号码所得款共计 368,700 元，其中一个号码更是拍出了 211,000 元的高价。旗牌王系公司关联破产案件取得了良好的法律效果和社会效果。

四、坚持公开、透明的办案原则，充分保障债权人重整程序性权利：中宇建材及其关联企业合并破产重整案

（一）基本案情

2016 年 5 月 12 日，弘信博格公司以中宇建材未能清偿到期债务，但具备重整价值为由，向泉州中院申请对中宇建材进行破产重整。泉州中院于 2016 年 5 月 27 日裁定受理弘信博格公司对中宇建材的破产重整申请，并指定中宇建材清算组为中宇建材的管理人。

管理人接管中宇建材后发现，中宇建材与中宇卫浴、中宇陶瓷、中宇电镀、永胜电镀、高宇卫浴不仅在实际控制人、经营团队和办公场地等高度混同，而且在内部生产经营过程中的资金调配、财务收支以及产、供、销等方面均出现典型的人格混同，因此向泉州中院提出将上述 5 家企业与中宇建材合并破产重整的申请。经审查，2016 年 7 月 1 日，泉州中院裁定中宇卫浴、中宇陶瓷、中宇电镀、永胜电镀、高宇卫浴与中宇建材合并破产重整，同时指定中宇建材清算组担任管理人。

中宇系企业在进入破产重整期间仍在生产经营，为保障和维护中宇品牌在重整期间的市场份额和品牌运营价值，保障职工就业和社会稳定，保障中宇系企业资产价值，最大限度维护债权人利益，创造重整有利条件，经泉州中院许可，管理人决定中宇系企业在重整期间继续营业，并聘请中宇系企业原 11 名管理人员负责营业事务管理。

经审计,截至2016年5月31日,中宇系企业负债总额为10,271,118,438.38元,另外,中宇系企业对外担保金额合计1,444,332,779.60元。经评估,截至2016年5月31日,中宇系企业资产账面价值1,428,237,564.47元,市场价值1,776,512,107.32元,快速变现价值1,266,423,695.97元。

中宇系企业共有637名债权人(不包括职工债权)申报债权,申报债权总额为15,827,520,144.40元,管理人经审查确认的债权金额为10,294,891,994.74元。管理人经调查确认的职工债权有9,067,267.61元。

中宇系企业破产重整案于2016年9月23日召开了第一次债权人会议;于2017年5月23日召开了第二次债权人会议。第二次债权人会议上表决通过了《中宇系企业重整计划草案》。

(二)疑难问题及其解决办法

本案是一起债权人数众多、债权类型复杂、债务金额特别巨大、社会影响广的破产重整案件,涉及关联企业的合并破产重整、破产企业重整期间继续经营、资产解封、职工安置、债权催收、债权审查认定标准等方面问题。下面就合并破产及债权审查认定标准问题等进行举例说明。

1. 合并破产的路径选择

关联企业破产案件是重整案的难点,对于关联企业是否存在法人人格混同的情况、实质合并或形式合并、合并破产的路径选择等问题,立法均没有明确规定,各地司法实践也有诸多不同的创新。泉州中院根据管理人的调查报告发现,中宇建材与其他5家企业均由实际控制人蔡某某通过香港母公司实施控制,密不可分,且6家企业存在以同一品牌进行市场推广,已影响到市场交易主体对各企业独立法人人格的区分,同时,日常经营过程中将各法人主体作为"事业部"统一管理,导致公司在人、财、物方面高度混同。鉴于中宇系企业的客观情况,符合最高人民法院在全国法院审理企业破产案件工作座谈会上有关关联企业合并破产的总结讲话精神,且有利于平等保护债权人的合法权益,因此泉州中院裁定对上述6家企业进行合并重整,并在第一次债权人会议上对合并重整事宜向全体债权人披露,债权人并未提出异议。从现在看来,当初合并破产的决定取得了较好的社会效果和法律效果的统一。

2. 债权审查方面的问题及认定标准

(1)诉讼时效问题

本案债权审查过程中存在的诉讼时效问题主要体现在对供应商债权的审查过程中,主要存在的问题是:第一,中宇系企业与大多数供应商都存在长期的业务往来,业务往来大多通过单方面出具订购单方式采购相关物料、设备等,没有签订书面合同,也未约定付款时间;第二,部分业务往来签订了购货合同,合同约定了付款时间,部分企业间交易延续时间较长,单笔合同付款请求权已经超过两年,但由于存在同一供货商同时为中宇系多家企业供货情况,最后发生的交易时间在时效内;第三,部分债权人声称在诉讼时效内多次向中宇系企业主张权利。

为了公平、妥善地保护债权人的权利,本案采用了如下认定标准:第一,未签订购销合同,或虽然签订了购销合同未约定付款时间的债权,不计算诉讼时效;第二,鉴于中宇系企业已被人民法院受理合并破产,签订的购销合同等约定付款时间的,在诉讼时效内只要与中宇系 6 家之一发生业务往来的,从最后一笔业务往来约定的付款时间开始计算诉讼时效;第三,考虑到中宇系企业在破产重整前管理混乱、人员流动较大,人民法院裁定受理合并破产后,申报债权的,诉讼时效由债权人承担举证责任。

(2)传真件、扫描件等对账单的效力问题与认定标准

中宇系企业与供应商债权人在发生业务的情况下,每月进行对账,已经企业财务人员核实。但外地客户、本地较远的客户,对账通过网络送达或传真方式进行。因此,大部分供应商债权人持有的对账单为传真件、扫描件等,没有原件。此外,对账单原件或复印件大都只有中宇系企业财务人员的签字,没有企业盖章。

鉴于对账行为客观存在,且该做法符合中宇系企业的交易习惯,从降低买卖双方交易成本,提高交易效率原则出发,本案采用的认定标准是:在中宇系企业入库单、已收发票、付款凭证等财务资料及签字人员印证对账单真实性,或者债权人提供的送货单、发票等资料印证对账单真实性的情况下,认可传真件、扫描件等对账单的效力。

(3)债权人主张利息、违约金、损害赔偿金、资金占用费等问题与认定标准

部分债权人在债权申报过程中主张了利息、违约金、损害赔偿金、资金占用

费等。主要存在的问题是:第一,大多债权人主张利息、违约金、损害赔偿金、资金占用费等,但合同中没有约定付款时间,无法确定起算时间;第二,部分合同约定了付款时间,但没有约定利息、违约金、损害赔偿金、资金占用费等计算标准;第三,少量债权人提供债权凭证等合同依据,但约定违约金过高的。

对债权人主张利息、违约金、损害赔偿金、资金占用费等问题,本案认定标准为:第一,对合同没有约定付款时间的,或没有约定利息、违约金、损害赔偿金、资金占用费等计算标准的,自债权人主张付款之日起按照同期银行贷款利率计算资金占用费的方式认定;对债权申报前没有主张的,管理人对债权人提出的资金占用费等主张不予以确认。第二,对违约金等约定比例过高的,参照《民间借贷司法解释》规定的上限每月2%计算违约金、损害赔偿金等。

(4)民间借贷审查存在的问题及处理方式

第一,本金转账依据不足的问题。鉴于中宇系企业民间借款时间大多集中在2008~2014年间,债权债务关系发生的时间过长,部分因转账账户注销或债权人无法回忆起转账账户(甚至涉及部分委托付款),导致部分债权人无法查找转账依据。同时,存在部分债权人通过现金方式交付的借款款项,没有转账凭据,但金额较大,导致管理人对大量的民间借贷无法确认,债权人权利面临损失;同时,也给了债权人以中宇系企业"赖账""逃废债务"的感觉,债权人申报债权的积极性不高,也形成了一定的社会负面影响,甚至可能成为社会矛盾爆发的导火索。第二,借条未约定利息问题。债权人提供的借条大多没有约定的借款利息,但债权人主张口头约定了利率。中宇系企业还款记录确实可以印证债权人主张的口头约定利率的事宜。第三,超付利息抵扣问题。本案110余家个人民间借贷类债权人向管理人申报债权60余亿元,其中大多存在实际支付的利息超过年利率36%的情形。《民间借贷司法解释》第26条规定:"借贷双方约定的利率超过年利率36%,超过部分的利息约定无效。借款人请求出借人返还已支付的超过年利率36%部分的利息的,人民法院应予支持。"但该规定对借款人请求返还超付利息的细节问题没有进一步规定。鉴于民间借贷的具体情况,处理方式如下:第一,第一次债权人会议前按照程序要求债权人提供转账凭据等证据资料,不能提供的管理人暂时不确认,待第一次债权人会议后集中清理。第一次债权人会议后,按照审计结果,查找中宇系企业正在使用及此前使用过的个人账户收款记录。对收款记录与“借条”“协议”等可以相互印证的，管理人补充确认，并在第二次债权人会议前及会议上向债权人做好解释、说明工作。第二，虽然借条没有约定借款利息，但银行流水可以准确反映中宇系企业确实按月、按季、按年存在固定还款，与债权人主张的利率吻合，并且中宇系企业也不存在异议的，应认定有约定利息，并根据该利率计算欠付利息。第三，在审判实务中，对返还已超付年利率36%部分的利息存在两种抵扣方法，一是当期抵扣，二是待最后结算超付总额后再予抵扣。本案根据借款的实际情况，本着有利于破产重整、实事求是的原则，选择后一种方式计算扣减超付的利息。由于坚持实事求是、依法依规、统一尺度等标准，上述问题的处理，获得大部分债权人的认可。

3. 公开、透明的办案原则

鉴于中宇系企业债权超百亿，债权（包括职工债权）人数近千名，为有效稳定债权人的心情，防控不稳定因素的发生，案件从一开始，泉州中院即坚持公开、透明的办案原则，反复要求管理人应当及时向债权人发布相关信息，公开审计、评估报告，得到债权人的认可。在第二次债权人会议召开之前，在泉州中院的主持和指导下，以不同的债权分类，共召开了7场以职工债权人、融资租赁债权人、抵押债权人等不同债权人参加的专场信息沟通会，在广泛征求意见的基础上，多次认真修改重整计划草案，真正把重整计划草案做成一份能够反映最大多数债权人意志、维护广大债权人利益的重整计划草案。对于金融债权人，南安市人民政府更是派出相关人员带领管理人专门上门征求、交换意见，尽最大可能满足其合理要求。这种务实的工作作风和诚恳的工作态度，获得了绝大部分债权人的理解和支持。在第二次债权人会议上，重整计划高票通过。

五、慎用强制批准权，尊重债权人多数决的表决结果：富贵鸟股份重整转破产清算案

（一）基本案情

富贵鸟股份1995年成立，主要从事男女皮鞋、男士商务休闲装及皮具等相关配饰的研发、生产及销售，是2016年全国十大男鞋品牌之一，曾荣获“最具市场竞争力品牌”“中国真皮鞋王”“福建省名牌产品”称号。公司2013年12月在香港联交所主板上市，2016年9月1日起股票停牌。公司股份总数为

1,337,273,000股,其中,H股股票数量为1,215,273,000股,占公司股份总数的90.88%(H股公众股东持股数442,739,000股,占33.11%);内资股股票数量为122,000,000股,占公司股份总数的9.12%。上述股份中的8,866,000股已设立质押担保,占比66.30%。公司经营中,发行公募债8亿元、私募债13亿元,后发生债券违约事件。经债权人申请,泉州中院于2018年7月26日裁定受理了富贵鸟股份重整案,并指定石狮市人民政府牵头成立的清算组担任管理人负责具体事务。管理人接管企业后,富贵鸟股份继续经营。

经评估,富贵鸟股份名下资产的清算价值为303,027,422.96元,其中商标、渠道等无形资产评估价值为82,141,064.48元。至重整计划草案提交表决时,富贵鸟股份的负债情况为:(1)截至2018年7月26日的职工债权金额7,615,014.00元,涉及584名职工,另有须返还的工服押金391,862.00元。(2)税款债权人1家,税款债权金额6,135,999.45元。(3)普通债权人320家,普通债权金额2,264,898,578.38元。(4)预计债权人222家,预计债权金额1,430,024,224.97元。富贵鸟股份进入重整程序后,已发生和后续预计发生应付的破产费用为14,865,000.00元,共益债务为84,130,264.00元。经测算,破产清算情形下,普通债权的清偿率约为2.5%。

经公开招募,仅有六胜公司提交重整预案并缴纳投资保证金。但该公司报价远低于资产评估值3.03亿元,普通债权的清偿率基本为零,不符合破产法的有关规定。经多方努力,富贵伟业表示愿意代替六胜公司,参与富贵鸟股份的重整。

综合富贵鸟股份的实际情况,案件采取出售式重整的方式,对公司的营业事务进行挽救。富贵伟业两次调整投资方案,第一稿方案为:出资2.25亿元(其中1.65亿元为现金,6000万元为购物券)承接富贵鸟股份全部资产及营业事务、部分债务和全体职工,不含上市公司壳资源。按此方案测算,普通债权清偿率约为2.7%,其中现金部分约为1.1%,购物券部分约为1.6%。同时,采取差别清偿的方式,将20万元以下的债权清偿率提高至20%,现金部分仍为1.1%,购物券部分提高至18.9%。该方案经普通债权人表决,同意票债权人137家,占到会有表决权债权人人数的39.48%,代表的债权金额为213,194,223.32元,占有表决权普通债权总额的6.92%。第一次表决未通过。第二稿方案为:重整模式基本不变,清偿方式变更为全部现金清偿,重整投资人支付的对价视债权人选择不同清偿期限而定。若债权人全部选择6个月清偿期限的,则支付对价为2.28亿元;若债权人全部选择两年清偿期限的,则支付对价为2.4亿元;若部分债权人选择两年清偿期限的,重整投资人支付的对价在2.28亿元至2.4亿元之间。此外,评估机构分析报告中附件“其他应收款评估明细表”序号第3至第14中富贵鸟股份对12家债务人的其他应收款(清算价值69,102.07元)不由重整投资人承接,该项资产按照债权人会议表决通过的处置方案处理。按此方案测算,普通债权20万元以下的部分在人民法院裁定批准重整计划之日起6个月内清偿完毕,清偿率为20%。20万元以上的部分,若债权人选择6个月清偿期的,清偿率为2.51%;若选择两年清偿期的,在人民法院裁定批准重整计划之日起两年内分三期清偿完毕,清偿率2.85%。同意该方案的普通债权人235家,占到会有表决权债权人人数的67.53%,代表的债权金额为766,758,608.55元,占有表决权普通债权总额的24.88%。第二次表决未通过。

因债权人会议经二次表决,均未通过重整计划草案,管理人向法院申请裁定批准富贵鸟股份重整草案。经审查,泉州中院未准许管理人的申请,于2019年8月23日裁定终止重整程序,宣告富贵鸟股份破产。其后,富贵鸟股份破产财产通过淘宝网破产拍卖平台进行公开处置,主要资产拍卖成交收入237,815,582.00元。案件目前正处于第一次分配阶段,经测算,第一次分配时普通债权的清偿比例约为1.81%。

另,针对专项审计发现的未有证据证明资金最终流向及用途的168,859,246.90元款项,管理人已依法院要求,将线索移送公安机关侦查。

(二)疑难问题及解决办法

富贵鸟股份重整案面临的难题主要有两个:一是采取何种方式进行企业重整,二是人民法院关于重整计划草案强制批准权如何行使。

存续式重整是传统的企业重整模式,企业主体资格在重整程序后得以保存。该种重整模式势必要求对出资人权益进行调整,综合分析富贵鸟股份的股权分布的具体情况,其并不适合进行存续式重整,只能另觅他路。

依照《企业破产法》的规定,重整计划草案符合第87条第2款规定的条件的,债务人或管理人可以申请人民法院批准重整计划草案。从形式上看,本案管理人提交的重整计划草案未见明显有违该条款的情形。此时，对管理人申请法院强裁是否予以准许的审查，事实上是对公权介入企业挽救、破产程序边界的考量。

1. 出售式重整

富贵鸟股份的重整，并未选用传统的企业存续式重整模式。鉴于公司股份中H股占比超过九成，且多数股份存在质押情形，出资人权益调整存在障碍。经与香港联交所沟通，发行新股与公积金转增资本须满足复牌条件并重新满足上市规则，条件严苛，存续式重整并非理想路径。经论证，最终确定"弃壳"的出售式重整方式，即对富贵鸟股份的营业事务进行重整，将富贵鸟股份的营业事务和职工进行剥离，由重整投资人承接。重整投资人提供对价用于支付破产费用、共益债务及清偿各类债权。本案重整不进行出资人权益调整，不涉及对富贵鸟股份的股东所持股份的调整或处理。

2. 慎用强制批准权

首先，尊重债权人多数决的表决结果。债权人意思自治是破产程序的重要制度，破产程序的重要事项由债权人会议决议。富贵鸟股份重整计划草案经二次表决，普通债权组同意票的债权额均未达到债权总额的2/3以上，根据《企业破产法》的有关规定，债权人会议未通过重整计划草案。此种情形下法院强裁，违背了多数债权人的意志。其次，彰显市场化、法治化原则。重整情况下，富贵鸟股份的资产价值通过评估确定，乃模拟数据。进入破产清算后，富贵鸟股份的全部资产将拍卖处置，交由市场决定资产的价值。根据重整计划草案的规定，人民法院强制批准的，将全部适用6个月清偿期限的偿债方案，即重整投资人支付资金为2.28亿元，不区分20万元上下部分的话，普通债权的清偿率为2.8%。[①]这一清偿率与模拟破产清算情形下2.5%的清偿率相差无几，普通债权人的受偿情况并未得到明显提高。并且，2.5%清偿率的数据系模拟数据，主要依赖评估机构的评估价值进行测算。固然存在资产在实际变现中大幅缩水的可能，但也无法完全排除变现溢价的可能。在普通债权组表决未通过的情况下，司法权强制介入干预，以司法判断替代债权人的商业判断，应十分慎重。此外，富贵鸟股

---

① 20万元以下(含20万元)部分20%，20万元以上部分2.51%。

份作为港股上市公司,案件处理牵动联交所和香港股民的关注,可能对内地司法机关、内地企业在香港特别行政区资本市场的形象产生负面影响。再者,商业判断专业性不足。经营方案的可行性是人民法院行使强制批准权时法定审查的内容之一,但经营方案是否可行属于商业判断范畴,《企业破产法》并未规定明确具体的标准。司法审判人员并未掌握相应的专业知识,不足以进行这一商业判断。此时,以公权力干预大多数债权人对自身权利的处分,存在明显的局限性。

在全面分析强制批准重整计划与宣告破产二者利弊的基础上,泉州中院正视破产清算在释放、盘活社会沉淀资源及市场主体有序退出的积极作用,依法宣告富贵鸟股份破产,及时启动破产清算程序,进行破产财产网络拍卖,依法保障债权人合法权益,取得了良好效果。

六、企业资产组合出售,提高资产整体价值:锦绣庄系列单位合并破产清算案

(一)基本案情

锦绣庄品牌最早创立于20世纪90年代初,是泉州文化极具特色的民间民族文化品牌。以锦绣庄品牌打造的泉州锦绣庄民间艺术园立足闽南民间传统文化,展现闽台一衣带水的文化血脉,是泉州市重点项目,也是福建省文化产业示范基地、福建省旅游文化重点项目。

锦绣庄品牌名下有锦绣庄木偶馆,及锦绣庄旅游、锦绣庄工艺品、锦绣庄文化等3家公司。由于文化产业投入大见效慢,锦绣庄木偶馆等单位陷入困境,产生了大额的金融借款纠纷及大量民间借贷纠纷。

2016年5月26日,泉州中院根据债权人申请,分别裁定受理锦绣庄木偶馆破产清算一案及锦绣庄旅游破产清算一案。同日,鲤城法院裁定受理锦绣庄工艺品破产清算一案;丰泽法院裁定受理锦绣庄文化破产清算一案。泉州锦绣庄民间艺术园清算工作组经上述法院指定,担任以上4个案件管理人。2016年5月30日,鲤城法院、丰泽法院分别将各自受理案件移送泉州中院,泉州中院于2016年5月31日分别立案受理。

案件审理过程中,管理人向泉州中院提出将锦绣庄4家单位破产清算案合并审理的申请。泉州中院经审查,于2016年11月22日裁定将锦绣庄旅游破产

案、锦绣庄工艺品破产案、锦绣庄文化破产案并入锦绣庄木偶馆破产案合并审理(上述案件以下简称锦绣庄系破产清算案)。

该系列案件受理后,于2016年8月25日召开第一次债权人会议,审核了有关债权及债务人的资产。经管理人与北京、上海、新加坡、泉州等10多家投资人谈判,最终确定以1.5亿元作为模拟重整的战略投资方案。2016年11月23日召开表决重整方案的第二次债权人会议,该方案在优先债权组、税收债权组、职工债权组均获得表决通过,但普通债权组未获通过。会后,部分债权人提出债转股以及自行经营等自救的重整方案,管理人就此多次与债权人协调。为充分发扬民主,全力推进重整工作,泉州中院分别于2017年1月12日、2017年4月13日、2018年9月17日召开债委会扩大会议。因大多数债权人未能达成共识,故债权人自救的重整方案最终未能落实。

2019年1月23日,召开第三次债权人会议,管理人参照近3年以来全国居民消费价格指数(CPI)合计约5.5%的涨幅提出锦绣庄不动产拍卖的一拍起拍价为1.82亿元,并据此制作不动产和动产两个变价处置方案提交会议表决,方案未获得通过。随即,管理人又采取债权人当场定价方式,从中确定一个不动产最高价20,276.8757万元作为起拍价进行二次表决,但仍未获得通过。

2019年6月17日,管理人向泉州中院提出申请,称其按照第三次债权人会议确定的不动产建议最高起拍价作为一拍起拍价重新拟定关于不动产和动产的两个资产变价和处置方案,并于2019年6月6日向全体债权人邮寄这两个方案及相关表决票,通知债权人应于2019年6月24日前向管理人提交表决票。若债权人表决通过本次方案,则管理人将根据上述两方案对锦绣庄不动产及动产进行处置;若债权人表决未通过,则管理人根据《企业破产法》第65条第1款规定,请求泉州中院对上述两方案予以裁定并交付管理人执行。2019年6月25日,管理人向泉州中院递交《锦绣庄非现场会议表决结果报告》,报告上述两个方案的表决情况均为未通过。经泉州中院审判委员会讨论决定,泉州中院于2019年7月25日依法作出裁定,对管理人制作的上述两个资产变价及处置方案予以认可。之后,管理人启动相关资产网络公开拍卖程序。经三次公开拍卖,2019年10月23日,福建清源山旅游投资有限公司以164,242,693.17元的价格竞买成功。2019年12月25日,在泉州中院的主持下,管理人与福建清源山旅游投资有限公司履行不动产拍卖物的交接手续。

(二)疑难问题及其解决办法

本案从立案后往重整方向推进,到后来再回归清算程序启动不动产公开拍卖处置,最终成交的整个审判进程集中体现了在泉州破产审判实践中,虽然债务人进入破产清算程序,但在审理中,法院兼顾债权人的重整意愿与审理效率,一方面,尽力实施企业挽救;另一方面,响应国家加快市场出清政策,把握好审理节奏,适时进行资产处置,不仅释放、盘活了闲置资源,也最大限度维护了全体债权人的合法利益,并实现了破产案件效率的最大化,取得良好效果。现将案件审理过程中遇到的疑难问题及其解决办法汇总如下:

1. 关于如何启动实质合并破产的问题

案件审理过程中,管理人向泉州中院提出将锦绣庄木偶馆等 4 家单位的破产案件合并审理的申请。泉州中院认为,通过审计结论可以认定上述 4 家单位不仅在股权结构、控制关系、人事管理、财务运作等各个方面存在高度混同的情形,而且 4 家单位之间存在复杂的互保关系,考虑到依法、高效推进上述 4 个案件审理进程,保障上述 4 家单位的债权人获得公平、公正地清偿的需要,泉州中院最终同意管理人的申请,依法裁定对上述 4 个案件进行合并审理。

需要特别说明的是,本案裁定合并审理是在 2016 年 11 月 22 日,当时我国尚无关于关联企业合并破产的相应法律法规或会议纪要精神。2017 年 12 月 25 日,最高人民法院召开全国法院破产审判工作会议,并据此形成了《破产审判工作会议纪要》。根据《破产审判工作会议纪要》第六大点“关联企业破产”的精神,人民法院在审理企业破产案件时,虽应尊重企业法人人格的独立性,但当关联企业成员之间存在法人人格高度混同、区分各关联企业成员财产的成本过高、严重损害债权人公平清偿利益的情形时,可例外适用关联企业实质合并破产方式进行审理。本案裁定合并审理符合《破产审判工作会议纪要》的精神。

2. 关于破产案件审理过程中,资产评估报告过期后,如何确定资产拍卖起拍价的问题

在启动锦绣庄相关资产网络公开拍卖程序前,有部分债权人反映本案资产评估报告已经过期,要求重新评估。管理人认为,本案资产评估报告日为 2016 年 10 月 12 日,虽评估报告声明评估结论使用有效期为一年,现在已超期一年有

余。但社会中介机构评估、网络询价、债权人协商确定等均是现行正在推广且有效的定价办法,且本案锦绣庄系列单位的银行账户余额并不足以支付再次评估费用甚至是向原评估机构申请追加评估说明的费用。为了节约破产费用,管理人曾委托泉州市破产管理人协会进行网络询价,但被告知目前网络询价仅开通住宅类和车辆类,本案相关资产(旅游文化产业用地、工艺品和无形资产等)无法进行网络询价。

考虑到部分债权人反映近两年来,商业地产价格有小幅度上升,经多方多次沟通,管理人提出参照近3年以来的CPI来反映和确定本案房地产升值幅度。经查询,2016年CPI为2%,2017年CPI为1.6%,根据中科院预测中心预测,2018年CPI为1.9%,3年合计5.5%。房地产评估值172,454,828.00元,考虑CPI上涨后,按182,491,881.48元[172,454,828.00×(1+0.055)]作为一拍保留价,但该建议方案并未获得第三次债权人会议通过。管理人根据出席会议的债权人在《异议债权人意见反馈表》填写“建议起拍价”,当场确定一个最高价起拍价202,768,757.00元。管理人会上组织该最高起拍价进行二次表决,虽然仍未获得通过,但该价格是第三次债权人会议选定的最高起拍价,符合债权人请求。因此,管理人建议在启动拍卖时按照第三次债权人会议确定的最高起拍价202,768,757.00元作为一拍保留价。对于该建议,考虑到锦绣庄木偶馆系列单位名下的现金、存款等并不足以支持再进行第二次评估,2016年进行资产评估和审计的费用是向政府企业破产处置专项资金商借的,且当时是以拟重整为目的进行评估,若重新评估,只能以破产清算为目的,最终可能导致资产评估价值降低,更不利于本案债权人的破产清偿,泉州中院最终采纳该建议。

3. 关于尊重债权人意思自治与尊重市场化破产规律之间如何平衡的问题

本案受理后,管理人共接受75家债权人申报,其中抵押债权人5家,抵押债权本息约1.36亿元,普通债权人65家,普通债权本息约达2.6亿元,另管理人主动审查职工债权48家,职工债权总额合计约42万元。本案中普通债权人是主要受害者,人数亦最多。因此,从本案立案后至资产处置前,泉州中院、管理人均充分尊重债权人意思自治。首先,针对部分债权人提出的债转股以及自行经营等自救意见,法院多次要求管理人与债权人接洽,但由于资金的落实问题,全体债权人意志难以统一,最终债权人和解自救方案亦无法形成一致意见。其次,针对部分债权人提出锦绣庄不动产评估的价值低于市场价值的问题，泉州中院专门召开债委会扩大会，邀请管理人、评估机构人员到场予以回应。在本案第三次债权人会议召开前，管理人经多方探讨，参照近3年以来CPI合计约5.5%的涨幅提出锦绣庄不动产拍卖的一拍起拍价为1.82亿元，并据此制作不动产和动产两个变价处置方案提交第三次债权人会议表决，方案未获得通过。管理人又当场采取债权人现场定价方式，从中确定不动产最高价20,276.8757万元作为起拍价进行二次表决，但仍未获得通过。

《2015年中央经济工作会议公报》指出："要尽可能多兼并重组、少破产清算，做好职工安置工作。"本案在2016年5月受理，审理过程中大多债权人向法院表示债务人仍有重生的可能，希望对锦绣庄进行重整。当地政府亦对重整表示支持，希望重整该企业作为国家级5A风景名胜区清源山旅游文化综合体的景区配套项目，并愿意牵头成立清算组并担任破产管理人，做好维稳等工作。可以说，本案立案后往重整方向推进不仅符合当时政策的精神，也有利于维护所有债权人的利益。故，泉州中院在此基础上协调各方，并敦促沿着重整的目标积极开展各项工作。其间，管理人也积极与十余位意向投资方进行了洽商，但市场有其自身规律性，意向重整方亦有其逐利的考虑，故均无果而终。鉴于上述种种原因的存在，重整、和解、债权人自救之路均已经无法继续，如果不及时处置锦绣庄木偶馆等单位名下的资产，恐资产不断贬值，更不利于维护全体债权人的合法利益。因此，泉州中院及时调整案件审理思路，指导管理人抓紧处置锦绣庄的资产。鉴于管理人在第三次债权人会议上提交的不动产变价及处置方案是按20,276.8757万元作为一拍保留价起拍后，即无限次拍卖，直至全部破产财产拍出为止，并未设置一个止损方案，理论上讲有可能导致普通债权清偿率为零。故管理人经建议修改了上述两个变价处置方案，限制公开拍卖次数，并明确拍卖次数的间隔时间。之后，管理人以非现场方式召开第四次债权人会议对上述修改后的不动产变价及处置方案、动产变价及处置方案进行书面表决，但仍未获得通过。管理人遂申请泉州中院对上述两方案予以裁定并交付管理人执行。

泉州中院接到管理人的申请后，考虑到锦绣庄系列破产案件破产财产的处置涉及广大债权人的合法利益保护及公平偿债问题，且管理人提交的申请若裁定通过，将成为泉州两级法院受理破产案件裁定认可破产财产变价处置方案的首例,故非常慎重,不仅进行了多方论证,还征求了泉州市区两级政府等的意见。从案件实际情况来分析,管理人提交的申请具有法律依据。为了最大限度维护全体债权人的合法利益,经该院审判委员会讨论决定,泉州中院最终对管理人提交的上述两个资产变价及处置方案依法予以裁定认可,并敦促管理人及时启动网上资产拍卖。现本案的不动产已经拍卖成交并已交付。这是泉州中院响应国家加快市场出清计划,以及释放、盘活大量闲置资源的政策要求,加快破产财产的处置工作,最终实现破产案件效率最大化的成果。

七、管理人认定债权人据以申报债权的生效法律文书确定的债权错误,依法保护其他债权人利益:丰祥公司破产清算案

(一)基本案情

经申请执行人同意,鲤城法院以丰祥公司经强制执行,不能清偿到期债务且资产不足以清偿全部债务为由,将其移送破产审查。2018 年 9 月 13 日,泉州中院裁定受理丰祥公司破产清算一案。

经管理人调查,丰祥公司的法定代表人因涉及刑事犯罪被判刑羁押,公司停止经营多年,主要资产为国有土地使用权及地上建筑物。但因丰祥公司涉及诸多执行案件,上述资产被多地法院轮候查封。管理人审查确认的丰祥公司债权人有 47 家,债权金额 537,010,855.54 元。其中有财产担保债权人 1 家,债权金额 18,000,000 元;税收债权人 1 家,债权金额 2,072,969.07 元;普通债权人 47 家,债权金额 516,937,886.47 元。

案件审理中,管理人通过网络拍卖平台成功处置破产财产,最终以 4456.67 万元成交,最大限度保障了债权人的权益。

(二)疑难问题及其解决办法

1. 疑难问题

(1)生效法律文书确定债权的确认

丰祥公司破产清算案中,债权人申报一笔有财产担保的债权,申报债权金额为 29,824,417.95 元,抵押物即为丰祥公司名下国有土地使用权及地上建筑物,该笔债权已由人民法院生效判决书所确定。管理人接受申报后,认为债权人据以申报债权的判决书对最高额抵押合同中约定的"抵押担保的最高债权额"的认

定有误，进而导致对有财产担保债权数额的认定存在错误。管理人认为，该债权人享有的有财产担保债权额应为18,000,000元。丰祥公司名下资产主要为国有土地使用权及地上建筑物，对有财产担保的债权数额的认定影响重大，直接关系到有财产担保债权人之外的其他债权人的债权清偿情况。

(2)破产财产的处置

丰祥公司涉讼众多，并且基本均已进入强制执行阶段，涉及泉州本地及外地十余家法院，公司名下国有土地使用权及地上建筑物更是被多家法院轮候查封。协调解封工作耗费了管理人、法院较多的时间和精力，拖延了破产财产处置的推进。在财产尚未完全解封前，管理人不敢贸然进行变价处置，担心影响后续成交过户手续的办理。

2. 解决办法

(1)多措并举，妥善认定债权金额

在《企业破产法司法解释三》出台之前，对于管理人认为，生效法律文书确定的债权存在错误的应当如何处理，并未有明确规定。实践中主要有以下做法：一是管理人对债权人申报的债权不予确认，由债权人提起债权确认诉讼；二是管理人申请再审；三是管理人将该笔债权情况向其余债权人披露，由债权人提起第三人撤销之诉。第一种情形下，在债权确认诉讼审理过程中，由于生效法律文书并未被依法撤销，法院的审查同样需以生效法律文书的认定为依据。也就是说，无法通过债权确认诉讼程序否定生效法律文书的效力。第二种情形下，由于进入破产程序的企业往往已经超过《民事诉讼法》规定的得以申请再审的法定期限，此时管理人以何种名义申请再审、再审请求能否获得支持尚不明确。况且申请再审程序烦琐、周期冗长，对破产清算程序的推进造成拖延，并不利于程序效率的提高和债权人利益的及时保护。第三种情形下，对于债权人尤其是普通债权人是否属于《民事诉讼法》规定的可以提起第三人撤销之诉的“第三人”，存在不同看法。一种观点认为，根据《民事诉讼法》及其司法解释关于第三人撤销之诉的规定，民事权益受到损害的第三人在一定情形下可提起第三人撤销之诉。普通债权原则上不受第三人撤销之诉保护，除非是享有法定优先权的债权，所以普通债权人并非第三人撤销之诉的适格主体。另一种观点则认为，债权也是民事权益的一种，仅从侵权责任法的角度来理解“民事权益”的内涵有失偏颇。尤其债务人进入破产程序后，其资产不足以清偿全部债务，故对有财产担保的债权数额的认定往往直接影响到其他债权尤其是普通债权的清偿比例，此时应当允许债权人提起第三人撤销之诉，如此方能有效填补管理人履职的空白地带或避免管理人与有财产担保债权人的勾兑，及时保障债权人的合法权益。

在丰祥公司破产清算案中，管理人经过对比论证，最终采取向债权人披露有财产担保债权的申报情况，最终由其中一家债权人提起第三人撤销之诉。在该案审理过程中，《企业破产法司法解释三》出台，明确规定管理人认为债权人据以申报债权的生效法律文书确定的债权错误，应当依法通过审判监督程序申请撤销生效法律文书。故经过管理人与有财产担保债权人的多番沟通，该债权人最终表态认可管理人对有财产担保的债权数额的认定结果，该债权争议得到妥善解决，最大限度减少了对其他债权人债权清偿的不利影响。

(2)采取灵活的解封措施

在"执转破"案件中，经常发现债务人财产被多家法院轮候查封，强制执行程序对财产处置的推进效果不佳。企业进入破产程序后，依照《企业破产法》及其司法解释的规定，原先的查封法院和执行法院在知悉破产受理情况后，应当解除对债务人财产的保全措施，执行程序也应当中止，进而由管理人接管，处置债务人财产。在实践中，除了管理人联系查封法院和执行法院解封、中止执行外，案件受理法院也会向相关法院发函，商请解封和中止执行事宜。

在丰祥公司破产清算案受理后，考虑到有多家查封法院且涉及外地法院，若等到查封法院逐一解封完毕再进行财产处置，将严重拖延破产程序进程，不利于对债权人的及时清偿。故破产受理法院在做好商请解封工作的同时，指导管理人调查核实财产查封顺位，重点跟进顺位在先的外地法院的解封进度，待本地法院成为首封法院后，积极协调首封的执行法院向管理人出具委托拍卖手续，方便管理人着手开始财产处置，同时继续推动排位在后的查封法院继续解封，一定程度上保障了程序的顺利推进。让首封的执行法院向管理人出具委托拍卖手续的做法看似有违破产案件受理后，执行程序应当中止的规定。但是笔者认为，《企业破产法》之所以做此规定，主要在于排除个别执行程序擅自处置破产财产，其出发点和落脚点均在于保证破产程序对债务人财产的概括处置及对全体债权人的公平清偿。在有利于维护这一终极目标的情况下，应当允许执行行为在破产程序中的适当延伸。由首封的执行法院向管理人出具委托拍卖手续，一方面，可以在查封尚未全部解除时为管理人处置资产争取更进一步的正当性，避免后续过户可能存在的纠纷；另一方面，可以帮助管理人尽快着手资产处置，并且在资产处置过程中同步进行解封工作，时间上的统筹安排有利于提高破产程序效率，及时实现对债权人的清偿。

八、长期对外股权投资价值的判断、方案的制定：鑫盛达公司破产清算案

（一）基本案情

经申请人泉州银行股份有限公司石狮支行同意，石狮法院于2019年5月21日以鑫盛达公司不能清偿到期债务且资产不足以清偿全部债务为由，将鑫盛达公司移送石狮法院进行破产审查。经审查，泉州中院于2019年6月25日裁定受理鑫盛达公司破产清算案，并经随机摇号，指定重庆海川资产清算服务有限公司泉州分公司为鑫盛达公司破产管理人。

管理人接受指定后，经调查查明债务人企业属于无场地、无人员、无实物资产的“三无”企业，因债务人失联，管理人未能接管到债务人企业财产、证照、印章、账册、文书等资料，债务人财产仅余银行存款、商标以及对外长期股权投资三项。

（二）疑难问题及其解决办法

与银行存款和商标不同的是，对外股权投资虽然属于债务人财产的一类，但是出于投资的特殊性，在实务中，对外股权投资处置存在着调查难、处置难、清理难等难题。若处置不好，可能会影响破产程序的进程。

鑫盛达公司对外持有5家企业51%的股份，经过管理人核查，首先债务人对5家企业的认缴出资均为255万元，实缴出资均为51万元，债务人出资未到位；其次该5家企业亦处于失联状态，无法获取企业财务信息；此外根据税务部门、工商部门等各部门调查情况，该5家企业税务登记已注销，名下查无财产。在此情形下，债务人长期对外股权投资的价值、方案的制定等都是需要去综合评判的。

1. 债务人对外股权投资的价值判断

对外股权投资不只是破产财产，还关系到被投资公司的利益，因此区分对外

股权投资公司的情况，采取相应的处置和清理方式是有必要的。在无法获取被投资企业财务报表、经营状况的情况下，善用一些外部调查手段有助于管理人更好地了解长期对外股权投资的价值。由此，泉州中院指导管理人到被投资企业的注册地、经营地进行走访，并通过开具调查令等方式对被投资企业的工商档案、不动产、车辆、涉税等开展调查，同时可利用网络查询针对被投资企业的涉诉涉执、知识产权情况进行梳理，通过一切可能的途径还原被投资企业的信息。以鑫盛达公司为例，其对外投资的5家企业注册地址均无企业经营痕迹，查无任何财产，无涉诉涉执案件，税务登记处于注销状态，甚至被投资企业的注册资本均未足额缴纳，这些信息可以反映鑫盛达公司持有的对外长期股权投资基本无价值。

2. 债务人对外股权投资的处置

由于管理人未能接收到其他材料，无法完全确信对外股权投资无价值或者负价值，管理人先把对于被投资企业的调查情况向所有债权人进行明示，并依据调查结果在第二次债权人会议上提出以2500.00元作为5家对外长期股权投资的整体打包起拍价，若一拍未能成交则放弃处置的破产财产变价方案。该方案最终获得债权人的认可并表决通过。依据第二次债权人会议通过的破产财产变价方案，管理人首先向其他股东发送了书面通知，而后对股权进行了公开处置，并在公开处置中将被投资企业的调查情况以及对外股权的其他瑕疵、负担进行详细说明，最终鑫盛达公司持有的5家企业对外长期股权经拍卖成交，拍卖成交价为10,500.00元，既给予债权人充分的自由行使对外股权投资处置的表决权，也实现了破产财产的价值。

需要特别注意的是，对外长期股权若因流拍放弃处置或因显著无价值经债权人会议表决放弃处置予以核销的，可能会影响破产企业的注销进程，这种情况在破产企业中并不少见，但是否都需要针对被投资企业提起强制清算申请？以鑫盛达公司为例，倘若对外股权投资因流拍被核销，因管理人未能接收到鑫盛达公司的执照、公章、账册、文书等资料，针对被投资企业的调查也表明无法获取被投资企业的相关资料，此时对被投资企业提起强制清算申请显然是无法操作的，在这种情况下就不宜再以破产企业的身份提起强制清算，而应直接予以核销，若在破产企业自身的注销工作中遇到阻碍再通过寻求府院协调等方式进行特别处理。由此可见，在股权处置中有一些问题还无法得到妥善解决，需要依靠破产配套制度的完善予以消化。作为管理人,在追求各方主体利益平衡的同时应兼顾效率,尽力推进破产程序进程。

九、将诉讼未决的债权一并打包分配,实现破产财产和债权人利益最大化:立信担保公司破产清算案

(一)基本案情

立信担保公司是德化县一家规模较大的、专业性较强的、从事融资担保业务的有限责任公司,于2011年1月28日成立。2014年以来,由于立信担保公司未能规范经营融资担保业务,导致企业不断亏损,经营陷入困境。德化法院受理与立信担保公司有关的11件执行案件。上述执行案件在执行中,已执行到位13,722,428.49元,尚有2,206,919.49元未分配。

2016年2月4日,经债权人陈某甲向德化法院申请立信担保公司破产清算。德化法院立案后,依法向立信担保公司送达申请书及相关证据材料、提起异议通知书。立信担保公司于2016年2月14日向德化法院提交书面异议认为:(1)立信担保公司一直都在经营,经营环境在改善,陈某甲申请公司破产的理由不能成立;(2)陈某乙目前正在积极筹资偿还所欠申请人的债务,立信担保公司只是保证人,不是借款人,如果陈某乙清偿后,就不存在该债务;(3)立信担保公司虽然目前有债务存在,但根据相关规定,其在经营中所担保的数额可以达到注册资本的10倍,远未达到破产的条件。综合上述情况,德化法院认为,立信担保公司现有资产已不足以清偿到期债务,于2016年2月24日裁定受理债权人陈某甲对立信担保公司破产清算申请。

德化法院受理后,于2016年4月6日报请泉州中院依法随机摇号指定管理人。2016年4月20日,泉州中院通过依法随机摇号的方式确定福建顺济律师事务所为本案立信担保公司破产管理人。

通过申报债权,共有14个债权人申报了债权,申报的债权总额为111,454,112元。经调查清理债务人立信担保公司的资产及债权,其资产总额为2,194,001.42元,公司及对外享有的债权总额为22,188,974.53元,合计24,382,975.95元。

第一次债权人会议于2016年7月8日在德化法院会议室召开。第二次债权人会议于2017年1月16日召开,会议审查确定了《债权表》《管理人报酬方案》,

表决通过了《破产财产分配方案》。通过审核债权，14 个债权人的债权总额为 103, 719, 905 元，其中，普通债权人 6 个，债权总额 103, 608, 905 元，职工债权 8 个，债权总额 111, 000 元。

2017 年 6 月 22 日，管理人依据《破产财产分配方案》对立信担保公司已变现为货币的资产，扣除破产费用、管理人报酬后依法进行分配，并将立信担保公司对外享有的债权（包括已确定的债权和待确定的债权），由德化法院通过裁定的形式一并打包，由 6 个普通债权人按债权表确定的债权比例享有。

2017 年 7 月 12 日，管理人提请德化法院裁定终结立信担保公司破产清算程序，德化法院于 2017 年 7 月 13 日裁定终结。

（二）疑难问题及其解决办法

1. 积极调查及追收债务人资产

立信担保公司主要经营融资担保业务，属于准金融企业，由于业务经营的特殊性，公司资金往来频繁，容易出现公司财务账目紊乱、资金去向不明的情况。为最大程度保护债权人的利益，回收立信担保公司的破产财产，包括破产企业的固定资产、流动资产、无形资产和对外投资，在德化法院的指导监督下，管理人主要从以下几方面调查及追收债务人资产及债权：一是对债务人立信担保公司的财务档案委托相关审计机构依法进行审计，通过审计查找债务人立信担保公司相关违规分红或其他违规行为，公司主管人员侵占公司资金，以及公司应收款项等线索；二是审查债务人立信担保公司与他人签订合同的相关情况，查找公司财产及债权线索；三是对公司法定代表人、实际控制人、管理人员进行调查询问，调查债务人立信担保公司的经营情况及资产情况；四是审查债务人立信担保公司的账户资金流向，结合公司股东、实际控制人、管理人员的资金流向查找公司资产及债权。为追回公司资产及债权，管理人先后提起民事诉讼 13 件。同时，德化法院经审查认为，债务人立信担保公司股东郑某某、苏某某，实际控制人陈某乙，管理人员郑某利用职权侵占公司资金，数额巨大，涉嫌侵占罪；德化县福联机械设备有限公司、德化县鸿达贸易有限责任公司的行为涉嫌合同诈骗罪。德化法院将上述线索移送德化县公安机关进行侦查。

2. 允许债权人就担保债务向本案申报债权

当保证人破产时，保证人的保证方式应当对其义务承担有着深刻的影响。

若保证人对主债务人承担一般保证,债权人应首先向主债务人求偿。经过审判或者仲裁,就主债务人的财产依法强制执行之后尚未获全额清偿,债权人才可就未获清偿的债权额作为破产债权参加保证人的破产财产的分配,如此契合保证人所承担的补充责任。否则,如果允许债权人未向主债务人求偿即直接依破产程序参加保证人的破产财产的分配,则减轻了主债务人的责任而损害了保证人的破产程序中其他债权人的利益;反之,如果禁止债权人以普通债权人的身份参加破产程序,则保证人的补充责任又未得以体现,保证合同形同虚设,同时也损害了保证债权人自身的利益,而保证人的破产程序中其他破产债权人则因之获不当得利。若保证人对主债务人承担连带责任保证,则债权人既可选择向被保证人求偿,也可选择参加破产程序,还可选择在向主债务人求偿之后,就其未能得到清偿的部分申报债权,参加保证人破产财产的分配。结合本案,立信担保公司的主债务人已无财产可供执行,债权人可以选择参加破产程序申报债权。

3. 立信担保公司承担担保债务后向主债务人的追偿权如何处置问题

立信担保公司属于准金融企业,从事融资担保业务,故该公司所负的债务均为因对外担保而产生的连带之债,主债务人主要是立信担保公司的实际控制人陈某某。因此,当进行破产财产分配时,就会产生分配给债权人多少财产,其就取得了向主债务人相应的追偿权的问题。因此,要谨慎处理好追偿权问题。从破产财产最大化和债权人利益最大化原则出发,管理人应当行使追偿权,但这样势必陷入追偿后分配,分配后再追偿的无限循环中,导致破产程序无法终结。本案于 2017 年 3 月 28 日召开第三次债权人会议,会上,管理人就立信担保公司的现有债务情况、主债务人情况向债权人进行详细通报,就破产财产分配后行使追偿权的利弊作出具体分析,然后就立信担保公司所享有的追偿权等事项的处置提请债权人进行表决。债权人会议听取了管理人的分析后,通过意思自治原则,表决通过了管理人不再行使破产财产分配后对主债务人的追偿权的方案。

4. 债权打包分配的创新

本案债务人的固定资产很少,但对外享有的债权较多,但这些债权基本需要通过诉讼才能追回,因此本案衍生诉讼案件共 13 件。但诉讼案件从审理到执行程序需要较长的时间,如果待诉讼案件全部结案,款项执行到位再来进行破产财产分配,耗时较长且执行结果无法预料,必然导致破产审判程序久拖未决。德化法院与管理人经多次论证,最后在《破产财产分配方案》中作出将诉讼未决的债权一并打包分配给全体普通债权人,由全体普通债权人按债权表确定的债权比例按份享有,并在破产终结后另行委托管理人所在律师事务所进行诉讼和执行的决定,有利于及时审结破产清算案件。

通过本案的处理,可以窥探融资担保公司这种准金融企业的经营乱象。融资担保公司不像商业银行,缺乏完善的监管体系,风险控制能力差。在追求高风险高收益的逐利动机驱使下,很多融资担保公司放弃担保主业,通过过桥贷款、短期拆借、高息借款等模式,成为游走于灰色地带的资金掮客,为民间借贷的崩盘、金融状况不良的爆发埋下了隐患,严重影响金融秩序。对融资担保公司的监管应纳入金融监管的重要组成部分,这对我国防范和化解金融不良风险将有重要意义。

十、防范逃废债和涉刑案件的处理:闽超公司破产重整案

(一)基本案情

闽超公司系从事旅游鞋业、运动鞋业的台港澳自然人独资的有限责任公司,成立于1992年4月18日,初期注册资本1000万元,由其法定代表人陈某独立控股。闽超公司在提供2014年至2016年年度审计报告和2014年的部分账册资料后,晋江法院经审查,于2016年6月8日立案受理,并按照泉州中院竞争选聘结果,指定温州中源立德会计师事务所作为管理人。

2016年6月21日,在晋江法院主持下,管理人与闽超公司进行交接,由管理人接管公司印章并开始对资产进行清查。2016年6月底,在人民法院报、泉州晚报等媒体刊登债权申报的公告,截至2016年8月13日债权申报截止日,共有63名债权人向管理人申报债权,申报债权总额1.7亿元。2016年8月27日,在晋江法院第一审判庭召开第一次债权人会议,会议由管理人向债权人通报了履职的情况,确认管理人报酬方案,并投票选举产生5位债权委员会成员。

因闽超公司拒不向管理人移交相关账册资料,无法证实企业真实资产情况,存在破产逃废债嫌疑。晋江法院于2016年10月20日经合议庭评议并报审委会讨论,裁定驳回闽超公司的破产申请。后闽超公司不服该裁定,向泉州中院提起上诉。泉州中院于2016年12月29日裁定驳回上诉,维持原裁定。闽超公司及

其实际控制人陈某因涉嫌隐匿账册、会计凭证、虚假破产等,被移送公安机关立案侦查。

2018 年 12 月 26 日,晋江法院作出刑事判决认定:(1)闽超公司犯骗取贷款罪,犯隐匿会计凭证、会计账簿、财务会计报告罪,数罪并罚,决定执行罚金人民币 103 万元;(2)陈某犯骗取贷款罪、隐匿会计凭证、会计账簿、财务会计报告罪,数罪并罚,决定执行有期徒刑 3 年 9 个月,并处罚金人民币 103 万元……

该院于 2019 年 3 月 29 日裁定,驳回上诉,维持原判。

(二)疑难问题及其解决办法

1. 闽超公司股东拒不移交企业账册问题

企业账册和会计凭证是反映企业历年经营状况、资产去向、债权债务情况的重要依据。在立案前,法院就以书面形式多次告知闽超公司实际控制人陈某应提供全部的会计账册,并以此作为立案的基本条件之一。后考虑“宽立案,严审查”的工作思路,条件放宽至先提供一年账册及近三年的会计师事务所出具的审计报告。在闽超公司提供上述材料后,法院对于其重整申请予以立案受理。但在管理人对企业进行交接后,闽超公司即未继续向管理人提供任何会计凭证、账册,即使经过管理人及法院的多次口头及书面催促释明,闽超公司仍以公司原财务人员已经离职,需银行流水单作账等理由推诿,拒不向管理人移交账册凭证,致使管理人对企业的清产核资工作严重受阻,工作无从入手,仅掌握企业的债务,而无法获知企业的债权,对企业的真实资产情况无法进一步核实。闽超公司的上述行为,明显存在着意图利用破产程序,隐匿财产、逃避债务的嫌疑。

法院经审查认为,为了尽快地推动破产重整案件的进程,节约审查的时间,只要企业具备资不抵债达到破产条件的初步证据,就予以立案,但在立案之后,作为相关义务人仍有义务提供真实完整的证据材料,并不因为法院的立案就免除举证义务。陈某在立案后经管理人和法院多次口头书面催告,拒不提交完整的财务账册。陈某提出的因为财务人员离职,以及缺乏银行流水,导致其无法提供整理财务账册的说法明显缺乏依据。首先,相关的财务凭据都是当月或者次月就要装订成册的,进行保存。财务人员离职相关的凭据不会带走,仍然是由陈某控制,陈某也表示账册都有移交,但需要时间整理。其次,陈某提出需要银行流水才能整理,这个理由亦缺乏依据,企业财务凭据和账册,都应当按照一个企业的财务要求，在破产立案之前就已经完成，不可能在破产后再进行整理，如果说存在整理，就存在做假账的行为。经与银行联系，银行称历年的流水单均有打印给闽超公司。陈某拒不提供账册的行为已经严重影响了破产案件的审理进程，至第一次债权人会议召开，管理人仍无法实质性地开展清产核资的工作。闽超公司的上述行为，在社会上也造成了非常恶劣的影响，导致债权人多次信访。

2. 闽超公司股东拒不配合管理人企业履职的问题

在管理人接管企业后，发现闽超公司厂房和宿舍存在被第三方占用和对外租赁的情形。对此，陈某在法院多次询问中表述不一，开始称厂房系被债权人占用，后又称厂房确系其在出租，但拒不向管理人说明接管企业后出租的具体情况、金额和资金去向。在立案前，陈某主张某波兰华侨亲戚对其公司具有重整意愿，但立案后，并未有战略投资方与管理人接触，在 2016 年 9 月 9 日管理人在媒体发布招募战略投资人公告后，截至同年 9 月 28 日申报截止日，未有战略投资人与管理人接触。

针对上述问题，该案合议庭经审查认为，依照《最高人民法院关于审理企业破产案件若干问题的规定》第 14 条的规定："人民法院受理企业破产案件后，发现不符合法律规定的受理条件或者有本规定第 12 条（债务人有隐匿、转移财产等行为，为了逃避债务而申请破产的）情形的，应当裁定驳回破产申请。"因闽超公司作为申请人，未向法院提交完整的账册资料，导致管理人对于企业的资产状况无法核实，即企业资产是否足以偿还债务这一破产条件无法查明，且经发布公告，无意向投资人。从现有的证据看，闽超公司不具备重整的价值，也没有重整的可能性。在无法查清闽超公司真实的财务状况和履行能力的情况下，对于闽超公司是否真的资不抵债，从申请人提交的证据看，证据不足。故法院裁定驳回其破产重整申请。

另外，陈某经法院多次释明，拒不向管理人移交会计账册，不仅严重阻碍了案件审理进程，造成司法资源的巨大浪费，而且在社会上产生了恶劣的影响，债权人反映强烈。合议庭经评议并报送审判委员会讨论后，以涉嫌隐匿毁弃财务账册移送公安机关进行立案侦查。

3. 陈某的行为是否构成隐匿账册罪的问题

陈某对一审认定其构成隐匿账册罪不服提起上诉，主要理由是，其和闽超公司无隐匿会计资料的故意和行为，是客观原因不能及时提供，只应承担举证不能而败诉的民事责任，不应承担刑事责任；其和闽超公司没有隐匿会计凭证、账册及财务会计报告的故意和行为，为实现企业重整，闽超公司尽力配合管理人和法院提供相关资料，因停产原财务人员离职，相关的会计资料没有移交。后另聘会计重新整理，需要较长时间，其和闽超公司多次向管理人和法院说明情况，要求宽限，不存在隐匿的故意和行为，故请求撤销原判，宣告其无罪。

泉州中院经审理认为，对于陈某提出其行为不构成隐匿会计凭证、会计账簿、财务会计报告罪的意见，经查，在案的证人证言、相关的审计报告、谈话记录、询问笔录、债权人会议记录等证据和上诉人陈某的供述，证实闽超公司 2004 年至 2015 年的财务会计资料均已整理完整，在法院受理闽超公司破产重整申请后，经法院及受委托的管理人多次催促并限期移交，闽超公司及陈某未能移交相应的会计凭证、会计账簿、财务会计报告等会计资料，后破产申请被法院驳回的事实。闽超公司及陈某在法院审理破产重整期间，在法院及受委托的管理人多次催促并限期移交的情况下，仍拒不交出依法应当设置、妥善保管并向司法机关提供的会计资料，致使管理人无法核实闽超公司真实的资产状况和负债情况，导致破产重整无法进行的严重后果。闽超公司及陈某的上述行为符合隐匿会计凭证、会计账簿、财务会计报告罪的构成要件，应以隐匿会计凭证、会计账簿、财务会计报告罪定罪处罚。陈某提出上述意见不能成立，不予采纳，裁定驳回上诉，维持原判。

从一、二审查明的情况看，在管理人接管企业通知移交其他账册后，其他账册是存在并保存在公司的，只是陈某为了个人的意图出发，要求公司人员不予移送，对法院和管理人的多次催促，也是推诿拖延，其隐匿账册的主观意图比较明显，即使到了第一次债权人会议召开，仍未向法院移交，导致法院整个案件的进程受到影响，债权人对其逃废债的反映也比较强烈，已具有了社会危害性，应追究其相关的法律责任。

4. 关于在破产案件审理中如何做好逃废债防范工作

笔者认为，可以从以下几点入手：一是风险识别，严格审查。根据 2016 年发布的《最高人民法院关于破产立案受理有关问题的通知》的精神，现阶段实行立案与审查分离的机制，由立案部门登记立案后，交由审判业务部门审查裁定是否受理。在立案审查中，仍要注意适当的实体审查及风险评估，对于有明显逃废债嫌疑的，债权人反映逃废债问题较为强烈的破产申请，除资产负债表、财产清单等必备材料外，必要时可让债务人提供近3年的会计凭证或审计报告。对于企业实际经营者，亦可以笔录的形式，打好“预防针”，告知隐匿账册、转移财产、虚构债务等的相关法律后果。二是审慎对待，监督到位。对于破产案件受理后，相关人员推诿或拒不移交账册、会计凭证的，由管理人和法院阐明相关的法律后果。对释明后仍百般推诿或不知悔改，给管理人的审计核资工作带来巨大阻碍，严重破坏破产案件进程的，对其涉嫌犯罪行为坚决移送。同时，法院要做好监督协调的作用。在债权审查认定中，管理人应注意证据审查，特别是涉及企业的民间借贷案件，除借条外，还应着重审查资金交付、与企业的关系等。对于涉及企业法定代表人、实际控制人直系亲属或关系密切人的债权审慎认定。三是标本兼治，宽严相济。抓住症结，源头控制，重点整治各类失信行为。各类工商行政部门应严格审查涉诉案件的股权转让、法定代表人变更，阻断失信人的逃废路径。法院要加强执行攻坚的力度，对恶意逃废债务的行为，始终保持高压态势。发现转移财产、逃废债务的，情节恶劣的，以拒不执行判决、裁定罪移送公安部门。对发现有“假破产、真逃债”嫌疑的，及时采取罚款、训诫、拘留等强制措施，驳回其破产申请，涉嫌犯罪的移送公安部门处理。金融机构应进一步加强金融监管，强化风险预警。同时，应坚持宽严相济的打击政策，加强宣传引导，优化营商环境。

十一、坚持市场化原则，推动A股上市公司预重整成功：安通公司重整案

（一）基本案情

2020年3月18日，中航信托公司以安通公司不能清偿到期债务并且明显缺乏清偿能力为由，向泉州中院申请对安通公司进行重整。安通公司对中航信托公司的重整申请无异议。

泉州中院经审查认为，安通公司未能清偿到期债务，且资产不足以清偿全部债务。中航信托作为债权人，依法有权申请安通控股重整。安通公司作为A股

上市公司,核心经营资产及业务具有一定的市场份额,具有通过重整复兴再生的可能。根据《审理上市公司破产重整纪要》第 4 条之规定,在裁定受理重整申请前,将案件有关材料逐级报送最高人民法院审查。

案件审查期间,根据安通公司的申请,泉州中院决定自 2020 年 7 月 31 日起对安通公司启动预重整程序,同时指定安通公司清算组担任预重整期间的临时管理人。2020 年 9 月 11 日,泉州中院裁定受理安通公司重整案,并指定安通公司清算组担任重整期间的管理人。2020 年 11 月 4 日,泉州中院裁定批准安通公司重整计划,终止安通公司重整程序。2020 年 12 月 17 日,泉州中院裁定确认安通公司重整计划执行完毕。

(二)疑难问题及其解决办法

1. 泉州中院是否享有本案的管辖权

本案债权人向泉州中院申请对安通公司进行重整,调查发现,安通公司的注册登记地并非泉州,而是黑龙江省齐齐哈尔市。本案首先面临的就是管辖权的确定问题。根据《企业破产法》第 3 条的规定,破产案件由债务人住所地人民法院管辖。《公司法》第 10 条规定,公司以其主要办事机构所在地为住所。《审理上市公司破产重整纪要》则进一步对上市公司重整案的管辖作出明确规定,即上市公司破产重整案件应当由上市公司住所地的人民法院,即上市公司主要办事机构所在地法院管辖;上市公司主要办事机构所在地不明确、存在争议的,由上市公司注册登记地人民法院管辖。

经调查,安通公司自 2016 年 8 月起,先后 3 次变更公司办公地址,最终将公司办公地址从“黑龙江省齐齐哈尔市富拉尔基区向阳大街 2 号”变更为“福建省泉州市丰泽区东海街道通港西街 156 号安通控股大厦”。相应变更事项均在上交所发布公告,进行了信息披露。泉州中院在案件审查中实地走访了安通公司,法院认为,安通公司作为上市公司,与公司有关的重大事项均应进行公开披露。综合公司发布的关于变更办公地址的公告及实际办公场所情况,应认定安通公司的主要办事机构所在地为福建省泉州市丰泽区东海街道通港西街 156 号安通控股大厦,故泉州中院对其重整案件具有管辖权。

2. 预重整程序的效力

预重整程序的工作机制在于将重整程序中的核心事务,如债权申报、资产负债审计评估、战略投资人招募谈判、重整草案制作、表决等，前移至司法程序之前进行，通过庭外与庭内程序的结合，发现债务人企业的重整价值及重整可行性，提高正式进入重整程序后的司法效率和重整成功率。

现行企业破产法并未对预重整程序进行规定。2018年最高人民法院发布《破产审判工作会议纪要》指出："探索推行庭外重组与庭内重整制度的衔接。在企业进入重整程序之前，可以先由债权人与债务人、出资人等利害关系人通过庭外商业谈判，拟定重组方案。重整程序启动后，可以重组方案为依据拟定重整计划草案提交人民法院依法审查批准。"这一提法被普遍认为是最高人民法院认可和鼓励探索预重整程序的信号。

本案中，在上级法院审查是否受理重整申请期间，泉州中院为节约时间成本，提高工作效率，对该公司启动预重整程序。预重整期间的主要工作安排为：接受债权申报，调查、评估安通公司的资产情况；推动安通公司与出资人、债权人、意向投资人等利害关系人进行协商，制定预重整方案等。

由于立法并未确立预重整制度，因此个案实践须着重解决预重整的法律效力问题。主要从以下几方面入手：第一，司法权的适度介入。预重整并非正式的重整程序，但其在司法权主持下进行，因此相比企业自行重组更具有公信力。本案中，泉州中院在重整受理审查阶段，依托"破申"案号对安通公司进行预重整，这就使得预重整程序具有"类司法"性质，奠定了预重整工作成果向重整程序转化的基础。第二，灵活性与规范化并重。预重整作为实践探索，尚无既定之规，具有相当程度的灵活性。泉州中院在灵活推进预重整工作的同时，对标《企业破产法》的有关规定，确保整体重整工作符合基本规范要求，排除成果转化障碍。指定临时管理人并明确其工作职责，保障预重整期间各工作事项有序推进。认可预重整期间债权申报的效力及于重整程序，预重整期间临时管理人和债权人对法律关系成立与否、债权性质、债权本金的审查和确认与正式重整程序中的具有同等法律效力。待正式进入重整程序后，仍设定30天的债权申报期，依法保障未在预重整期间申报债权的债权人利益。已申报债权的债权人可不再另行申报，由管理人主动就先期申报时点至案件受理日新增的债权金额部分进行审查认定。第三，坚持市场化原则。安通公司作为上市公司，关涉的利益群体众多，企业纾困工作受到当地党委、政府及社会多方关注。在预重整期间最大限度挖掘企业市场潜力,将企业的重整价值交由市场判断。在与前期投资意向方协商、谈判的同时,公开招募战略投资人,推动重整方案优化,并及时与债权人沟通,最终成功引进具有产业协同效应的重整方,不仅实现了重整程序的债权清偿,同时为重整后企业的经营发展提供了资金安排和产业支持,兼顾了债权人、中小股东及债务人的多方权益。

十二、针对不同的债权类型,合理设置不同的清偿方案:万城置业公司破产清算转重整案

(一)基本案情

万城置业公司受控股股东远太集团债务危机及过度融资、交叉互保等原因影响,爆发债务危机,其开发的"万城壹号"项目自2015年下半年起处于停工烂尾状态。"万城壹号"项目涉及1000多户购房者,以及建筑工程的承包人、农民工、抵押权人、职工、普通债权人等,烂尾时间久,购房者众多,债权性质复杂且冲突明显,复工续建难度大,不同群体到两级政府上访表达诉求,形成不稳定的社会矛盾隐患。2018年6月5日,安溪县人民政府专门成立安溪万城置业有限公司清算组负责前期债务清查与资产调查。2019年8月16日,安溪法院作出裁定受理万城置业公司的破产清算申请,同时指定安溪县人民政府成立的清算组担任万城置业公司管理人。

2019年10月25日召开第一次债权人会议,719户债权人参加会议。因新型冠状肺炎疫情防控需要,于2020年4月2日,以非现场方式召开第二次债权人会议。其间,在管理人完成对万城置业公司的接收管理、债权审查认定、财产调查、委托相关专业服务机构完成审计评估、工程造价审核复核、未完工工程造价测算及分摊等各项基础工作的同时,督促管理人适时吸引投资人参与研判论证,与各类型债权人代表、出资人等进行多轮充分有效的协商沟通,逐步形成合理、可行的项目拯救方案。经管理人审查认定,万城置业公司资产账面价值计8.4亿元,负债20.4亿元,其清算价值更低,已严重资不抵债,"万城壹号"项目处于停工烂尾状态。为此,安溪法院指导监督管理人结合审计评估和造价机构提供的鉴定评估意见,依照《企业破产法》及相关司法解释的规定,围绕确保重整成功和保障广大消费者购房业主债权人权益最大化的目标,吸引投资人参与重整盘活、协调

其他债权人接受延期清偿和豁免部分债务，争取广大消费者购房业主同意适当分摊续建成本费用。截至2020年8月，855户的购房业主已配合签署《附条件交房分摊协议》，劳动债权组预表决通过支持重整。2020年8月31日经万城置业公司的出资人远太集团（福建）有限公司申请，安溪法院作出裁定对万城置业公司进行重整。

此外，由于很多意向投资人对原规划建设医院及配套的投入收益、开发成本、税费负担、债务清理等表示担忧，且周边教育配套"短板"需要补齐，故投资人招募困难重重，始终没有投资人正式提交投资意向书。对此，安溪法院积极争取县委、县政府支持，借力府院协调联动机制，推动安溪县政府以"收储促重整"的解决方案，通过"收储+兜底"模式引导各方支持重整，引导投资人同意在重整后配合未建土地收储改建公办学校。管理人于2020年9月26日再次发布《重整投资人招募公告》，面向全国公开招募重整投资人。其间，一家民营企业与管理人接洽并提出重整预案，后因重整投资对价较低、投资要求较高以及其他无法满足债权清偿要求等因素退出。为稳妥推进"万城壹号"项目重整拯救，管理人最终选定意向投资人兴泉公司担任重整投资人参与万城置业公司重整。2020年12月，管理人根据兴泉公司提供的投资意向书制订和完善重整计划草案，交付第三次债权人会议进行非现场书面表决。法院于2020年12月23日通过庭审直播的方式举行第三次债权人会议网络直播说明会，专项说明债权审查和重整计划草案，保障债权人的知情权。会后，召开出资人组会议，落实和解决出资人组对出资人权益调整的表决和股权过户的配合。根据表决截止日2020年12月28日的表决结果统计，有财产担保债权组、劳动债权组、税收债权组、普通债权组及出资人组均表决通过重整计划（草案）。管理人依法报告请求批准重整计划，安溪法院经审判委员会讨论决定，于2020年12月30日作出裁定批准重整计划，终止重整程序。2021年1月11日，万城置业管理人与重整投资人兴泉公司完成财产和营业事务交接，至此标志着万城置业公司已进入重整计划的执行阶段，"万城壹号"烂尾项目复工续建启动并有序推进。

（二）疑难问题及其解决办法

本案系涉房地产企业破产案件，所涉及的"万城壹号"房地产项目是一项涉众重大民生的工程。因此，安溪法院在推进破产清算重整处置中始终坚持清算和重整“两条腿”走路，依法依规推进重整盘活挽救，紧紧依靠辖区党委领导和泉州中院的精心指导，依托府院联动机制，与县政府及相关职能部门通力协作，逐一攻克化解破产清算重整中遇到的难点、堵点问题，并充分借鉴其他地区房地产破产重整案的有益经验，最终成功推动“万城壹号”项目复工续建盘活，最大程度保障各方债权人的合法权益，有力维护了社会安定稳定。

1.“党政支持＋府院联动”，全力助推重整挽救

解决难点一：债权人人数多、安保维稳压力大

万城置业公司破产清算转重整一案，已申报的债权人总数1489户，债权人人数较多，案情较为复杂，具有重大社会影响，因此处置过程中安保维稳的压力较大。对此，安溪县人民政府于2018年6月5日专门成立清算组负责前期债务清查与资产调查，安溪县委、县政府办公室于2019年7月16日成立万城置业公司破产处置工作应急维稳领导小组，组织制定实施该案信访维稳工作方案和应急响应机制，专案负责、指导和支持该案应急维稳工作。特别是进入破产程序后，在召开第一次债权人会议时，针对场外安保、交通秩序管理、场内秩序维护、消防应急、信访舆情防控等保障工作制定了安保应急工作预案，确保债权人会议各项议程顺利完成，特别是各项程序性议案的表决通过为后续清算重整工作开展打下了良好的基础。

解决难点二：周边配套不足、医疗用地处理难

万城置业公司资产账面价值8.4亿元，负债20.4亿元，已严重资不抵债，“万城壹号”项目长期处于停工烂尾状态，如若清算拍卖，广大的真实购房业主交房的期望难以实现，其他债权人债务清偿希望渺茫。因此，只有通过复工续建盘活，才能得到最大限度挖掘和提升项目存量资产价值。在招募意向投资人过程中，潜在意向投资人对于万城置业公司原规划为医疗用地的宗地一A和宗地一D医疗用地的土地性质的预期不高及投资信心不足。对此，法院积极争取安溪县委、县政府支持，借力府院协调联动机制，推动县政府以“收储促重整”的解决方案，通过“收储＋兜底”模式引导支持重整，即引导投资人同意在重整后配合未建土地收储改建公办学校，一方面解决医疗用地处理难问题，另一方面“万城壹号”项目成为学区房后，极大地提升项目价值，也增强了广大债权人支持重整的信心。

2.“公平清偿 + 国企兜底”，全面保障各方权益

解决难点三：各类债权的认定和公平清偿安排

万城置业公司涉及的债权数额巨大，类型复杂，各类债权间的权利冲突明显。因此，安溪法院积极引导管理人根据《企业破产法》的有关规定将债权分为有财产担保的债权、劳动债权、税收债权、普通债权 4 类，其中有财产担保的债权又分为购房款债权、建设工程价款优先债权和抵押债权，并针对不同的债权类型设置不同的调整及清偿方案。尤其是针对有财产担保的债权，在依法甄别消费型购房的基础上，按照相应抵押物的评估价值测算建设工程价款优先权以及抵押权的预计可获优先清偿额；针对普通债权，制定了分段清偿方案，充分保障债权人的合法权益。同时，安溪法院与管理人密切配合，创造性地提出分摊减让、车位团购、折抵商铺、优惠购房、配合奖励等方案，尽可能保障购房业主的合法权益。重整计划还明确规定规划调整变化的豁免、职能部门的支持与便利、网签备案的撤销、财产保全与抵质押登记的解除等内容，既有利于投资人后续工作的开展，也有利于提高重整投资的可预期性。

解决难点四：招募投资人接盘难、复工续建难

管理人第一轮发布重整投资人招募公告后，受制于原规划建设医院及配套的投入收益、税费负担、债权清理、社会维稳及续建支持保障等因素，且周边教育配套“短板”需要补齐，虽有各类意向投资人调查咨询，但始终没有投资人提交投资意向书，投资人招募陷入困境。管理人于 2020 年 9 月 26 日再次发布重整投资人招募公告，面向全国公开招募重整投资人。其间，一家民营企业与管理人接洽并提出重整预案，后因重整投资对价较低、投资要求较高以及其他无法满足债权清偿要求等因素退出，同时很多债权人也对该企业信心不足，担心项目二次烂尾。安溪法院积极争取安溪县委、县政府支持，最终安溪县委、县政府经研究决定，推荐兴泉公司担任重整投资人参与万城置业公司重整，解决了烂尾楼项目无人接盘的困境，为广大债权人注入强大重整挽救信心。

3.“柔性化解 + 重点攻坚”，争取广泛配合支持

解决难点五：消费型购房户债权的保护及续建成本费用的引导分摊

本案中，经法院裁定确认无争议的购房款债权及管理人认定的购房款债权共 896 户，系人数最多、金额最大的债权类型。为保护真实购房业主的合法权

益,法院引导管理人根据相关法律法规制定了《购房款债权的认定及清偿规则》,在此基础上依法审查认定购房款债权,并由法院裁定确认无争议的购房款债权。依据相关法律法规的规定,在建工程在复工续建状态下形成的价值增值,不属于破产财产或者债务人财产,故主张交房清偿的商品房消费者应当据实分摊所购商品房对应在建工程的相关续建成本费用,在此基础上管理人制定了《分类按比例分摊复工续建费用的方案》,并向购房业主解释分摊续建成本费用的依据以及必要性,引导债权人选择交房清偿或货币清偿,签署《附条件交房分摊协议》或《解除商品房买卖合同协议》,并在重整计划草案中匹配已签署的《附条件交房分摊协议》约定的分期支付的数额比例及时间节点。同时,法院引导管理人针对性地制定分摊减让、车位团购等优惠措施,保障购房款债权人的合法利益,最终促成 855 户购房业主配合签署《附条件交房分摊协议》,签约率达 95.42%。

解决难点六:"以房抵债"等特殊债权的认定处理及非消费型购房户预告登记的涤除或网签备案手续的撤销

在本案中,存在诸多以住宅抵债且已办理预告登记或网签备案的债权人以及以店面、车位抵债的债权人、虚假按揭或虚假交易的债权人等,该类债权人数众多,矛盾突出,各债权人诉求不统一。为此,安溪法院坚持以"柔性化"方式减少社会矛盾,联合管理人多次与"以房抵债"债权人代表座谈交流,解释"以房抵债"的债权性质属于普通债权的法律依据,同时回应"以房抵债"债权人的合理要求,指导管理人反复讨论修改重整计划草案,针对"以房抵债"的债权人,设定了分段清偿以及优惠购房等措施,提高其清偿率,并设计了出资人让利、优惠购房、配合奖励等方案,保障该类债权人的合法权益。针对非消费型购房户关于网签备案的解除,管理人在重整计划中创设了配合奖励等措施,促进尽快解除网签备案,最终促使多数"以房抵债"债权人理解并支持重整计划。

4."注重协商+突破常规",提高重整程序效率

解决难点七:银行债权人债权转让的,协调解决表决支持重整难的问题

在审判实践中,很多银行债权人由于表决权限和报批程序复杂烦琐、担心责任等问题,难以有效支持重整计划草案,这也是重整计划草案表决的一个"卡脖子"的问题。安溪法院在重整计划草案表决之前,积极协调管理人与银行债权人进行座谈、沟通了解,积极协商部分银行债权人进行债权转让,促使部分银行等

机构债权人加快行使表决权并支持重整计划草案，最终确保本案的重整计划草案如期表决通过。

解决难点八：常规表决方式的突破，预表决的灵活运用

本案债权人众多，故针对重整计划草案的表决，充分采取了预表决的方式。尤其是购房业主债权人896户，占债权人总数的60.2%，如果拘泥于预表决的通常做法，等到重整计划草案形成之后再进行预表决，一方面，管理人由于人力、物力的因素难以在短时间内说服购房款债权人预表决时支持重整计划草案；另一方面，投资人由于购房款债权人未明确是否支持重整计划草案，也很难有信心参与重整盘活。安溪法院打破在重整计划草案形成之后再进行预表决的通常做法，与管理人就《附条件交房分摊协议》的草稿进行多次讨论、修改，并设计成为如果购房款债权人配合签约，在重整计划草案不改变购房款债权人实质性权利的情况下，即视为购房款债权人预表决时同意重整计划草案，既解决了由于购房款债权人众多管理人难以在短时间内说服购房款债权人预表决时支持重整计划草案的问题，也极大地增强了意向投资人的重整信心，其他债权人也大量采取预表决的方式固定其表决意见，为涉房地产企业破产重整表决提供了新思路。

十三、事业法人、企业法人合并重整：工程学院破产重整案

（一）基本案情

工程学院系广盛公司举办的民办高等职业学校，于2013年11月19日经福建省人民政府批准、2014年6月3日登记成立。在筹建过程中，因自有资金不足、向社会进行巨额融资，及管理不善等原因，资金链断裂，拖欠巨额工程款，引发债务危机，导致在建工程停工无法按期投入使用，办学陷入困境。泉州中院根据债权人申请，分别裁定受理工程学院重整案、广盛公司破产清算案。经依法报请福建省高级人民法院批准，将两案交由南安法院审理。南安法院于2019年2月15日裁定受理朱某发申请工程学院重整案，并指定工程学院清算组担任管理人，负责工程学院的重整工作。

2019年4月12日，召开第一次债权人会议，审议通过了关于通过淘宝网公开征集工程学院举办者权益受让方的议案，于2019年12月4日成功征集到举办者权益受让方。

2019 年 12 月 12 日,召开第二次债权人会议,对工程学院重整计划草案(含出资人权益调整方案)进行表决。因普通债权人组未通过重整计划草案,管理人申请法院裁定批准重整计划草案。经南安法院审判委员会讨论决定,于 2019 年 12 月 27 日裁定批准重整计划草案。现重整计划已于 2020 年 12 月 8 日执行完毕。

(二)疑难问题及其解决办法

1. 对陷入困境的民办高等职业学校能否适用破产重整程序

工程学院属于事业法人,是从事高等职业教育的特殊民事主体。对高等职业学校适用破产重整程序尚无先例。《中华人民共和国民办教育促进法》第 58 条虽然规定民办学校因资不抵债无法继续办学而被终止的,由人民法院组织清算,但未明确规定可以适用破产重整程序。民办学校属于非营利法人,故民办学校资不抵债,由法院组织清算的,清算程序参照适用《公司法》的有关规定。根据《公司法》第 190 条的规定,公司被依法宣告破产的,依照有关企业破产的法律实施破产清算。根据《企业破产法》第 135 条的规定,其他法律规定企业法人以外的组织的清算,属于破产清算的,参照适用该法规定的程序。综合上述相关法律规定,民办高等职业学校的破产清算应参照适用《公司法》《企业破产法》规定的程序,应当也可参照适用《企业破产法》规定的重整程序。同时,工程学院虽然因债务危机陷入困境,但其持有中华人民共和国民办学校办学许可证,拥有师资队伍和办学能力,尚处于办学过程中,具有较高的重整价值。如能通过司法重整引入投资人,化解债务危机,挽救工程学院,有利于促进经济发展、社会稳定,取得良好的社会效果。综上,南安法院认为工程学院适用重整程序具有法律依据,在没有先例可循的情况下,大胆探索,以重整程序受理工程学院破产案。

2. 事业法人、企业法人能否合并重整

广盛公司属于典型的"僵尸企业",其营业执照登记的经营范围虽然是销售汽车零配件、汽车租赁、汽车美容,但其实际从事的业务主要是投资工程学院,名下国有土地使用权的用途为科教及生活配套设施用,和工程学院的国有土地使用权相毗连,共同用于建设工程学院的教学楼、学生宿舍、教师公寓。工程学院的部分建设工程施工合同系以广盛公司名义签订,并因此负有未清偿债务。相关债权人亦将广盛公司签订的施工合同产生的债权作为工程学院债权进行申报。根据审计、评估结论，广盛公司亦资不抵债。广盛公司及其举办的工程学院实际从事的经营活动和资产、债务严重混同，但两主体分别为企业法人、事业法人，合并重整的法律依据不足，无法通过实质合并方式审理。为推进工程学院重整，南安法院对两个案件采取分别立案、同步审理、协调处理的方式，采取下列具体措施：一是对工程学院、广盛公司名下债权、财产进行区分，分别进行财产评估、处置。二是鉴于工程学院办学必须使用广盛公司名下的土地使用权和地上建筑物，在工程学院投资人招募方案中，对工程学院的举办者权益和广盛公司财产的捆绑出让，要求工程学院重整方在受让工程学院举办者权益的同时，受让广盛公司名下的财产。三是创新出资人权益调整方案的表决程序。将工程学院出资人权益调整方案提交广盛公司债权人会议表决，由广盛公司管理人根据广盛公司债权人会议表决结果行使表决权。由于工程学院出资人广盛公司亦因资不抵债被宣告破产清算，对工程学院出资人权益调整方案，根据《企业破产法》第61条第1款第9项关于破产财产变价方案由债权人会议通过的规定，由广盛公司管理人制定《关于将泉州市广盛汽车服务有限公司持有的泉州工程职业技术学院举办者权益让渡给泉州市南翼港区发展有限公司的议案》，提交广盛公司第二次债权人会议表决并获得通过。广盛公司管理人作为工程学院举办者代表，参与工程学院债权人会议，对工程学院出资人权益调整方案行使表决权，根据广盛公司债权人会议表决结果，发表同意的表决意见。四是在制订重整计划草案时，注重工程学院普通债权的清偿比例与广盛公司普通债权的清偿比例相协调，避免两单位普通债权的清偿比例过于失衡，有失公平。

3. 法院审查重整计划草案是否符合《企业破产法》规定的审查强制批准条件时应遵循的原则

对于部分表决组未通过的重整计划草案，法院在审查是否《企业破产法》第87条规定的强制批准条件时，应当坚持债权人利益最大化、公平对待和绝对优先的原则，并综合考量是否有利于维护社会公共利益，依法审慎作出是否强制批准的裁定。工程学院重整计划草案经分组表决，获得建设工程款优先权组、职工债权组和出资人组表决通过，但因普通债权人组同意的普通债权人代表的普通债权额占普通债权组债权额的53.99%，未能达到2/3，导致草案未能获得普通债权组通过，但草案的内容切实维护和实现了大多数债权人的利益，公平对待同一表决组的成员，债权清偿顺序不违反法律规定，工程学院的经营（办学）方案具有可行性，同意的普通债权人人数达到到会有表决权的普通债权人数的85.71%，符合债权人利益最大化、公平对待和绝对优先的原则。从维护社会公共利益方面考虑，批准重整计划草案可以避免进入破产清算程序必将带来的资产贬值、难以处置，债权人从清算程序实际获得清偿的金额进一步降低、实际利益受到更大损失，安置学生及农民工工资无法兑现带来的信访维稳等一系列问题，有效化解一大批矛盾纠纷，同时为南安市保留稀缺的高等教育资源，提升南安的投资环境，不但取得良好的法律效果，也能取得良好的社会效果、政治效果，实现办案的法律效果、社会效果、政治效果的有机统一。综合上述理由，经南安法院审判委员会讨论决定，裁定批准工程学院重整计划草案。对南安法院的强制批准裁定，广大债权人、学校师生员工及相关部门普遍反映良好。重整计划进入执行阶段后，涉及的举办者、事业单位法人证书及财产权属变更登记手续顺利完成。重整资金全部到位，债权清偿稳妥有序进行。重整计划现已执行完毕。

十四、政府发挥主导作用，科学解决历史遗留问题：新联邦公司破产重整案

（一）基本案情

新联邦公司成立于1993年1月1日。公司设立后，于同年开发建设“联邦商业城项目”，主要定位石狮服装的市场配置。石狮联邦国际商业城占地256亩、规划建设面积38万平方米，实际建成面积31万多平方米，共有商业单位及住宅3873间（套），涉及产权人近1300户，后因开发商资金链断裂、建设经营不善等原因于1995年全面停工，工程尚未竣工验收，无法向购房人正常交付所购房产。2019年8月21日，石狮法院裁定受理债权人对新联邦公司提出的破产重整申请，并指定由石狮市人民政府成立的新联邦公司破产重整清算组担任管理人。

石狮法院受理案件后，于2019年11月15日召开第一次债权人会议，审核债权、审查并通过管理人执行职务阶段性工作报告等。经审计查证，截至2019年8月21日，新联邦公司资产评估值为212,617,164.05元。2020年1月17日，依法裁定确认25位债权人的债权，债权总额达443,090,743.83元。2020年1月20日，召开第二次债权人会议，债权人表决通过新联邦公司管理人提交的重整计划

草案。2020年1月21日,依法裁定批准新联邦公司重整计划并终止新联邦公司重整程序。

本次重整计划采取资产整体转让的重整模式,由重整方福建鑫联辉房地产开发有限公司承接新联邦公司全部资产和项目继续开发建设的权利,承担原项目在建工程拆迁、改造、重建、安置补偿义务,并支付相应的偿债资金。职工债权获得全额清偿,普通债权按照债权本金比例进行清偿,本金在人民币100万元以下(含100万元)的部分按照100%进行清偿;超过100万元的本金部分按40%进行清偿,债权受偿方案在重整计划裁定之日起6个月内执行完毕。

(二)审理难点及化解措施

1. 审理难点

石狮联邦商业城于1993年动工建设,以协议方式取得商业用地442亩,实际开发土地256亩,建成区面积31万平方米。1997年,联邦商业城因开发商资金链断裂、经营不善等原因停建烂尾至今,涉及产权、债权人1700多户,债务高达1亿元,引发持续不断的信访、诉讼案件。该片区成为似商非商、似工非工、似居非居的"三不像"地带,大部分建筑主体只建设一半,未配备公共设施和消防设施,且年久失修,加上部分引进企业私自改变原房屋结构和用途,导致建筑安全、消防安全等隐患时有发生;甚至成为乞讨人员和犯罪分子的聚集窝藏地,造成周边各村刑事治安案件高发,影响社会稳定,也成为损害城市形象的"伤疤"。多年来,石狮市委、市政府多次启动联邦商业城改造重建工作,但由于权属关系混乱不清、利益诉求错综复杂、矛盾问题环环相扣,工作推进难度极大。联邦商业城因此成为石狮市迄今为止牵涉范围最广、信访和诉讼次数最多、处置难度最大、跨时最长的历史遗留问题。

2. 化解措施

在充分调研论证、听取各方意见基础上,明确改造重建"两大原则",即坚持以政府为主导、开发商为主体,坚持依法依规推进。为发挥好主导作用,石狮市成立由政协主席担任指挥长的联邦商业城改造重建指挥部,抽调来自各条战线、业务精湛、经验丰富、群众工作能力强的人员集中办公。针对联邦商业城错综复杂的权益问题,专门成立一个从法院、司法局抽调干部和市政府法律顾问组成的法律协调小组,全面摸底分析项目权属关系、债权债务关系和各方利益矛盾聚焦点，为改造重建工作打下坚实基础。借鉴其他地区处置历史遗留“烂尾楼”的经验做法，以等价置换方式，将石狮曙晖公司持有的31%的土地和21%的房产置换到联邦商业城对面的港塘地块，原有土地和房产收归国有，石狮市政府成为联邦商业城司法拍卖类的最大业主，为联邦商业城“烂尾楼”找到解决的突破口。促成有意向承接的石狮相关公司收购原石狮联邦投资集团公司（母公司为深圳市投资咨询服务公司），变更法定代表人和股权，重新登记为新联邦房地产开发公司。相关利益主体变更，为改造重建项目沟通、协商谈判、整体推进提供了有利条件。在基本解决和理顺联邦商业城改造重建难点的基础上，综合分析周边地区和石狮房地产市场情况，尤其是联邦商业城所在地块的资产价值、开发前景，引导新联邦房地产开发公司积极探索合作开发模式，成功引入实力雄厚的外商独资房地产企业——福建金辉集团作为战略合作伙伴，共同作为项目主体进行改造重建。按照高档次、高标准、配套全的宜居小区的建设思路，启动含幼儿园、农贸市场、老人福利房（民俗房）及社区活动中心等配套在内的规划方案制定工作，达成共识，多方共赢。指挥部将明确区分并充分保障不同类型业主权益作为改造重建工作的关键前提，密集走访项目主要业主、业主协会理事会成员、曙光社区两委和新开发商主要股东，梳理分析各方利益主体的主张和诉求，促成新开发商分别与“合同预售房”产权人和“司法买受人”业主达成差异化安置补偿的共识，指导新开发商按照就地安置、货币补偿两种方式，拟定安置补偿方案，多渠道征求业主意见。最终，项目安置补偿方案由联邦商业城业主协会向全体业主进行调查摸底，同意率超过90%，改造重建工作顺利推进。

3. 审理亮点

一是打造审理“石狮速度”。在进入重整程序前，由政府牵头与利害关系人进行庭外商业谈判、拟定重整方案等事宜。在重整程序启动后，管理人以事先拟定的重整方案为依据制订重整计划，实现了庭外重组与庭内重整制度的良好衔接。石狮法院创造自收到破产重整申请之日至案件审结仅耗时153天的“石狮速度”，更好地适应经济高质量发展的新形势。二是全面解开“石狮死结”。“联邦商业城项目”自1995年停工后，上千户购房户无法取得房产，各方矛盾频出，社会不稳定因素日益加剧。第二次债权人会议上，普通债权组债权人赞成重整计划草案的占到会债权人的80%，所代表的债权额占85.44%，重新规划联邦商业城片区是政府、开发商、业主的共识，新联邦公司的破产重整成功化解了石狮迄今为止遗留最久、问题最多、牵涉范围最广、信访和诉讼最多的片区改造项目。三是蝶变再造“石狮地标”。引导已丧失自身“造血”能力的新联邦公司积极探索合作开发模式，成功引入实力雄厚的外商独资房地产企业——金辉集团股份有限公司作为重整方。重整方承诺，将按照改善城市形象、提升城市品位、优化人居环境的标准，对联邦商业城项目周边地块进行整体规划、重新建设，力争建成高档次、高标准、配套全的宜居小区，彻底扭转区域面貌。

十五、代位债权在破产程序中不予确认为债权：船舶公司破产清算案

（一）基本案情

2019年12月9日，惠安法院裁定受理船舶公司破产清算一案，次日指定船舶公司清算组为管理人。2020年4月15日、7月22、11月25日、2021年2月25日分别召开第一次、第二次、第三次、第四次债权人会议，表决通过了《财产管理方案》《管理人报酬方案》《动迁老人养老金处置方案》《关于提前分配职工债权的议案》《关于提前分配部分动迁老人养老金的议案》《破产财产分配方案》等。债务人的破产财产于2021年1月11日由泉州市交发置业投资有限公司以1,207,398,828.8元的价格拍得，现因买受人已交齐全部拍卖款，船舶公司资产已于2021年2月9日由管理人移交给泉州市交发置业投资有限公司。

（二）疑难问题及其解决办法

1. 充分利用债权人会议表决机制

《企业破产法》第61条规定了债权人会议行使的职权，同时以“人民法院认为应当由债权人会议行使的其他职权”作为兜底条款，赋予法院在个案处理中根据具体情况将涉及债权人重大利益的事项提交债权人表决的裁量权，以公平地清理债务，最大限度地保障债权人和债务人的合法权益。

就本案而言，船舶公司设立之初，因动迁使部分村民失去赖以生存的土地，其中30余人自船舶公司设立时起即在公司工作至今，工龄均在10年以上。据悉，征迁时曾口头协议以船舶公司雇佣村民的方式解决安置问题。立案后，船舶公司即因没有资金缴纳电费而被停电，同时面临无法发放工人工资的问题。但若直接解除本案的劳动合同关系，势必引发信访，不利于破产程序的顺利推进。

其间，确有多名职工以信访方式表达其诉求。另外，净峰镇人民政府与船舶公司为了构建和谐的三方关系，保证项目顺利建设，曾于2008年7月达成《关于解决船舶公司修造船项目征迁遗留问题共谋和谐发展的协议书》，约定："船舶公司项目所涉及被动迁的斗尾、莒圃、水头三村的男子60岁以上，妇女55岁以上的老人，由船舶公司补贴每人每月50元的养老金。由船舶公司每半年支付给净峰镇人民政府指定的机构。"而船舶公司因经营困难仅支付上述养老金至2017年上半年止。

考虑到船舶公司长期停产、当地民情复杂，以及破产进程的顺利推进亦是对全体债权人利益的保障，惠安法院建议管理人将安置职工的留用问题作为《财产管理方案》的一部分内容在第一次债权人会议上交由债权人表决，以解决破产期间聘用安置职工的支出作为破产费用的问题。第一次债权人会议通过了该方案，但面临着另一个问题，即破产程序终结后该些职工须解除劳动合同，而职工不满于法定1倍补偿金。同样的，管理人虽根据职工提出的"3倍法定补偿金+15年'五险一金'"的方案作为解除劳动合同的条件在第三次债权人会议上进行表决，但未能获得通过。经与职工及债权人多次沟通，以及在船舶公司资产最终卖出较高价格的情况下，第四次债权人会议上，债权人表决通过了"2.5倍法定补偿金+15年'五险一金'"的方案。至此，安置职工的补偿问题得以妥善解决。

毕竟"为全体债权人利益考虑"的框架太大也太空泛，交由债权人会议表决的方案虽多有情理的成分在，但必须有一定的法律依据。例如动迁老人的养老金问题，被拆迁人和被征收安置人的债权请求权系基于物权请求权而产生的，虽无受偿顺序的法律规定，但基于该债权请求权系基于物权产生的，以及对被征迁人基本生存权的保障等考虑，惠安法院认为，辽宁省高级人民法院《关于审理房地产开发企业破产案件有关问题的若干意见（试行）》第12条"被拆迁人和被征收安置人的债权请求权应作为各类破产优先权保护债权中的第一顺位予以清偿"的规定，可在本案中予以参考，但仍应提交债权人会议表决为宜。据此，管理人制定了如下方案：破产受理之前未支付的养老金，作为优先债权全额优先清偿；破产程序期间的养老金，作为共益债务全额优先受偿；破产程序终结之后的养老金，按征迁协议书的约定一直付至老人去世，而船舶公司破产程序终结后，船舶公司将被注销，养老金无法一直支付，故按照一次性买断方式进行优先清偿，买断方式为一次性补贴至90岁，不足5年的按5年计算。该方案经第三次债权人会议表决通过。

2.债权审核的疑难问题——生效文书已确认的债权人对船舶公司的代位债权在破产程序中能否确认为债权

金圆金控公司受让兴业银行上海分行对振戎公司的债权，振戎公司受让了浦发银行原对船舶公司享有的债权。金圆金控公司向法院提起代位权诉讼并获得支持。2019年3月6日，振戎公司被广东省广州市中级人民法院裁定受理破产申请。

金圆金控公司于2020年1月18日向船舶公司管理人申报债权。管理人经审查后认为，《破产法司法解释二》第21条第1款第1项规定："破产申请受理前，主张次债务人代替债务人直接向其偿还债务的诉讼，破产申请受理时案件尚未审结的，人民法院应当中止审理。"第22条规定："破产申请受理前，债权人就债务人财产向人民法院提起本规定第21条第1款所列诉讼，人民法院已经作出生效民事判决书或调解书但尚未执行完毕的，破产申请受理后，相关执行行为应当依据《企业破产法》第19条的规定中止执行，债权人应当依法向管理人申报相关债权。"虽然代位权诉讼已经生效但并未实际履行，因振戎公司已被申请破产清算，依照上述司法解释的规定，代位权的履行应当依照《企业破产法》第19条的规定中止，金圆金控公司可通过向振戎公司管理人申报债权的方式主张权利。故对金圆金控申报的债权依法全部不予确认。

金圆金控公司于2020年4月10日提出异议：《破产法司法解释三》第7条规定已经生效法律文书确定的债权，管理人应当予以确认。

管理人于2020年5月22日作出《债权复审确认书》，维持前述意见。

金圆金控公司多次与合议庭沟通。合议庭合议后认为：(1)本案中存在司法解释上的矛盾。若根据《破产法司法解释三》第7条的规定，船舶公司管理人应当根据已生效法律文书确认金圆金控公司的债权。若根据《破产法司法解释二》第21条第1款第1项、第22条的规定，金圆金控公司的代位权虽已由生效判决支持并已进入执行程序，但尚未执行完毕；因振戎公司已被法院受理破产清算，该案应当中止执行；金圆金控公司可通过向振戎公司管理人申报债权的方式主张权利。但根据《合同法司法解释一》第20条的规定，金圆金控公司通过诉讼取得代位权,金圆金控公司与振戎公司、振戎公司与船舶公司的债权债务均消灭,金圆金控公司向振戎公司管理人申报的债权不应予以确认。(2)本案存在法律后果上的矛盾。若金圆金控公司对船舶公司的债权在本案中不被确认,其应向振戎公司的管理人申报债权,振戎公司则作为船舶公司的债权人受偿,则金圆金控公司在振戎公司的破产案件中与其他债权人一起依法分配振戎公司在本案中依法受偿的金额。矛盾之一,生效裁判文书认定的事实即代位权在破产程序中不被采纳。但若金圆金控公司对船舶公司的债权在本案中被确认,那么,金圆金控公司则是与船舶公司的债权人依法分配船舶公司的债权,即金圆金控公司相对于振戎公司的其他债权人来讲,不免有个别清偿之嫌。(3)倾向性结论为金圆金控公司向振戎公司申报债权更为合适。理由如下:①破产法司法解释属于特别法的司法解释,其法律效力优先于普通法的司法解释。②上述破产法司法解释颁布时间后于上述合同法司法解释,新法优先于旧法。③《企业破产法》及其司法解释的立法原意即是在企业破产中防止出现个别清偿,以实现普通债权人平等受偿的目标。④《民法典》第 537 条规定,法院确认代位权成立,并不产生合同法司法解释规定的“债权人与债务人、债务人与次债务人之间相应的债权债务关系即予消灭”的法律后果,只有当债权人接受履行后,才产生该法律后果。

2020 年 7 月 2 日,金圆金控公司向惠安法院提起破产债权确认诉讼,但未在 7 日内预交案件受理费,亦未向惠安法院申请减、缓、免。故惠安法院裁定:按金圆金控公司按自动撤诉处理。据悉,金圆金控公司已就涉讼债权向振戎公司的管理人申报债权,经管理人确认并提交债权人会议核查无异议后,已经由广东省广州市中级人民法院裁定为无异议的债权。

十六、关联公司实质合并:奇星机械、奇信机械破产重整案

(一)基本案情

2017 年 12 月 4 日,泉州中院裁定受理了奇星机械的重整申请,并指定奇星机械清算组为管理人。泉州中院依法报请福建省高级人民法院批准,于 2018 年 2 月 28 日裁定奇星机械重整案交由鲤城法院审理。2018 年 6 月 19 日,鲤城法院裁定受理奇信机械并入奇星机械实质合并重整申请,并指定奇星机械清算组为奇信机械管理人。

2018 年 10 月 17 日，奇星机械、奇信机械（以下简称奇星系公司）破产重整案召开了实质合并重整第二次债权人会议，审议、表决了奇星系公司管理人提出的《泉州奇星机械有限公司、福建省奇信机械设备有限公司重整计划草案》。经债权人、出资人分组表决，重整计划草案获得通过。

根据重整计划草案，管理人将奇星系公司 100% 股权及对应的重整资产通过淘宝网司法拍卖平台进行拍卖，二次拍卖均为流拍。奇星系公司管理人根据重整计划，自 2019 年 1 月 12 日起，以不低于第二次拍卖流拍价格的 90% 作为底价对奇星系公司 100% 股权进行变卖。德杰公司愿意受让奇星系公司全部股权。2019 年 3 月 20 日，管理人代表奇星系公司与德杰公司签订了重整投资协议；根据重整投资协议，德杰公司以 8846.1 万元受偿奇星系公司全部股权，作为奇星系公司重整投资人。德杰公司全部投资资金 8846.1 万元于 2019 年 5 月 15 日前支付完毕，并用于清偿奇星系公司债务。管理人于 2019 年 9 月 9 日协助奇星系公司股权过户至德杰公司。

（二）重整过程中遇到的疑难问题和解决办法

1.关于申请奇信机械并入奇星机械实质合并重整的认定问题

（1）关于认定合并破产的原则、标准及适用条件

鲤城法院在处理合并破产案件时，严格依照最高人民法院印发的《破产审判工作会议纪要》相关规定进行认定，尊重企业法人人格的独立性，以对关联企业成员的破产原因进行单独判断并适用单个破产程序为基本原则。在具体认定过程中，严格把握以下三项标准：一是关联企业成员之间是否存在法人人格高度混同，二是是否区分各关联企业成员财产的成本过高，三是是否严重损害债权人公平清偿利益。并综合考虑关联企业之间资产的混同程度及其持续时间、各企业之间的利益关系、债权人整体清偿利益、增加企业重整的可能性等因素。当关联企业同时满足上述 3 项标准时，才达到适用条件，方可采用合并破产。

（2）对合并破产的申请、受理、审理以及公示、异议等程序的要求

在本案审理中，鲤城法院在收到管理人的申请后，依据《破产审判工作会议纪要》第 33 条的规定，于 2018 年 5 月 22 日在鲤城法院会议室召开关于奇星机械、奇信机械实质合并重整听证会。由奇星机械管理人宣读合并重整申请书、出示相关证据；奇星机械管理人聘请的会计师事务所作奇星机械与奇信机械财务

混同分析情况报告;奇星机械管理人作奇星机械与奇信机械实质合并重整的合法性、实质合并重整法律后果的法律分析报告,出具法律意见;奇星机械法定代表人、奇信机械股东和法定代表人表态是否赞同合并重整;奇星机械、奇信机械职工代表表态是否赞成合并重整;奇信机械主要债权人、奇星机械债权人委员会成员向奇星机械管理人、会计师、律师提问,并就是否同意合并重整表达意见。鲤城法院根据听证会情况,经审查相关证据并经该院审判委员会讨论决定而裁定受理奇信机械并入奇星机械的实质合并重整申请。实质合并审理裁定书送达后,并无相关利害关系人不服该裁定并申请复议的情况。裁定合并破产后,具体的审理以及公示、债权异议等后续程序,则依照破产法的相关规定进行。

(3)合并破产案件中认定人格混同的证据标准及证据收集方式

在合并破产案件中,认定人格混同可以从以下几个证明标准着手收集证据:①待合并企业之间是否有合并的财务报表;②待合并企业的股东和利益是否具有趋同性;③母子公司之间是否具有互相担保关系;④区分各个企业自身的资产和债务难易程度;⑤企业之间的资产处置和交易行为是否具有独立的经营手续;⑥企业之间财产的混同程度;⑦合并破产后对单个企业清债可能带来的收益。其中第①③④⑥可以由管理人提供审计机构出具的相关财务分析报告及相关的可以体现债务担保情况的裁判文书予以证明;第②⑤项可以通过工商登记信息,对管理人及相关股东及公司高层管理人员的调查来予以证明;第⑦项可以由管理人在对相关关联企业的财产及债务进行摸查后,出具相关法律意见书予以证明。

(4)在合并破产实践中需要关注的问题及相关的建议

因分别破产的企业资产状况和债权结构不同,实质合并破产也会拉低资产状况相对较好、负债比率相对较低的企业的债权人的清偿率。且目前立法未对合并破产的程序及适用标准进行明确规定,因此,对每一个申请实质合并破产的案件进行谨慎的事实和证据的审查与衡平则显得至关重要。在权衡是否适用实质合并破产时,还需要注意破产法视角的公平,避免因实质合并的适用或不适用而引发不公平。

2. 关于债权申报截止日结欠的税款本金在重整期间计算滞纳金，导致增加债务人企业的税款负担，且无法购买发票问题

管理人根据《关于税务机关就破产企业欠缴税款产生的滞纳金提起的债权确认之诉应否受理问题的批复》（法释〔2012〕9 号）、《最高人民法院关于审理企业破产案件若干问题的规定》第 61 条的规定，向税务局递交《申请书》。但税务局表示因系统问题且无相关具体规定，故无法减免重整期间的滞纳金，由于本案实际所欠滞纳金数额不高，最终经协调由重整投资人德杰公司支付。

对此，建议上级法院尽快协调制定《关于支持破产便利化有关措施的意见》，就重整企业的税收优惠等问题，通过制定统一的政策措施加以解决。

3. 关于低效资产处置问题

奇星系公司低效资产中的应收账款、预付账款、其他应收款，涉及的大多数债务人，所在国家包括马来西亚、印度、印度尼西亚、新加坡、泰国、韩国等国家。对上述应收账款、预付账款、其他应收款，由债权人会议授权管理人进行调查、审核、清收，清收所得资金向普通债权人进行清偿。奇星系股权拍卖成交后，管理人将从对价款中预留 100 万元作为清收费用预支。管理人将针对每笔债权的账龄、数额、证据链等进行调查、审核、分析，采取发函、当面向债务人追索、和解、诉讼等不同方式进行清收，预计完成清收所需时间为 1 ~ 2 年。但对于低效资产，尤其是海外应收账款，考虑到追收成本和风险过高的问题，拟建议债权人平衡并综合考虑是否继续追收。

4. 关于撤销债务人企业上失信被执行人名单的问题

因相关债权人已收到了相关债权分配款，故而不愿意配合向相关法院申请撤销奇星机械、奇信机械的失信被执行人名单。

目前暂未撤销奇星机械、奇信机械失信被执行人名单，其间管理人通过商请函、德杰公司通过发函等方式申请执行法院撤销对债务人企业失信被执行人名单。建议破产管理人在对债务人财产核查阶段，就及时调查债务人是否存在被法院列入失信被执行人名单的情形，并在破产财产分配前，要求相关债权人依法向相关法院申请撤销债务人的失信被执行人名单。另畅通法院内部执行部门与破产审判部门的沟通协调机制，就相关常见问题达成一致统一的处理方案，不再为重整企业的执行信用修复设置过严的条件。

十七、延续营运资质价值，促成存续式重整：福源公司破产重整案

（一）基本案情

福源公司于2007年8月16日成立，经营范围包括硫酸生产、电解锌锭生产等。福源公司由福建省冶金设计院设计，是福建省唯一一家以生产锌锭为主的企业，批准年产锌锭10.5万吨、硫酸21万吨，综合回收铜、镉、钴等金属。分二期实施，第一期已竣工。福源公司采用国际最先进、最成熟的锌湿法冶炼生产工艺技术。

2019年2月13日，郭某昆以福源公司负债累累，债务数额特别巨大，抵押物价值远不足以清偿有担保债权之人的债权，公司资产不足以清偿全部债务，资不抵债。但福源公司为冶炼矿业产业，符合本地扶持行业范围，特向永春法院申请对福源公司进行重整。2019年3月19日，永春法院裁定受理福源公司破产重整，并指定重庆海川资产清算服务有限公司泉州分公司担任永春福源锌业有限公司管理人，并在永春法院公告平台、福建日报、全国破产重整信息网发布债权申报和第一次债权人会议的公告。

2019年5月17日，第一次债权人会议在永春法院召开，管理人向债权人作了履职情况的报告，会议投票通过了管理人报酬方案、对债权进行审查，并选举产生5名债权人委员会委员。永春法院根据第一次债权人会议审查投票内容，依照管理人申请，裁定确认债权人423户，其中担保债权人2户，金额27,170,674.25元；税收债权人1户，欠税金额821,772.20元；普通债权人84户，金额226,279,669.08元；职工债权336户，金额4,327,595.39元；工伤保险费用债权1户，金额41,076.77元。以上债权合计258,640,787.69元。另有15,795,029.88元申报债权管理人未予确认。

2019年9月9日，福源公司第二次债权人会议召开，管理人在会议上提交了重整计划草案。在经过公告招募而已有重整投资人的情况下，重整计划草案同时引入补充招募方案——股权拍卖方案，即以76,800,000.00元作为起拍价，通过淘宝网络平台拍卖福源公司100%股权。同时在重整计划草案中约定：若股权拍卖成功，则以最终成交价对各债权人进行清偿；若股权拍卖失败，则以现有重整投资人承诺的48,000,000.00元对各债权人进行清偿。

福源公司第二次债权人会议表决通过了以上重整计划草案。2019 年 10 月 8 日,永春法院依法裁定批准重整计划草案,并终止重整程序。

管理人于 2019 年 10 月 8 日按重整计划的约定在淘宝网阿里拍卖网络平台发布拍卖公告,拍卖福源公司 100% 股权。拍卖于 2019 年 12 月 9 日以流拍结束。现有重整投资人于 2020 年 3 月 10 日按重整计划的规定缴纳完毕 48,000,000.00 元重整投资款,各方于 2020 年 3 月 31 日完成股权变更登记及资产移交手续。2020 年 6 月 8 日,除对少数职工债权人未领取的分配款予以提存外,福源公司各债权人的清偿款均已分配完毕,重整计划执行完毕。

(二)疑难问题及其解决办法

本案为极具典型意义的存续性重整案例。由于福源公司最大的价值在于其特殊的经营资质,该资质的批准要求非常高,使本案具备重整的前提。而由于相关资质的不可转让性,该资质价值的延续,必须基于福源公司继续存续,因此,以福源公司继续存续为前提进行重整是本案最佳的方式。基于此点,永春法院发挥府院联动机制,由政府组织各职能部门积极参与企业破产重整前、中、后事项,特别是在如何延续该资质上做好服务工作。

1. 债务人企业价值的呈现——福源公司特殊资质的呈现

大多重整投资人投资最大的疑虑均集中在福源公司相关资质是否继续有效。原因在于 2006 年永春县发展和改革局核准了福源公司关于电解锌及硫酸工程项目,由于永春县发展和改革局等县级部门现已无核准、审批该类项目的权限,因此,永春县发展和改革局等相关县级部门无法书面答复福源公司重整之后相关资质是否继续有效。债务人的企业价值是重整是否成功的基础,除房产、土地使用权、设备等资产外,福源公司最大的企业价值在于锌锭生产资质(福建省唯一一家),如何客观、有效地呈现福源公司该特殊价值,是本次重整工作的市场基础。就福源公司的特殊资质问题,在联席会议上提出、探讨并制定相应对策,由发展和改革局、生态环境局等相关部门向自己上级部门汇报并落实,由管理人及时客观向重整投资人、债权人、债务人反映;将福源公司的特殊资质价值作为评估工作的重点,以客观、合法的形式在评估报告中体现该生产资质的价值;向意向重整投资人释明该特殊资质效力的不确定性,同时不就福源公司的未来事项向重整投资人作任何承诺,引导其自行调查、理性分析投资的风险性;向债权人释明该特殊资质效力的不确定性，引导其对债权清偿的预期作理性分析。

2. 重整投资人招募工作——全面协调各方当事人利益并依照法律程序进行重整投资人招募工作

重整投资人招募结果直接关系到重整程序的成功与否，而重整投资人的招募工作须协调债权人、投资人、债务人多方当事人的利益，并依照法律程序进行，该工作是本次重整工作保证各方利益的核心。

福源公司各项资产、特殊资质等企业价值构成复杂、不确定性较大，传统、单一的招募工作无法获得有效结果；意向重整投资人对福源公司的各项资产、特殊资质的不确定性存在较大疑虑；福源公司后续生产的巨额投入为意向重整投资人投资的重要考虑；债权人对债权清偿的预期不理想，预期均偏高；重整程序法定时间紧迫，管理人基础工作、投资人项目调查的时间十分有限。

通过对上述信息的研判，在联席会议上要求地方政府的招商工作发挥相应职能部门的作用；管理人多次通过在全国具有影响力的网站、平台发布重整投资人招募公告；鼓励、支持债务人原股东、管理层广为招商，扩大重整投资人招募的影响范围；在与债务人及各债权人沟通时鼓励、支持广为招商，扩大重整投资人招募的影响范围；意向重整投资人对福源公司进行考察时，向其公开重整信息、释明企业现状。

重整投资人招募成功后，协调债权人、已有重整投资人等各方利益后，通过淘宝网平台进行拍卖福源公司100%的股权，进行重整投资人补充招募。

3. 组织出资人对相关事项进行表决——债务人的出资人需对出资人权益调整事项作表决

由于出资人权益调整后，债务人原出资人不再享有股权，出资人权益调整为零，因此出资人对该事项的表决参与度低，内心对该调整事项认可度低。因重整计划涉及出资人权益调整事项，故依法设立出资人组对该事项进行表决，这是本次重整工作的必备要件。组织原出资人对出资人权益调整事项进行表决，以便直接调整股权原权利人（债务人原出资人）的合法权益，同时符合债权优于股权原则，以保障债权人的利益，也保障今后重整投资人通过重整程序取得福源公司的股权，推动重整计划其他事项的顺利执行。

管理人向原出资人释明福源公司的所有者权益为负，今后已无剩余财产向出资人分配。由法院组织股权原权利人及债权委员会成员在第二次债权人会议召开前进行座谈及释明。虽然出资人组未在第二次债权人会议及时表决，由管理人依据《企业破产法》第 87 条之规定，同该表决组协商，进行再次表决，出资人权益组也同意重整计划草案。

4. 重整计划草案的制作——补充招募方案一并写入重整计划草案

经过与已有的重整投资人进行了充分沟通、协商，充分考虑、协调各方利益后，在重整计划草案中设置股权拍卖方案，并根据股权拍卖结果设置债权的调整与清偿方案、出资人权益调整方案、债务人经营方案等。补充招募方案一并写入重整计划草案，是结合债权人的建议，并协调已有重整投资人权益后的工作，该工作是本次重整工作保证各方利益的创新点。

补充招募方案一并写入重整计划草案，能提高重整程序效率，将有限时间更多地留给补充招募重整投资人；能最大限度地将福源公司企业价值置于市场的考验；通过对该草案的表决，也能及时了解债权人权利选择的意思表示；可更最大限度地保障债权人利益；可提供重整成功率，使得福源公司继续延续，使其继续促进地方经济发展。

召开债权人预备会议，广泛征集债权人建议，充分协调各方利益后采纳部分建议，为重整计划草案的制作奠定债权人意思基础；与原有重整投资人进行多次协商，在保障其合法权益的前提下，就补充招募工作与其协商一致，避免重整计划草案侵犯其合法权益；在重整计划草案中以设置股权拍卖方案的方式，制定补充招募方案；在重整计划草案中，在设置股权拍卖方案后，同时根据股权拍卖结果设置债权的调整与清偿方案、出资人权益调整方案、债务人经营方案等，以确保草案的完整性。

结　语

随着我国市场经济的发展，“僵尸企业”的社会危害性日益显现。如何稳妥地对“僵尸企业”实施市场化、法治化的破产处置，已成为目前我国破产法理论界和实务界的热点和难点之一。

泉州法院经过多年的探索，破产审判实践案例已较为丰富。本书通过对泉州的典型实践案例进行调研、梳理、讨论，归纳、总结、提炼出其中有参考价值的经验和做法，并就此形成了泉州法院稳妥处置“僵尸企业”的破产审判思路及一些相对成熟的做法，同时本书通过对案例所蕴含的破产制度中一些具有普遍性意义的问题，加以深入研究和探讨，以期推动破产法律制度的健全和完善。

“僵尸企业”相当于一个患病已久的“病人”，而法院是“生病企业的医院”。这个“病人”进入破产程序后，法院如何诊断其病因，如何对其“对症下药”非常关键。这就涉及对“僵尸企业”的识别，并就此启动何种破产程序的问题。泉州法院对于进入破产程序的“僵尸企业”并没有采取“一刀切”的做法，而是一直坚持从企业陷入困境的原因出发“对症下药”，做好分类识别和差异处置。对确有重整可能的企业，泉州法院秉承当救则救原则，及时启动重整程序，实施企业救治。在对企业救治的过程中，泉州法院坚持因地制宜，因案、因企施策，积极探索创新司法重整工作，根据企业陷入困境的成因、经营情况、资产质量和特点等选择适用合适的重整模式，以更加适应司法实践需要。对于有些仅因资金链断裂陷入财务困境，但盈利能力与发展前景俱佳的企业，其持续经营价值可能远远大于其清算价值，故泉州法院对这类企业采取存续式重整模式，为其寻找新的合作机遇和发展空间，实现企业的重生。对于历史遗留问题较多、施救成本较大，但又具有较为完整的核心营运资产，且采用存续式重整方式不具有可行性的企业，泉州法院坚持重实质而轻形式，探索采取出售式重整模式。近几年的重整实践表明，有些“僵尸企业”不是不能被挽救，而是进入破产程序的时间太晚了，导致其自身债务的“雪球”越滚越大，而其大部分财产在执行阶段已经基本处分完毕，由此，泉州法院提出“将企业救助时间提前”的审判思路，开始探索实践“僵尸企业”的预重整。同时，泉州法院在个案审理中注重有效贯彻市场化破产理念，在重整程序无法有效推进的情况下，法院尊重市场的选择，及时宣告破产，力求实现市场化和法治化的统一。而对明显缺乏重整价值，解困无望的企业，泉州法院则依法适用破产清算程序，助推市场出清。

泉州法院在处置这些“僵尸企业”时，都有一个共同的特点即积极探索破产府院联动机制方面的新举措。政策层面上，泉州法院积极争取地方政府及相关部门出台政策，从财政奖励、税收优惠、支持企业信用修复、加快办理变更、注销登记、金融服务等方面助力破产审判工作。具体工作层面上，泉州法院则充分发挥地方政府在行政管理和政府平台资源方面的优势，对一些涉及重点企业的破产案件，在受理前由当地政府成立清算组并吸收中介机构作为成员，先期对企业进行摸底调查，并协助企业开展破产前的一系列维稳和准备工作，在破产案件受理后，采取指定清算组担任破产案件管理人的模式，创造并推行破产案件例会制度，定期召集管理人及政府相关部门工作人员到会，以例会、专项会议的方式取代传统的“坐堂审理”方式，搭建起监督、沟通、协调的平台；构建并落实政、司、银、企协调联动机制，共同解决破产中的具体难题；积极发挥商会作用，针对辖区商会熟知市场规律和招商引资的优势，创新性地吸收商会、行业协会作为管理人成员，积极发挥其带动引领、利益权衡、沟通协调及在帮助引进战略投资、促进和解等方面的积极作用。

基于上述审判实践的存在，本书以重整和清算作为两条逻辑主线展开研究，

13.《最高人民法院关于执行案件移送破产审查若干问题的指导意见》

14. 2019年《全国法院民商事审判工作会议纪要》

15.《最高人民法院关于推进破产案件依法高效审理的意见》

16.《最高人民法院关于依法审理和执行被风险处置证券公司相关案件的通知》

17.《最高人民法院关于哈尔滨百货采购供应站申请破产一案的复函》(法函〔1995〕48号)

18.《广东省高级人民法院关于全省部分法院破产审判业务座谈会纪要》

19.《重庆市高级人民法院〈关于审理破产案件法律适用问题的解答〉》(渝高法〔2017〕207号)

20.《香港联合交易所有限公司证券上市规则》

参考文献

一、著作

1. 邹海林:《破产法——程序理论与制度结构解析》,中国社会科学出版社 2016 年版。

2. 江必新主编:《强制执行法理论与实务》,中国法制出版社 2014 年版。

3. 王欣新:《破产法前沿问题思辨》(上册),法律出版社 2017 年版。

4. 王卫国:《破产法精义》,法律出版社 2007 年版。

5. 王泽鉴:《债法原理——基本理论　债之发生》(第 1 册),中国政法大学出版社 2001 年版。

6. 潘琪:《美国破产法》,法律出版社 1999 年版。

7. 李飞主编:《当代外国破产法》,中国法制出版社 2006 年版。

8. 贺丹:《破产重整控制权的法律配置》,中国检察出版社 2010 年版。

9. 最高人民法院民事审判第二庭:《最高人民法院关于企业破产法司法解释(三)理解与适用》,人民法院出版社 2019 年版。

二、译著

1. [古希腊]亚里士多德:《政治学》,吴寿彭译,商务印书馆 1996 年版。

2. [日]谷口安平:《程序的正义与诉讼》,王亚新、刘荣军译,中国政法大学出版社 1996 年版。

3. [美]大卫·G. 爱泼斯坦、史蒂夫·H. 尼克勒斯、詹姆斯·J. 怀特:《美国破产法》,韩长印等译,中国政法大学出版社 2003 年版。

4. [美]汉密尔顿、杰伊、麦迪逊:《联邦党人文集》,程逢如等译,商务印书馆 1980 年版。

三、期刊

1. 王欣新:《重整制度理论与实务新论》,载《法律适用》2012 年第 11 期。

2. 王欣新:《企业重整中的商业银行债转股》,载《中国人民大学学报》2017 年第 2 期。

3. 韩长印:《破产法视角下的商业银行债转股问题——兼与王欣新教授商榷》,载《法学》2017 年第 11 期。

4. 邹海林:《透视重整程序中的债转股》,载《法律适用》2018 年第 19 期。

5. 徐阳光、何文慧:《出售式重整模式的司法适用问题研究——基于中美典型案例的比较分析》,载《法律适用》2017 年第 4 期。

6. 潘光林、方飞潮、叶飞:《预重整制度的价值分析及温州实践——以温州吉尔达鞋业有限公司预重整案为视角》,载《法律适用》2019 年第 12 期。

7. 王欣新:《充分发挥预重整制度在企业挽救中的作用》,载《中国审判》第 33 期。

8. 季奎明:《论困境企业的预先重整》,载《上海财经大学学报》2013 年第 4 期。

9. 浙江省杭州市余杭区人民法院课题组:《房地产企业预重整的实务探索及建议》,载《人民司法》2016 年第 7 期。

10. 丁岩、沈鸿、罗欣:《预重整案例分析与制度构建初探》,载《国际金融》2019 年第 3 期。

11. 王欣新:《关联企业实质合并破产标准研究》,载《法律适用》2017 年第 8 期。

12. 徐阳光:《论关联企业实质合并破产》,载《中外法学》2017 年第 3 期。

13. 曹文兵:《供给侧改革背景下实质合并破产制度的构建与完善——以16件关联企业实质合并破产案件为分析样本》,载《理论月刊》2019年第7期。

14. 郁琳:《关联企业破产整体重整的规制》,载《人民司法(应用)》2016年第28期。

15. 王静、蒋伟:《实质合并破产制度适用实证研究——以企业破产法实施以来76个案例为样本》,载《法律适用》2019年第12期。

16. 韩长印:《重整程序中的小额债权清偿机制问题》,载《法学》2019年12期。

17. 张钦昱:《论公平原则在重整计划强制批准中的适用》,载《法商研究》2018年第35期。

18. 丁海湖、田飞:《"执转破"操作模式及相关实务问题研究》,载《法律适用》2017年第11期。

19. 唐兴茂:《为什么执行程序处理破产问题?》,载《北京大学学报(哲学社会科学版)》2008年第6期。

20. 刘旭东、陆晓燕:《效益法则框架下"执转破"之功能透视及其制度建构》,载《法律适用》2017年第11期。

21. 徐阳光:《执行与破产之功能界分与制度衔接》,载《法律适用》2017年第11期。

22. 李帅:《论执行案件中法院职权主义破产启动程序的构建》,载《法律适用》2015年第11期。

23. 吴一波:《破产案件中刑民交叉问题研究》,载《运城学院学报》2018年第2期。

24. 李翔:《我国刑法上之破产犯罪研究——兼评〈刑法〉第162条之二》,载《法学论坛》2007年第5期。

25. 关峰、曹熙、戴书晖:《破产程序中刑民交叉的选择》,载《贸大法律评论》2016年刊。

26. 王欣新、宋玉霞:《重整计划强制批准法律问题研究》,载《江汉论坛》2014年第10期。

27. 刘大洪、段宏磊:《谦抑性视野中经济理论体系的重构》,载《法商研究》

2014 年第 6 期。

28. 威海市中级人民法院课题组王继青:《关于审理破产案件情况的调查报告》,载《山东审判》2009 年第 1 期。

四、文集

1. 唐华:《破产案件中的刑民交叉问题——从解读破产法的目的与功能出发》,载《破产法论坛》(第十三辑),法律出版社 2018 年版。

2. 王欣新:《破产与执行程序的合理衔接与转换》,载《破产法论坛》(第九辑),法律出版社 2015 年版。

五、论文

张慧慧:《适用"深石原则"的法律问题研究》,2018 年烟台大学硕士学位论文。

六、报刊资料

李曙光:《上市公司重整五大问题急需司法解释规范》,载《法制日报》2008 年 10 月 13 日,第 4 版。

七、网络资源

1. 陈向科:《关联公司合并重整的几点探索与思考——以创成公等四家公司合并重整案为例》,载南方号 http://static.nfapp.southcn.com/content/201802/10/c965441.html。

2. 温州市金融办:《瓯海创新企业破产重整新举措》,载温州市人民政府金融工作办公室网,http://wzjrb.wenzhou.gov.cn/art/2015/3/20/art_1217682_1563412.html。

3. 泉州晚报:《泉州上市企业达 103 家 "泉州板块"总市值近 4500 亿元》,载闽南网 2017 年 8 月 22 日,http://www.mnw.cn/quanzhou/qiye/1824920.html。

后 记

本书是泉州中院中标的最高人民法院 2018 ~ 2019 年度司法案例研究课题《稳妥处置“僵尸企业”司法案例研究》的成果转化项目。泉州中院陈明院长作为课题主持人，负责课题的总体组织和协调工作，多次主持召开专题研讨会、论证会，制定写作方案。《民营企业破产法律问题研究——以泉州破产审判为视角》作为课题阶段性成果的延伸已于 2020 年 8 月由法律出版社出版，并收入破产法文库系列丛书。2020 年 12 月，课题组参加最高人民法院举办的课题线上结项评审会，进行答辩并接受专家的现场提问。2021 年 3 月，课题顺利结项。

在持续深化供给侧改革的背景下，稳妥处置“僵尸企业”的重要性不言而喻。前述课题虽已结项，但稳妥处置“僵尸企业”司法实践中的新情况新方法层出不穷。基于此，本书在课题报告基础上，进行补充和优化，着重增加了预重整机制实践、破产财产处置、小额债权人的破产保护与劣后债权的实践运用、破产企业法定代表人责任追究与破产涉刑问题处置、破产案件线上办理平台综述等关于泉州法院重整与破产审判的做法的内容，并附录了泉州法院近期审理的 17 件重整与破产的典型案件。这些案例涉及的企业类型不一,行业多样,可以较为完整地向读者介绍泉州法院重整与破产案件的多元化审理模式,以期抛砖引玉,推动重整与破产法律制度的进一步健全与完善。

本书由泉州中院陈明院长担任主编,由张小燕、刘志健担任副主编,作者除泉州法院审理破产案件的人员外,还有来自其他研究和实务部门破产领域的专家。在课题研究过程中,泉州中院破产审判团队傅天真等同志在沟通协调、材料收集、书稿审阅等方面承担了大量的工作,付出了艰辛的努力,在此谨致谢意。

本书具体写作分工如下:

序言:陈明(泉州市中级人民法院)

前言:杨凌珊(泉州市中级人民法院)

第一章第一节:陈慰星(华侨大学)、张小燕(泉州市中级人民法院)

第一章第二节:傅天真(泉州市中级人民法院)

第二章、第六章:陈琼(泉州市中级人民法院)

第三章第一节:孙玉纯(泉州市中级人民法院)、瞿俊鹏、张晓晨[上海君澜(无锡)律师事务所]

第三章第二、五节:孙玉纯(泉州市中级人民法院)

第三章第三节:瞿俊鹏、张晓晨[上海君澜(无锡)律师事务所]

第三章第四节:刘琳(上海第三中级人民法院)

第四章第一节,第五章第一、二节,第七章第一节:骆志鹏(泉州市中级人民法院)

第四章第二节:戴梅影(泉州市中级人民法院)、傅天真(泉州市中级人民法院)、范志勇(北京交通大学)

第五章第三节:骆志鹏(泉州市中级人民法院)、傅天真(泉州市中级人民法院)

第五章第四节:刘传飞(西南政法大学)、刘志健(泉州市中级人民法院)

第七章第二节第一、二部分:孙玉纯(泉州市中级人民法院)、曾晓军、寿华杰(晋江市人民法院)

第七章第二节第三、四部分:蒋珊珊(广州广悦律师事务所)

第八章:孙玉纯(泉州市中级人民法院)、王海军、舒金旭[北京市中伦(深圳)律师事务所]

第九章:陈慰星(华侨大学)、傅嘉钦(泉州市中级人民法院)

第十章:泉州市两级法院审理的具体案件经办人员

结语:傅天真(泉州市中级人民法院)